여론조사로 대통령 만들기

- 어떻게 할 것인가

여론조사로 대통령 만들기

- 어떻게 할 것인가

김준철 지음

북앤피플

| 감사의 글 |

대학교에 입학한 후 첫 수업이 지금은 하늘나라로 가신 이극찬 교수의 '정치학 개론'이었다. 그 첫 수업 시간에 이극찬 교수는 "이렇게 하면 이렇게 되는 줄 번연히 알지만, 그렇게 할 수 없는 그 무엇(?)을 배워나가길 바란다!"고 당부하였다. 그 무엇(?)을 찾아 그토록 헤매며 살아온 지난 40여년이었다. 이 책은 지난 20여년 선거여론조사를 업으로 살아온 저자의 경험에서 얻은 기록이다. 젊은 시절 이극찬 교수의 첫 수업에서 받은 그 감동을 살려 그 무엇(?)을 찾고자 노력해온 삶의 작은 결실이라 하겠다.

이 부족한 작은 책이 나오기까지 많은 이들의 도움과 질책과 격려가 있었다. 보고 싶은 것이 아니라 보이는 것을 봐야 한다는 교훈을 그들을 통해 얻을 수 있었다. 역사는 또 다시 반복한다는 것을 깨우칠 수 있었다. 그동안 함께 일해 온 선배, 동료들에게 머리 숙여 감사를 드린다. 그들의 격려가 큰 힘이 되었다.

특정 후보의 캠프에서 선거여론조사를 담당한다는 것은 쉽지 않은 일이었다. 낙관론이 넘쳐날 때에는 만에 하나라도 있을 수 있는 패배의 조짐을 말해야 했고, 모든 이들이 낙심하고 패배에 젖어 있을 때에는 실낱 같은 희망의 끈을 강조해야 했었다. 또한 문제점을 항상 지적하는 것이 일이었다. 그러다보니 늘 외로운 소수자일 수밖에 없었다.

일을 통해 많은 이들에게 상처를 주었을 것이다. 이런 입장과 또 저자의 미성숙함 때문에 혹시 상처를 받았을지 모르는 이들에게 사과드린다. 이 책 발간을 계기로 '실력은 있을지 몰라도 성격은 별로인 사람'에서 '비록 실력은 없더라도 좋은 사람'이라는 평을 받고 나머지 생을 살아갔으면 좋겠다.

교수로서 강의와 연구에만 전념할 수 있게 허락해 준 경민대학교와 늘 고락을 함께하는 동료 교수들께 감사드린다. 항상 분에 넘치는 사랑을 베풀어 주는 친구들과 후배들의 격려가 큰 힘이 되었다. 그리고 '북앤피플'의 김진술 사장과 편집자의 도움으로 이 책이 세상에 나올 수 있었다.

아들만을 위해 평생을 사시다 하늘나라로 가신 어머니와 사위 사랑이 지극하셨던 장인·장모님께 감사드린다. 항상 지적(知的) 대화의 훌륭한 파트너로서 비판을 아끼지 않으면서도 늘 사랑으로 부족한 남편을 감싸주는 아내 문희, 그리고 내가 무엇보다도 사랑하는 아들 지웅과 딸 진, 그들이 있어 내가 당당하게 살아 갈 수 있음을 전하고 싶다. 처남 이강희 사장과 가족들의 격려와 사랑도 항상 내게 힘이 되었다.

　부족한 사람을 위해 늘 중보기도 해주시는 남서울 교회 믿음의 공동체 식구들 모두에게 감사를 드린다. 하나님은 내가 지난 시간 동안 찾아 헤매던 그 무엇이 '믿음'임을 깨닫게 해주셨다. 또한 무엇보다 지식과 지혜보다 믿음이 중요하다는 것, 그리고 믿음이 하나님의 말씀에서 오는 것임을 깨닫게 해주신 하나님께 감사드린다. 여호와 이레!

김 준 철

차례

한국의 여론조사 정치, 그리고 2017년 대통령선거

"대한민국은 여론조사 공화국이다. 대한민국의 주권은 국민에게 있으나, 모든 권력은 여론조사로부터 나온다."

'여론조사공화국', 언제부터인가 흔히 공직선거 후보를 여론조사로 결정하는 한국 선거 풍토를 자조적으로 빗대서 하는 말이다. 오늘날 한국에서는 기초단체 선거부터 대통령 선거에 이르기까지 정당의 공직선거 후보를 선출하는데 여론조사를 이용하고 있다. 여론조사가 또 정당 간의 후보를 단일화에 중요한 결정 수단 또는 주요 요인으로 작용하고 있다. 우리나라는 대만과 함께 전 세계에서 대통령(총통) 후보 선출 과정에 여론조사를 제도화한 단 2개 국가 중 하나가 되었다. 참고로 삼아야할 여론조사가 후보를 결정하는 결정적인 도구로 사용되고 있으니 과히 여론조사 만능 시대라 하겠다.

현대 사회에서는 모든 국민이 정치에 직접 참여할 수 없으므로 국민들은 대표자를 선출하여 국민의 요구를 실현하게 한다. 그게 바로 대의정치다. 민주주의 제도 하에서 국민이 선거에 참여하는 것은 권리인 동시에 의무다. 선거에서 선출된 대표자는 합법성과 정당성을 인정받는다. 그러나 여론조사로 공직선거 후보를 결정하는 일은, 정당의 존립 이유와 민주주의 선거의 기본 원칙인 보통·평등·직접·비밀선거의 원칙에도 어긋날 소지가 충분하다.

헌법에 의하면 정당은 국민의 정치적 의사형성에 참여하는데 필요한 조직을 가져야 한다고 규정하고 있다(헌법 제8조1항). 또한 대통령 및 국회의원 등 선거를 통해 선출되는 공직자들은 보통·평등·직접·비밀선거에 의해 선출되어야 한다고 헌법에 규정되어 있다. 게다가 정당의 활동을 위해 국가는 정당운영에 필요한 자금을 보조하고 있다. 그렇다면 공직선거에 출마할 후보를 선출하는 것은 당연히 정당의 몫이다. 여론조사에 그 역할을 맡기는 것은 어떻게 보면 고유한 정당의 직무를 유기하는 것일 수 있다.

다시 말해 민주국가에서 정당은 '사회이익의 표출과 집약(여론의 도수관 역할), 국민 통합, 정치 참여의 촉진, 갈등 관리, 정치커뮤니케이션, 거버넌스, 정치엘리트의 충원, 정치사회화, 공직후보 지명' 등 다양한 기능을 수행하는 것을 목적으로 한다. 여론조사로 공직선거 후보를 결정한다면 과연 정당의 역할은 무엇인가? 여론조사로 후보를 선출하는 것이 과연 보통·평등·직접·비밀 선거의 원칙에 합당한 것인가? 이러한 질문을 하지 않을 수 없는 것이 오늘 우리의 정치 현실이다.

여론조사가 과연 객관적이고 과학적인가의 문제는 다음 문제다. 설령 여론조사가 민의를 정확히 대표하는 것이라 할지라도 이는 대의제 민주주의의 기본인 선거제도를 대체할 만한 도구가 될 수 없다. 하물며 여론조사의 객관성에 큰 의문이 일고 있는 우리의 현실에서는 더욱 그러하다.

언제, 누구를 대상으로, 어떻게 질문하느냐에 따라 여론은 변한다. 수시로 변하는 여론조사에 의해 공직선거 후보를 결정하다보니 여론조사와 실제 국민의 의사인 민심의 결과가 전혀 다르게 나온 경우가 허다하다. 문제는 잘못되거나 조작된 여론조사에 의해 왜곡된 민심이 후보 선출에 반영된다는 점이다. 심지어는 여론조사 기관이 특정 정당이나 후보에게 돈을 받고 조작된 여론조사를 발표하기도 한다. 조작된 여론조사는 고도로 발달된 미디어를 통해 급속히 전파된다. 왜곡된 여론조사 결과는 민의를 왜곡할 수 있어 가장 큰 부정선거 요인으로 작용할 수도 있다.

물론 공직선출은 최종적으로 선거법에 의해 치러지는 공식선거에 의해 결정된다. 그렇지만 선거에 출마하는 후보는 여론조사로 결정되므로, 이것이 헌법정신을 해치고 대의제 민주주의의 근간을 흔드는 위기 요인으로 작용할 수 있다. 그러나 현실정치에서는 여론조사로 공직 후보를 결정하는 데 대해 "민심의 흐름을 읽는 보조 수단에 불과한 여론조사를 승패를 결정짓는 수단으로 사용해선 안 된다"는 반대론자와 "본선 경쟁력을 위해서는 민심을 반영하는 것이 불가피하다"는 찬성론자 간의 논쟁이 여전히 뜨겁다.

여론조사를 통해 각종 선거 후보를 결정하는 것은 여러 가지 문제를 안고 있다. 철학적으로는 대의제 민주주의의 기본정신에 어긋난다. 그리고 수단적으로는 정확하게 민의를 대변할 수 없다는 점이다. 여론조사 정치의 또 다른 문제는 여론조사 결과를 보도하는 언론이 언론의 이익에 유리하게 여론을 만드는 일이 가능하다는 것이다.

언론의 역할과 관련해서는 이견이 있을 수 있다. 물론 언론이 단순한 여론조사 결과 전달자로서의 역할에 머물러야 한다는 말은 아니다. 독자들에게 보다 양질의 정보를 주기 위해 해설하고 설명하는 행위는 바람직할 것이다. 사회적 의제를 설정하고 형성해 가는 일도 언론의 기능 중 하나일 것이다. 그러나 언론사의 이익에 도움이 될 특정인을 부각시키거나, 이해관계 속에서 특정 이슈를 형성해 갈 수 있다는 가능성에 주목해야 한다. 사적인 목적에서 언론이 유권자들의 판단에 개입하는 일은 민주주의에 독이 될 수도 있다는 우려를 금할 수 없다.

우리나라의 민주주의에 대해 절차적인 민주주의는 이룩되었으나 실질적 민주주의의 미성숙을 지적하는 학자들이 많다. 특히 정당이 제 역할을 하지 못한다는 주장이 끊이지 않고 있다. 정당이 못하는 역할을 시민단체와 특정 세력들이 나서서 대중동원의 방식으로 대신하는 오늘의 현실에 대해 우려를 하고 있다. 이러한 실질적인 민주주의의 미성숙을 틈타 언론이 권력화하고 있다는 지적이 있다.

이런 관점에서 선거 여론조사에 대한 언론의 의도된 영향력 행사는 대단히 위험하다. 사적 이익에서 비롯된 언론의 여론형성 주체로서의 역할은 잘못된 여론조작으로 이어질 수 있다. 많은 학자들은 연구를 통해 우리사회에서 언론이 특정 정파성을 가지고 보도하고 있다고 지적하고 있다. 보수 성향의 언론들은 보수 후보를 적극 지지하고, 진보 성향의 언론은 진보 성향의 후보를 적극 지지하는 모습을 보이고 있다. 특정 정치인과 언론사, 여론조사 전문가, 여론조사 회사의 동맹형성이 잘못된 여론을 만들고 이를 확산시켜 결국은 유권자의 잘못된 선택을 이끌 수도 있다는 우려가 크다.

이와 같이 여론조사를 통해 공직선거 후보를 선출하는 행위는 지난 세 차례의 대통령 선거에서, 뜻하지 않았던 의외의 결과를 초래했다. 여론조사로 공직선거후보 특히, 대통령 선거 후보를 결정하기 시작한 2002년 이후 각 대통령 선거를 살펴보면 다음과 같은 세 가지 유형을 볼 수 있다.

먼저, 잘못된 여론조사 방법을 주장했던 상대 덕분에 대통령 된 사례를 볼 수 있다. 2002년 16대 대선 후보 단일화과정에서 정몽준은 이회창 지지자들의 역 선택을 두려워했다. 이회창 지지자들을 여론조사 대상에서 제외시키기를 원했던 정몽준의 잘못된 선택의 결과로 노무현은 단일화에 성공했다. 그리고 단일화에 성공한 노무현이 대통령이 되었다.

다음으로, 틀린 여론조사 결과의 지속적인 보도로 인해 경선에서 승리하여 대통령이 된 사례를 볼 수 있다. 17대 대선 한나라당 후보 경선의 경우다. 선거인단 투표결과, 언론이 보도한 결과가 오차범위를 벗어나 엉터리 여론조사로 판명되었다. 이렇게 정확하지 못한 여론조사 결과가 2006년부터 지속적으로 언론에 보도되었고 유권자의 후보선택에도 적지 않은 영향을 미쳤다. 이런 점으로 본다면 잘못된 여론조사 결과를 반복하여 보도한 언론이 결국 이명박을 대통령으로 만든 결과로 이어졌다고 할 수 있다.

마지막으로, 잘못된 여론조사 결과보도로 인해 결국 그 덕분에 대통령이 된 박근혜 후보의 경우를 들 수 있다. 2006년 서울시장 후보로 강금실이 가장 유력하다는 의도된 여론조사결과가 계속적으로 보도되었다. 의도된 강금실 대세론은 결국 당시 박근혜 대표가 오세훈을 한나라당 시장후보로 선택하게 만들었다. 시장이 된 오세훈은 후일 '무상급식 주민투표' 패배에 대한 책임을 지고 시장직을 물러났다. 그 직후 언론은 또 다시 의도된 여론조사를 통해 안철수 바람을 일으켰다. 그 바람은 결국 박원순을 서울시장으로 만들었다. 이것은 결국 18대 대선으로 이어졌고, 이에 위기를 느낀 보수 세력들은 보수대통합을 이루었다. 이런 보수대통합을 통해 박근혜 후보가 18대 대통령이 되었다. 박근혜 후보는 여론조사 때문에 대통령을 놓치고, 여론조사 덕분에 대통령직을 차지하게 되었다.

이렇게 본다면 세 사람의 후보가 여론조사 덕분에 대통령이 된 셈이다. 그렇다면 과연 2017년 19대 대통령 선거에서 여론조사는 어떻게 영향을 미칠 것인가? 누가 여론조사 덕분에 대통령이 될 것인가? 언론은 어떻게 여론조사에 영향력을 미치려 할 것인가?

이 책의 목적은 여론조사로 대통령 만들기에 대한 이와 같은 의문을 풀어가는 데 있다. 이 책은 앞에서 지적한대로 선거에서 의외성에 의해 대통령 후보가 선출되는 것이 잘못된 것이라는 인식에서 출발한다. 그렇다면 무엇이 이러한 의외성과 불합리한 결과를 초래했는가? 선거에서의 이러한 의외성, 조작 가능성, 불합리성을 제거해 나가는데 필요한 대안은 무엇인가를 찾는데 이 책의 목적이 있다.

이 책은 '제1부 여론조사로 대통령 만들기: 왜 생겨났고 어떻게 행해졌나', '제2부 여론조사 정치: 민주주의에 약인가 독인가', '제3부 여론조사 정치를 극복하고 대통령 만들기' 순으로 내용을 구성하였다. 1부에서는 여론조사 정치가 도입되게 된 이유, 그리고 여론조사 정치에서 행해진 주요 사례들을 분석하고 재평가하였다. 2부에서는 여론조사의 문제점과 언론의 여론조사 결과 보도 행태를 분석을 통해 여론조사 정치의 문제점을 지적하였다. 3부에서는 사례분석을 통해 얻은 교훈으로 대통령을 만드는 데 필요한 내용들을 정리하였다.

이 책의 모든 분석 내용은 지난 20년간의 경험을 바탕으로 실제 조사에서 수집된 데이터 분석을 통해 작성되었다. 그동안 공직선거 후보를 여론조사로 선출했던 사례에 대해 사실과 다르거나 왜곡되게 분석 평가한 내용들이 적지 않다. 그러나 실제 행해졌던 각종 사례에 대해 객관적이고 정당한 평가와 분석을 하는 것은 정치 발전을 위해 꼭 필요한 일이다. 그래서 이 책에서는 입수 가능한 모든 자료를 재분석하였다. 자료들을 객관적이고 합당한 방법으로 다시 분석 평가하고 그 결과를 이 책에 수록하였다.

책의 내용 중 어떤 부분에는 기존의 분석과는 상반된 주장도 담겨져 있다. 그렇지만 가급적이면 주관적 판단에서 벗어나, 객관적이고 과학적인 입장에서 "보고 싶은 것이 아니라, 보이는 것 그 자체를 보려고" 노력하였다.

〈TIPS〉

대한민국 헌법

제1조

① 대한민국은 민주공화국이다.

② 대한민국의 주권은 국민에게 있고, 모든 권력은 국민으로부터 나온다.

제8조

② 정당은 그 목적·조직과 활동이 민주적이어야 하며, 국민의 정치적 의사형성에 참여하는데 필요한 조직을 가져야 한다.

③ 정당은 법률이 정하는 바에 의하여 국가의 보호를 받으며, 국가는 법률이 정하는 바에 의하여 정당운영에 필요한 자금을 보조할 수 있다.

제41조

① 국회는 국민의 보통·평등·직접·비밀선거에 의하여 선출된 국회의원으로 구성한다.

제67조

① 대통령은 국민의 보통·평등·직접·비밀선거에 의하여 선출한다.

제1부

여론조사로
대통령 만들기

– 왜 생겨났고, 어떻게 행해졌나

1. 여론조사 정치 왜 생겨났나?

(1) 한계에 도달한 87년 체제

지역주의 정당의 형성

한국의 민주화는 오랜 권위주의 통치의 부작용으로 인해 정치체제 외부에서 학생과 지식인들에 의해 주도된 '운동'에 의해 이끌어지게 되었다. 권위주의 정권에서 배제되었던 김대중, 김영삼과 같은 기성 정치엘리트는 이러한 운동이 만들어낸 정치적 공간에서 다시 재기할 수 있었다. 민주화운동이 대중적, 전국적, 계층적 기반을 확대해감에 따라 권위주의 정권은 위협을 느끼게 되었다. 권위주의 정권은 '운동을 억압하고 보다 강성의 권위주의 체제를 확립하는 길'과 '제한된 민주적 개방을 통해 운동의 힘을 분산, 약화시키는 길' 중 하나를 선택할 수밖에 없었다.

힘으로 권위주의 체제를 확고히 하고자 하는 선택은 결국 1980년 광주민주화운동을 불러왔다. 파국적 사태를 피하기 위해 결국 권위주의 정권은 '6·29 선언'을 통해 민주화를 수용할 수밖에 없었다. 그러나 이들이 원한 것은 정치참여의 범위를 최소화하는 제한된 민주적 개방이었다. 아래로부터의 민주주의적 열망(운동)이 민주화 공간을 최대한 넓힐 수 있는 동력이라면, 위로부터의 타협(정치참여의 최소화)은 그 가능성을 제한하는 힘으로 작용하였다.

이와 같이 제한적으로 개방된 정치활동 공간 허용은 정권교체를 둘러싸고 가장 중요한 균열을 불러오게 되었다. 권위주의 체제하에서 수혜를 받았던 유권자들은 정치안정과 경제발전을 내건 집권당을 지지하게 되었다. 이들 유권자는 이념적으로는 보수적인 정향, 그리고 지역적으로는 권위주의 정권의 지역기반이었던 경북지역을 기반으로 하였다(그림 1).

87년 체제 정당형성 및 대통령 후보선출

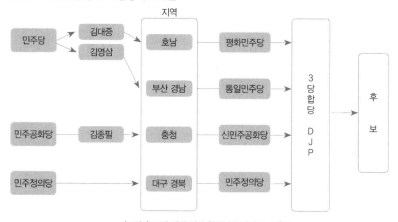

(그림 1) 87년 체제 정당 형성과정 및 후보 선출도

정권교체와 민주주의를 기대한 나머지 유권자가 할 수 있는 선택은 김대중과 김영삼이었다. 호남 차별에 대한 피해의식과 1980년 광주민주화운동을 겪은 호남유권자는 김대중을 선택했다. 그리고 민주화를 지지한 경남 유권자는 Y·H사건, 1979년 부마항쟁 등을 통해 권위주의 정권으로부터 탄압을 받아온 김영삼을 선택했다. 대통령 자리를 놓고 두 후보가 분열하게 되자 민주화를 지지했던 세력들은 각각의 지역에서 두 후보를 따로따로 지지하게 되

었다. 87년 체제가 갖게 된 지지 세력의 지역적 분절화(지역주의)의 특성은 이렇게 해서 만들어졌다.

1987년의 "3당 합당"은 한국 정치지형을 뒤흔드는 일대 사건이었다. '노태우-김영삼-김종필'의 연합으로 한국 정치는 새로운 국면에 들어가게 되었다. 지지 세력의 지역적 분절화에 의해, 전혀 지지기반과 정치이념이 다른 세력 간의 합종연횡으로 탄생한 87년 체제는 오늘날까지 그 영향을 미치고 있다.

'3당 합당'으로 여권의 후보가 된 김영삼은 제14대 대통령이 되었고, 이후 김대중은 DJP 연합을 통해 제15대 대통령이 되었다. 바야흐로 권력을 얻기 위해서는 어떤 세력과도 힘을 합치고 또 헤어지는 혼돈의 시대가 열리게 되었다. 지역주의 세력 간의 합종연횡으로 정권을 쟁취하는 그런 시대가 이어졌다.

87년 체제는 앞에서 본 바와 같이 이념적 계층적 차이에 의해 형성된 경쟁적 정당 간의 대결이 아니라 인물중심의 지역주의에 기반 한 정당체제였다. 지지하는 후보의 이념이 곧 내 이념이 되었다. 이념과 계층적 차이가 정치동원에서 배제된 조건 위에서 정권교체를 위한 정당 대안이 두 개로 분열되었다. 1980년을 전후해 호남과 경남의 두 지역이 경험한 운동적 요소가 투입됨으로서 만들어진 체제였다. 87년 이후 절차적 민주주의에 대한 타협으로 인해 국가에 대한 시민사회의 자율성은 높아졌다. 그렇지만 '타협적 민주화와 지역감정에 기반 한 정치적 균열구조'라는 87년 체제의 태생적 한계로 인해 시민사회 내의 기득권 세력은 여전히 우월한 위치를 차지하게 되고, 보수 세력의 힘은 여전한 상황이 되었다.

서구 민주주의 국가의 정당은 이념, 계층, 지역을 기반으로 하여 각기 성격이 다른 정당이 생겨났다. 그리고 각 당의 정해진 규정에 따라 전당대회나 예비 선거를 통해 공직선거 후보를 선출하였다 (그림 2). 그러나 앞에서 지적한 이유로 인해 우리 정치에서는 87년 체제 이후 서구적 개념의 대중정당 형성에 실패하게 되었고, 결과적으로 시민사회 세력은 비제도권에 머물게 되었다(그림 3).

정당 형성 및 대통령후보 선출 개념도

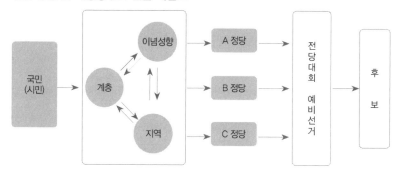

(그림 2) 서구적 개념의 정당형성 및 대통령후보 선출 개념도

국민 참여 경선과 여론조사로 후보 선출하기

'3김 시대'에는 '김영삼, 김대중, 김종필'이 정권 획득과 공존이라는 서로의 목적을 위해 지역주의를 바탕으로 시민사회 내의 기득권 세력과 보수 세력을 하나로 묶을 수 있었다. 그러나 그들의 퇴장으로 기득권 세력들은 더 이상 지역주의에 호소하여 지지를 결집할 수 없게 되었다. 이러한 현상에 직면하게 되자 정치권은 '국

민참여경선' 방식을 도입하게 되었다.

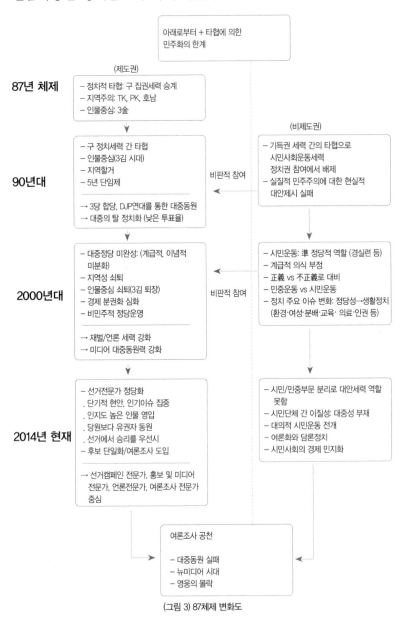

(그림 3) 87체제 변화도

이어서 여론조사라는 새로운 방법을 통해 다른 정당 후보 간 단일화와 당내 경선을 성공적으로 이끌어 그들의 이익을 보호하려는 노력을 하게 되었다. '3김 시대' 이후에는 여론조사 정치라는 새로운 시대가 열리게 되었다(그림 3).

2002년 새천년민주당의 국민 참여 경선의 도입을 시작으로 2007년 여론조사 도입까지 각 정당은 보다 개방적인 경쟁 방식을 도입하게 되었다. 이런 개방적 방식의 도입은 대통합민주신당 경선 과정에서 조직 동원의 논란이 일었던 것에서 볼 수 있는 것과 같이 동원된 선거인단으로 인한 참여의 자발성에 대한 의구심에서 비롯되었다. 앞에서 지적한대로 대중적 정당을 만드는데 실패한 87년 체제로 인해, 우리나라에서는 대중정당의 핵심적 운영 원리라고 할 수 있는 '참여의 자발성'이라는 측면이 결여되게 되었다.

당 행사에 참여하는 당원이나 대의원들은 대부분 현역 의원이나 당협위원장 등과의 연계를 통한 동원의 가능성이 컷다. 개방적 참여는 필요하지만 불법적인 동원의 문제를 쉽게 해결할 수 없게 되자 여론조사 방식에 주목하게 되었다. 덧붙여서 여론조사를 통해 유권자들 사이에 높은 인기를 누리는 인물을 선출함으로서 본선에서 보다 경쟁력을 높일 수 있다는 현실적인 고려도 반영된 것이었다.

2002년 15대에 이어 16대 대통령 선거에 출마한 보수 한나라당 이회창 후보는 정몽준과 후보 단일화에 성공한 민주당 노무현 후보에게 패했다. 2002년 이회창 후보의 실패는 중도 진보세력까지

로 그 지지 세력의 외연을 넓히지 못한 탓으로 분석되었다. 반면에
민주당의 승리는 국민 참여 경선을 통해 지지 세력의 외연확보에
나섰던 점, 그리고 이어서 후보 단일화의 성공에 의한 것으로 인식
되었다.

　이에 앞서 2002년 초에 이루어진 한나라당 서울시장 후보 경선
과정에서는 일반 시민의 여론에 앞섰던 홍사덕이 당대의원(서울시
당)의 전폭적인 지지를 받는 이명박에 밀려 후보를 사퇴하는 일이
발생하였다. 사퇴하게 된 결정적인 이유는 당 대의원의 75%이상
이 50대 이상의 연령층에 속해, 젊은 층으로부터 높은 지지를 받
던 홍사덕에게는 아주 불리한 구조였기 때문이었다.

3김 이후 후보선출

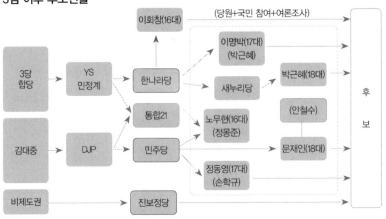

(그림 4) '3김 이후' 각 정당 대통령 후보 선출도

　정치권에서는 이러한 일들을 계기로 '당심'이냐, '민심'이냐는 논
쟁이 불붙기 시작하였다. 이전까지는 특정 정당에 가장 적합하고
일치되는 인물이 그 정당의 후보가 되는 것이 당연한 것이었다. 그

러나 2002년부터는 대통령 선거나 서울시장 선거와 같이 큰 규모의 선거에서는, 특정 정당을 가장 잘 대표하는 인물보다는 유권자들로부터 가장 많은 표를 얻을 수 있는 후보를 선택해야 한다는 주장이 대세를 이루게 되었다. '집토끼'냐 '산토끼'냐의 논쟁에서 '산토끼'를 쫓아야 이긴다는 주장이 우세하였다. 그 결과 승리를 위해서는 국민 참여 경선제가 강력하게 대두되었다.

민심을 얻지 못하면 또 다른 패배가 필연적이라는 위기감이 팽배했던 2005년, 한나라당이 여론조사를 공식적인 선출방법의 하나로 도입하는 당헌당규를 채택하면서, 이후 모든 정당이 공직후보 선출에 여론조사를 도입하는 방향으로 향하게 되었다. 이어서 2006년 5월 열린 한나라당 서울시장 후보 경선에서 맹형규 후보가 대의원 선거에서는 1위로 앞섰으나, 여론조사에서 크게 앞선 오세훈 후보에게 패했다. 결국 이렇게 선출된 오세훈이 상대 후보 강금실에게 압승하므로 이러한 선택이 옳은 것이라는 인식이 더욱 굳혀지게 되었다.

2006년 후반 정치권에는 국민 참여 경선에 대한 논란이 본격화되기 시작하였고, 정치쟁점화 하였다. 그러나 현행 선거법상 외부 인사가 당내후보 선출하는 오픈 프라이머리에 참여하는 것이 금지되어 있다. 각 정당들은 이를 극복하기 위한 방법으로 국민선거인단을 구성한 국민참여경선을 채택하게 되었다. 특정 후보, 정당의 움직임이 여론, 시대정신을 반영하지 못하면 선거에서 실패한다는 것이 강조되었다.

이러한 과정 속에서 여론조사가 각광을 받은 이유는 간단하다. '정당 민주화'라는 명분과 '당선 가능성'이라는 실리적 요구의 일치가 가능하기 때문이었다. 당 지도부의 뜻과 당내 계파별 세력 분포를 반영한 '하향식 공천'의 비민주성을 극복하자는 당내 민주화 요구는 일반 당원의 의사를 앞세우는 당내 경선, 즉 '상향식 공천'을 불러왔다. 그러나 이 또한 조직적 동원능력에 좌우되기 쉽고, 바로 그 때문에 당심(黨心)과 표심(票心)이 동떨어질 개연성이 상존한다. 이런 문제를 해결하고 당심과 표심 둘을 일치시켜 당선 가능성을 높이는 수단이 될 수도 있다는 점에서 여론조사의 가치는 빛나게 되었다. 바야흐로 여론조사가 지역주의를 지탱해온 '3김'을 대체하는 수단이 되었다.

(2) 언론 권력과 미디어 정치시대의 도래

언론이 여론조사 결과 보도를 정파성에 활용

1987년 이후 언론과 정치권력의 관계는 전환점을 맞는다. 권위주의 정권이 행사했던 언론에 대한 정치적 통제는 약화되고 언론의 자율성과 영향력은 강화되었다. 언론은 국면에 따라 국가권력에 버금가는 권력을 행사하는 일종의 독립적 '권력기관'으로 부상했다. 그러나 시민사회가 제대로 성숙하지 못하여 언론권력을 견제할 만한 세력이 존재하지 못했다. 게다가 시간이 흐르면서 국민의 직접적인 참여를 앞세운 여론정치가 중요해지고, 언론이 이를 주도하는 위치를 점하게 되면서 언론권력은 더욱 강화되었다.

정치권력은 여론에 절대적으로 의존할 수밖에 없다. 여론을 주도하는 언론이 정치권력의 부수적 혹은 종속적 권력으로부터 정치권력을 유도하고 통제하는 권력으로 변화되었다. 많은 학자들은 현재 한국 언론이 정치적 민주화 과정에서 권위주의 체제의 지도력과 장악력이 약화되면서 발생한 권력의 빈 공간에 새로운 권력으로 진입하게 되었다고 주장한다. 언론이 정치권력에 대한 영향력을 선점해 나가기 위해 다른 정치 분파들과 경쟁하면서 자기 권력을 강화하는 데 성공했다는 것이다.

한국 언론에서 나타나는 정파성은 '정당 정파성'이다. 유사한 이데올로기 지형에 위치해 있는 정치권력과 언론권력이 병행적 관계를 형성하는 것이다. 언론의 정파성은 실제 보도를 통해 편향성의 형태로 나타난다. 정파적 편향 보도는 다른 정파적 속성을 가진 정당, 언론, 시민들에 대해 불신과 적대관계를 갖게 한다. 또한 언론의 편향적인 보도를 자기의 이익에 활용하고자 하는 시민 집단의 정파적 편향은 시간이 갈수록 커지게 된다. 정파적 편향은 결국 서로 소통할 수 없는 사회적 위기가 발생하게 되는 악순환을 반복시켰다. 한국사회는 언론의 정파성으로 인해 소통의 위기에 직면하게 되었고, 이는 민주주의의 위기로 이어지게 되었다.

한국 언론의 정파성은 상시적으로 나타나지만 특히 대선국면에서 두드러진다. 언론에서는 '특정 후보 밀어주기'의 형태로 나타났다. 언론이 일종의 '킹 메이커' 역할을 한다. 신문은 텔레비전 방송에 비해 특정 후보에 대한 편들기가 상대적으로 뚜렷하게 나타난다. 이러한 특성 때문에 주로 신문이 '의제를 선점'하고 '이슈를 생성'해내며 '여론형성을 주도'하는 모습을 보였다. 이런 점에서 신문의 대선과 관련한 보도 행태 분석은 중요하다.

특히 신문의 대선관련 보도 중 여론형성에 중요한 역할을 하는 여론조사 결과 보도는 신문의 정파성에 따라 그 형태를 달리했다. 즉, 언론권력이 여론조사 결과 보도를 통해, 특정 후보를 편들기 위해 의제를 선점하고 이슈를 만들어 내고 있는 것이 오늘의 현실이다. 여론조사가 언론의 킹메이커 역할에 유용한 수단으로 이용되고 있다. 언론이 여론조사로 공직후보를 선출하는 데 중요한 행위자로서 그 역할을 담당하게 되었다.

미디어 정치시대의 도래

여론조사 민주주의가 생겨나게 된 또 다른 이유로는 미디어의 영향력 확대를 들 수 있다. 폭발적으로 늘어난 각종 미디어(특히 인터넷 등)로 인해 다양한 정보들이 여과 없이 바로 유권자들에게 전달되고 또 유포되는 새로운 시대가 열리게 되었다. 연일 보도되는 여론조사는 실시간으로 유권자들에게 전달된다. 정보가 새롭게 여론을 형성해가는 순환이 거듭되며 미디어가 새로운 권력으로 자리잡게 되었다. 미디어들은 여론조사를 통해 국민의 의사를 파악하고 전달하면서 정치와 국민을 연결하는 가교 역할을 한다. 미디어는 공중이 중요하다고 생각하는 것을 보도하고 이를 통해 공중에 게 사회의 중요한 이슈와 사회적 의견의 분포를 전달한다. 이 과정을 통해 국민의 의견이 정책결정자에게 전달되어 정책과정에 영향을 주는 피드백이 일어난다. 그러나 지식과 경험이 부족한 국민들을 상대로 미디어가 여론을 조종하는 역할도 동시에 한다. 이런 이유로 정치인들과 미디어 권력자들 간의 타협이 항상 가능하다.

인기 있는 '힐링 캠프'와 같은 연예프로그램에 출연하면 졸지에 전국적으로 유명인사가 되는 그런 세상이 되었다. 인기 있는 쇼 프로그램 제작진이 정치인들의 로비에 항상 시달리고, 또 대우받는 세상이 되었다. 유명 앵커와 좋은 이미지의 연예인은 정치권에서 가장 모시고 싶어 하는 인재들이다. 한때는 정치학과 출신이, 이후에는 육군사관학교와 법대출신이, 오늘날은 미디어를 통해 인기를 누리는 연예인들이 정치적 인재충원의 가장 큰 소스가 되었다.

특히 최근에는 SNS라는 새로운 미디어의 창궐로 선거에 이겨도 SNS, 져도 SNS의 탓으로 돌리는 재미난 현상이 생겼다. 문제는 SNS라는 수단이 아니라 거기에 담길 컨텐츠인 데도 말이다. 말초신경을 자극하는 짧은 문자의 전파가 선거를 좌우한다. 한 조사에 따르면 글로벌 트위터 이용자들이 10개의 맨션(전달된 메시지)을 받을 때 평균 한 개의 리트윗(다른 사람에게 다시 보내기)을 하는데 반해 한국의 이용자들은 평균 8개를 리트윗하는 것으로 나타났다. 그러니 한국의 트위터 이용자들 간에는 소문의 확산 속도가 빠를 뿐 아니라 범위도 넓어질 수밖에 없다. 특정한 시기에 핫이슈로 등장하는 선거 여론조사 결과는 특히 이런 영향을 더욱 크게 받을 수밖에 없을 것이다.

한 여론조사 전문가는 2006년 한나라당 서울시장 경선에 대해 "오세훈 바람의 가장 두드러진 특징은 대세론으로 자리 잡기까지 사흘밖에 걸리지 않았다는 점"을 지적하였다. 이전까지의 "지지도 높낮이는 별로 중요하지 않다는 것을 보여준" 사례라고 강조하였다. 물론 '바람'을 일으키는 전제조건은 시대의 흐름을 타야 한다. 시대의 흐름은 감성적 이미지를 통해 만들어지고, 인터넷 SNS와 같은 미디어의 발달은 이러한 시대의 흐름을 타는데 일조하고 있다.

(3) 영웅 신화의 종언과 정치문화의 미성숙

보통 사람의 시대

앞에서 보았듯이 '3김(金) 시대'의 종언은 더 이상 독자적인 세력을 형성하는 정치인이 우리사회에서 사라짐을 뜻했다. 고정 지지세력(당내 추종자 + 지역적 지지세력)을 정치적 동력으로 활용했던 3김의 퇴장은 더 이상 이념이나 지역색깔 등에 영향을 받지 않는 새로운 정치 환경으로 이어졌다. 특히 생활정치에 대한 갈망은 이를 더욱 부추겼다. 박정희 유산을 누리는 박근혜 외에는 그 어느 누구도 고정 지지층을 형성하지 못했다. 보통사람의 정치시대가 열리게 된 것이다. 이런 점에서 박근혜는 마지막 영웅시대의 후예라고 할 수 있다. YS, DJ, JP의 영웅시대, 박정희의 후광을 입은 박근혜를 끝으로 보통사람의 정치시대가 시작되었다.

2002년 6·13 지방선거 직후 실시한 면접 여론조사 결과에 의하면, 1997년 대선에서 이회창 후보에게 투표했고, 2000년 총선에서 한나라당 후보에게 투표했으며, 조사 당시까지도 한나라당을 선호하는 이회창 후보 '절대 지지층'의 규모는 전체 유권자의 19.9%로 나타났다. 한편 1997년 대선에서 김대중·이인제 후보에게 투표했고, 2000년 총선에서 민주당 후보에게 투표했으며, 조사시점까지도 민주당을 선호하는 노무현 후보 '절대 지지층'의 규모는 12.3%에 불과했다. 상황에 따라 후보 지지를 바꿀 수 있다는 '유동층'이 전체 유권자의 약 68%나 되는 것으로 나타난 것이다. 즉, 고정 지지층을 확보하고 이들을 힘입어 정치하던 '3김 시대'와 달리 상황에 따라 지지하는 후보가 바뀔 가능성이 높아졌고, 제3후보가 대선구도에서 바람을 일으킬 여건이 충분해졌다. 이러한 시대의 시작으로 말미암아 선거정치에서는 감성적 이미지에 열광하고, 가벼운 것에 이끌리는 새로운 성향의 유권자들을 끌어안는 것이 더욱 중요해졌다. 그러나 카리스마도 없고 지지 세력도 빈약한 보통 정치인들은 이들을 끌어안기에는 역부족이었다.

결국 카리스마도, 계몽군주적인 리더십도, 더 이상 성공신화도 없어진 보통 정치인들은 새로운 비전과 앞길을 제시하기 보다는, 흔들리는 감성적 이미지에 호소하고, 의지하고, 매달리기에 이르렀다. 이명박의 성공신화를 끝으로 안철수, 문국현 등의 이야기는 더 이상 성공신화일 수 없었다. 결국 유권자의 지지를 얻기 위해 정치인들은 여론조사결과에 의존하고 자신에게 유리한 여론형성에 더욱 매달리게 되었다. 지역주의와 민주화 신화로 탄생했던 영웅을 이제는 여론이 대신해서 만드는 시대가 된 것이다.

이기면 된다는 목표 지향주의 정치문화

정치학자 최장집은 현재 한국의 민주주의가 위기에 처해 있다고 진단한다.[1] 민주주의가 한 사회에 뿌리내리고 질적으로 발전하기 위해서는 그 사회의 민주주의가 발전해야 하는데 우리사회는 아직 그 단계에 도달하지 못했다. 민주주의를 위한 시민교육이 그래서 중요하다는 것이다. 시민교육을 통해 사회적 문제에 대한 관심과 참여를 확대하는 것이 필요하다고 그는 주장한다. 민주주의를 가능케 하는 것은 적정한 민주적 제도와 절차의 확립, 그리고 이를 운영해 나갈 수 있는 시민의 능력이다. 이러한 시민의 능력은 정치적 과정 및 결과에 대한 비판의 능력, 그리고 정치사회의 공공선에 대한 헌신과 정치 과정에 대한 참여의지, 그리고 시민상호 간에 요구되는 시민성이다. 시민성은 민주주의 교육에서 비롯된다.

해방 이후 우리사회가 급격한 사회변화를 거듭하면서, 성숙한 시민윤리의식과 공동체의식 등 민주시민의식의 핵심적 가치를 제대로 받아들이지 못하였다. 자유민주주의는 개인주의의 인간관을

---

1) 최장집, 『민주화 이후의 민주주의』(서울: 도서출판 후마니타스, 2007).

바탕으로 개인주의자들이 모여 공정하고 살기 좋은 사회를 이룩해 나가는 것을 목표로 한다. 이 목표를 이루기 위해서는 각자가 타인의 권익을 나의 그것과 다름없이 존중하는 공정심과 삶의 광장으로서의 공동체를 아끼는 마음이 시민의식의 핵심가치가 되어야 한다. 오늘날 한국 사회에는 이런 핵심가치가 부족하다.

우리 사회에는 아직도 각 사회의 영역에서 민주시민의 핵심역량을 내면화하는데 성공하지 못했다. 진정한 시민적 주체성을 높이며 민주적 사회통합을 강화하여, 시민 각자에게 행복한 삶을 향유하도록 하는 민주시민교육이 뿌리내리지 못했다. 그러다보니 극단적 이기주의와 개인주의, 물질적 행복만을 추구하는 목적 지향적 문화가 넓게 뿌리내리게 되었다. 목적이 수단을 합리화시키는 사회가 되었다.

앞에서 보았듯이 소위 '87년 체제'는 '호랑이를 잡으려면 호랑이 굴로 들어간다'는 목적지향적 정치문화를 만들게 되었다. '목적을 위해서는 수단이 어떠랴'라는 인식이 팽배해지게 되었다. 이러한 정치문화는 진보적 운동권이든, 보수적 수구세력이든 누구에게나 공통적으로 형성된 인식이었다. 개혁운동가로 추앙받는 이도 재벌 기업으로부터 죄의식 없이 돈을 받고 또 사용하는 세상이 되었다. 그 돈이 좋은 곳에 쓰기만 하면 된다는 생각이 지배적이었다.

선거는 이기기만 하면 된다. 여론조사를 통하면 하루아침에 전국적 인물이 될 수 있다. 어떻게 여론조사에 앞설 수 있을까, 그것이 선거의 중요한 전략의 하나가 되었다. 아니 전부가 되었다고 해도 지나치지 않을 것이다. 2002년 이후 이루어진 후보 단일화나 당내경선을 살펴보면 오직 자기에게 유리한 상황이나 조건을 쟁취하기 위한 정치인들의 죽기 살기 식 이전투구가 계속되었다. 신념이나 원칙이 아니라 이길 수 있거나 좀 더 유리한 방법을 찾는데 모든 수단과 방법이 동원되었다. 이기는 것만을 위해 모든 자원을 쏟아 붓는 살벌한 싸움이 벌어졌다. 이기면 자기 실력과 뛰어남 때문이고, 지면 상대방의 꼼수나 거짓된 행동 탓으로 돌리는 잘못된 정치문화가 생겨나기 시작했다.

이러한 정치문화는 패배를 겸허하게 받아들이기 보다는 선거 결과를 인정하지 못하게 했다. 결과를 부정하는 잘못된 배신의 역사가 계속되게 되었다. 국민의 결정이라기보다는 조작된 여론조사로 인해 사기당했다는 인식이 팽배하게 되었다. 게다가 5년 단임 대통령제는 대통령이 국민으로부터 책임지는 데에서 자유롭게 해주는 반면에, 무한한 권력 집중현상을 초래하게 되었다. 이긴 자는 모두 얻는 한편 진 자는 모두 잃는 승자 독식 문화가 한국 정치문화가 되었다.

여론조사에 의해 승자가 결정되는 최근의 선거후보 선출 사례는 이제는 어느 정도 제도화되었다. 이렇게 엄청난 승자 독식의 권력을 여론조사로 얻을 수 있게 되었다. 선거에 이기려면 자기 후보가 앞서는 여론조사가 필수가 되었고, 이러한 이기는 여론조사는 만들어질 수도 있다. 만들어질 수도 있는 여론조사가 정치인들을 유혹하고 있다. 민심을 얻는 것은 참으로 어려운 일이다. 그러나 여론조사에서 앞서는 일은 이것 보다는 훨씬 쉬울 수 있다. 여론조사에 앞서가는 것이 정치권력을 추구하는 언론의 도움으로 가능할 수 있다면 이러한 여론조작 유혹에서 자유로울 수 있는 정치인이 얼마나 될까? 우리는 뒤에서 여론조사 동맹(?)을 통해 선거에 승자가 되는 것이 과연 가능한지를 사례를 통해 살펴볼 것이다.

2. 여론조사 정치 어떻게 행해졌나?

(1) 각 정당의 후보 선출방식과 여론조사

2002년까지 한국의 모든 정당은 당내 선출기구(전당대회 등)를 통해 공직선거 후보를 선출해왔다. 한나라당의 이회창 후보는 2002년 당시 수년 동안 계속하여 대세론을 형성해 오고 있었다. 2002년 여당이었던 새천년민주당은 이와 같은 이회창의 기세를 극복하는 것이 중요한 대선 선결 과제였다. 이러한 목적으로 국민의 시선을 끌고, 국민들을 당의 지지 세력으로 끌어들일 이벤트를 도입하였다. 민주당은 대규모 선거인단 대회를 기획하고 전국 순회경선을 통해 민심을 얻고자하였다. 결과적으로 노무현이 후보로 결정된 국민경선은 어느 정도 효과를 거두었다.

이어서 국민통합21 정몽준 후보와 정당 후보 간 단일화를 통해 단일후보로 선출된 노무현은 결국 대선에서 승리하게 되었다. 이 단일화 과정에서 유사 이래 처음으로 여론조사가 후보 단일화의 방법으로 채택되었다. 이것은 정당 간 후보 통합의 과정이었으나, 이후 17대 대선에서는 정당 내의 후보 선출과징에 여론조사가 국민 참여 경선의 한 방편으로 도입되었다.

2002년의 민주당 노무현의 성공사례에 자극받은 한나라당은 2005년 당 개혁위원회를 구성하고 '국민 참여 선거인단'을 통한 공직후보 선출을 당헌당규로 채택하였다. 2006년 한나라당 서울 시장후보 경선은 새로 개정된 당헌당규에 의해서 후보를 선출하였다. 경선결과 당 내부의 지지에서는 맹형규 후보가 앞섰다. 그러나 여론조사에 압도적으로 앞선 오세훈 후보가 맹형규 후보를 누르고 서울시장 후보로 선출되었다. 이러한 경선 결과는 '당심(黨心)과 민심(民心) 중 어느 것을 따라야 하는가' 하는 논란을 일으킨 계기가 되었다.

정당 간 후보 단일화가 아닌 정당의 대선 후보를 선출하는 과정에 여론조사가 처음으로 도입된 것은 2007년이었다. 당시 여당이던 대통합민주신당은 2002년 새천년민주당이 '국민 참여 경선'으로 국민 속으로 파고드는데 성공했다고 믿었다. 대통합민주신당은 먼저 당원과 일반국민을 대상으로 선거인단 50%, 여론조사 50%의 비율로 치러진 예비경선을 통해 본선 경선 주자를 뽑았다. 이 당시 미국식 정당후보 선출 오픈프라이머리를 원했으나 선거법상 문제가 있음을 알게 되었다. 그리하여 본선 경선은 선거인단

85%, 여론조사 15% 비율로 반영해 후보를 선출하였다. 그 결과 정동영 후보 43.8%, 손학규 후보 34.0%, 이해찬 후보 22.2%로 정동영이 대선 후보로 선출되었다.

이보다 앞서 이루어진 한나라당 대통령 후보 경선은 '국민 참여 선거인단' 대회의 투표결과와 여론조사를 종합하여 후보를 결정하였다. 국민 참여 선거인단은 대의원(20%), 당원(30%), 국민 선거인(30%)로 구성하였고, 여론조사(20%) 비율을 반영하여 후보를 선출하였다. 이 중에서 국민 선거인은 당원이 아닌 일반국민 중에서 전화면접 방법으로 국민 선거인 공모에 응한 사람들이다. 투표결과와 여론조사를 합한 결과 이명박 후보 49.6%, 박근혜 후보 48.1%, 원희룡 후보 1.5%, 홍준표 후보 0.9%로 이명박 후보가 대선 후보로 선출되었다.

한나라당은 이때 여론조사에 대한 부분을 명시적으로 상세하게 당규에 규정하였다. 여론조사 기관 선정, 여론조사의 방식, 조사과정 참관, 관리감독, 투표결과 반영 등을 자문할 전문가위원회도 두도록 했다. 한나라당은 이런 과정을 거치며 당내 경선과정의 규정들을 어느 정도 제도화하였다. 그중에서도 특히 여론조사과정을 자세히 명문화하였다. 이러한 경선 규정은 이후 새누리당으로 이어졌다.

그러나 이와는 달리 민주당의 경우에는 필요에 따라 후보자들 간의 합의에 의해 경선룰을 정하는 일을 반복하여왔다. 그 결과 아직도 제도화 수준에는 못 미치고, 계속 때마다 경선룰을 재조정하고 있다〈표 1〉.

〈표 1〉 1987~2012년 한국 주요정당 공식적 후보자 선출권자

정당	공식적 선출권자	실질적 선출권자	당헌·당규 규정
'87 민주정의당	당내선출기구	정당 지도자	
'87 신한민주당	당내선출기구	비선출기구	
'92 민주자유당	당내선출기구	정당 지도자	
'92 민주당	당내선출기구	당내선출기구	
'97 신한국당	당내선출기구	당내선출기구	
'97 새정치국민회의	당내선출기구	당내선출기구 → 정당지도자	
'02 새천년민주당	당원 (선거인단 대회)	당원 → 유권자 (후보단일화)	
'02 한나라당	당원(전당대회)	당원(전당대회)	
'07 대통합민주신당	유권자	유권자 (+여론조사)	당원+국민거인단(85%) + 여론조사(15%)
'07 한나라당	유권자	유권자 (+여론조사)	대의원(20%)+당원(30%)+ 국민선거인단(30%)+ 여론조사(20%)
'12 새누리당	유권자	유권자 (+여론조사)	대의원(20%)+당원(30%)+ 국민선거인단(30%)+ 여론조사(20%)
'12 민주당	유권자	유권자 (+여론조사)	

2007년 대통합민주당(민주당)의 대통령 선거 후보 경선은 당원·국민선거인단(85%)과 여론조사(15%)의 형태로 치렀다. 경선 결과 당심과 여론조사에서 모두 앞선 정동영 후보가 한나라를 탈당하고 민주당에 입당한 손학규 후보를 누르고 승리하였다.

2012년 새누리당 대통령후보 경선은 2007년과 동일한 방법으로 행해졌다. 박근혜 대세론 속에서 무난히 당 후보로 선출되었다. 그리고 민주당의 대선 후보 경선은 당원 선거인단 모바일 투표의 결합 방식으로 치러졌고, 문재인 후보가 선출되었다(그림 5).

(2) 여론조사와 관련한 쟁점 분석

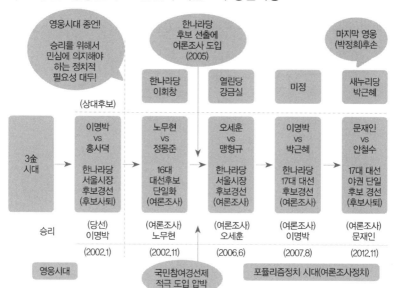

노무현−정몽준 후보 단일화 여론조사 쟁점사항

(그림 5) 각 당의 후보 선출 사례 및 선거결과

노무현 후보와 정몽준 후보 측은 후보단일화 여론조사와 관련하여 '설문내용과 오차범위, 표본 크기, 여론조사기관 선정, 조사시점' 등 5가지 사항에 대해 협의를 시작했다.

❖ 설문문항

국민통합21의 정몽준 후보는 자신에게 보다 유리한 '경쟁력 평가도' 형식의 설문을 관철하도록 지시했다. 경쟁력 평가도는 정몽준 후보 쪽이 좀 더 유리하다고 여기는 방식으로 '이회창 후보에게 맞서 누가 조금이라도 더 이길 것 같은가'라는 문항이었다.

협상 결과 한나라당 이회창 후보 지지자를 걸러내기 위한 다자

대결 질문을 먼저 한 다음, 이후 노·정 두 후보에 대해 '단순 선호도'와 '이회창 후보와의 본선경쟁력' 두 가지를 묻기로 했다. 이때 지지율에서 앞서는 사람을 승자로 결정하기로 합의가 이뤄졌다. 노무현 후보는 많은 반대를 무릅쓰고 이 안을 전격적으로 수용하기로 결정해 최종적으로 합의하기에 이르렀다.

❖ 역 선택 방지방안

노무현 후보의 양보에 따라 '경쟁력 평가도'를 대체로 수용해 타협이 이뤄지자 국민통합21은 이번에는 '역 선택 발생 경우 무효화' 단서를 요구하고 나섰다. 국민통합21측은 여론조사에서 노무현 후보가 정몽준 후보에 앞서는 것으로 나타나는 현상이 '만만한 노 후보'를 단일후보로 뽑히게 하려는 한나라당 이회창 후보 지지자들의 '역(逆)선택'이 시작됐기 때문이라고 생각했기 때문이었다.

국민통합21측은 "이회창 후보의 최근 2주간의 평균 지지율보다 낮은 수치가 나왔을 때는 조사결과를 통째로 무효화하자"고 주장하였고, 이에 민주당은 "최근 2주간 이 후보의 가장 낮은 지지율 이하로 나왔을 때 조사결과를 무효화하자"는 절충안을 제시하였다. 결국 조사시점(24~25일)을 기준으로 지난 2주간 조사결과 이회창 후보의 최저 지지도 30.4%보다 낮은 조사결과는 무효화하기로 합의하였다.

최종 설문문항은 이회창 후보 지지자를 걸러내기 위해 다자대결 단순 선호도 질문을 먼저 한 다음, "한나라당 이회창 후보와 경쟁

할 단일후보로 노무현, 정몽준 후보 중 누구를 지지하십니까?"로 최종 결정되었다.

❖ 승자 결정방법

여론조사 결과 승자를 결정하는 방법에 있어서는, 2개 회사의 조사결과 중 이회창 후보의 지지율(조사시점을 기준으로 지난 2주간 조사결과 이회창 후보의 최저 지지도 30.4%) 보다 낮은 조사결과는 제외, 오차범위를 무시하고 0.1%라도 앞서는 후보가 승리하는 것으로 합의하였다.

이명박-박근혜 경선 여론조사를 둘러 싼 쟁점

이명박, 박근혜 양측은 여론조사기관 선정에서부터 여론조사 기법, 설문조항 선정 문제에 이르기까지 세부 조항 하나하나를 놓고 대립각을 세웠다. 어떤 기관, 어떤 방식으로 결정되느냐에 따라 지지율에 차이가 날 수 있기 때문이었다. 세부적인 여론조사 방식은 여론조사 전문가들로 구성된 '전문가 위원회'의 자문을 받아 선거관리위원회가 결정키로 했으나 각 후보 진영의 의견충돌로 끝내 의견 조율에 실패했다. 결국에는 박관용 경선관리위원장의 중재안으로 경선 여론조사를 실시하게 되었다. 다음은 여론조사 실시와 관련하여 양측이 첨예하게 대립하였던 쟁점사항이다.

❖ 여론조사 반영비율

박근혜 후보 측은 여론조사 반영 인원을 당헌당규 규정대로 '대의원+당원+일반국민'의 유효투표와 연동해야 한다고 주장하였다. 반면 이명박 후보측은 '대의원과 당원, 일반국민의 투표율과 상관없이 여론조사 반영인원으로 4만명'을 주장하였다.

이에 강재섭 당대표는 여론조사 반영비율의 경우 일반국민 투표율이 3분의 2(67%)에 미치지 못하면 이를 3분의 2로 간주해 여론조사 반영비율의 가중치 산정에 적용하자고 중재안을 제시했다. 박근혜 후보 측에서 강력하게 강재섭의 중재안을 거부하였다. 결국에는 이명박 후보의 양보로 원래의 당헌당규에 규정된 대로 하는 것으로 극적으로 타결되었다. 양측은 원래의 당헌·당규에 규정된 대로 '대의원·당원·일반국민 유효투표수의 20%를 여론조사에 반영한다고 합의하였다.

❖ 설문내용: 선호도와 지지도

박근혜 후보 측은 '4명 후보 중 누구에게 투표를 하겠습니까' 또는 '4명 중 누구를 지지하십니까'라는 '지지도' 문항을, 이명박 후보 측은 '4명 중 누가 (대통령후보로) 더 낫다고 생각하십니까', '한나라당 대통령 후보 중 누가 대통령 후보가 되는 것이 바람직하다고 생각하십니까'라는 '선호도' 문항을 주장하였다.

박근혜 후보 측은 '선호도'의 경우 지지층의 충성도가 낮은 이명박 후보에게 유리하다고 주장하였다. 박근혜 후보 측 김재원 공동

대변인은 "부동층과 무관심층도 투표에 넣은 결과를 낳는다"며 표의 왜곡현상을 내세웠다. 1%가 400표 가량인데 이런 방식을 통해 이명박 후보가 10%를 더 얻게 되면 4,000표가 좌우된다고 주장하였다.

여론조사에서 이명박 후보가 선호도 조사의 경우 10%포인트, 지지도는 5%포인트 정도 앞서는 경향을 보였었다. 충성도가 높은 고정 지지층이 있는 박근혜 후보 측은 그래서 지지도를, 대중적 인기가 있는 이명박 후보 측은 선호도를 요구해왔다. 한나라당 경선관리위원회는 두 후보 측 주장의 절충형인 '누구를 뽑는 게 좋다고 생각하는가?'로 문항을 확정했다.

❖ 질문방법: 2차 질문 허용 여부

이명박 후보 측은 2차 질문 기회 등을 선호하는 반면 박근혜 후보 측은 2차 질문을 반대하였다. 1차 무응답자를 대상으로 재질문을 허용하지 않기로 결정한 것은 이명박 후보에게 불리한 결정이었다는 주장이 제기되었다. 보통 재질문을 허용할 경우 무응답층이 줄며 이명박 후보의 경우 2~3%포인트 지지율이 상승할 것으로 보고 있었기 때문이다. 그러나 여론조사 전문가들은 1차 질문으로 끝날 경우 재질문을 하지 않고 보통 15~25% 정도인 모름·무응답층을 제외하기 때문에 기존 조사 결과와 달라질 수 있다고 주장했다.

❖ 여론조사 시기와 조사결과 결정방식

경선투표일인 8월 19일(잠정) 1~2일전 실시하기로 결정하였다. 조사시간은 오후 2시부터 오후 8시까지 실시하기로 하였다. 실제 조사는 8월 19일(일) 오후 2시부터 오후 8시까지 실시되었다.

조사결과 결정방식은 여론조사기관이 오후 8시까지 응답받은 자료 중에서 응답층을 배제한 응답을 유효응답 100%로 환산하며, 각 기관이 2,000명을 채우지 못하더라도 시간이 되면 마감하는 방식을 채택하였다. 각 기관은 조사결과를 조사당일 당 선거관리위원회에 제출하고, 3개 기관의 유효응답수를 단순 합산하여 이를 투표수로 반영하기로 하였다.

❖ 여론조사 대상

여론조사 대상을 전 국민을 대상으로 하느냐, 경선 참여 희망자만을 대상으로 하느냐 등의 문제를 놓고도 양측이 대립하였다. 일반 국민을 포함시켜야 지지층을 확대시켜 나갈 수 있다는 주장에 밀려, 결국 여론조사 대상자는 당원을 제외한 전 국민을 대상으로 실시하는 것으로 결정되었다. 이렇게 여론조사 대상자를 선정하는 룰이 결과적으로는 박근혜 후보가 패배하는 결정적인 요인으로 작용하게 되었다.

문재인–안철수 후보 단일화 여론조사를 둘러 싼 쟁점

❖ 단일화 방식: 여론조사

단일화 방식을 놓고 두 후보 진영에서 논란이 있었다. 협상초기 단일화 방식은 '여론조사+TV토론 후 평가'로 요약되었다. 문 후보 측은 단일화 방식과 관련해 당초 100% 여론조사 불가를 주장하며 국민 참여 방식이 가미된 '여론조사+α' 형태를 원했다. TV토론 후 배심원 투표나 현장투표 등을 하자는 뜻이다. 하지만 문재인 후보가 "안 후보 측 결정에 맡기겠다"고 물러선 만큼 안철수 후보가 선택권을 가진 상황이 되었다.

안철수 후보 측 핵심 관계자는 "일주일 사이에 후보의 지지율이 20% 정도 변하는 여론조사가 나오는 것은 바로 민주당의 이러한 조직 동원 때문으로, 이는 명백한 여론 왜곡"이라고 주장했다. 때문에 안철수 후보 측에서는 전화를 통한 여론조사가 아니라 조사원이 직접 만나는 '면접조사(Face-to-Face Interview)'가 거론되었다. 면접원이 유권자를 직접 만나 여론조사를 하면 민주당의 조직 동원이나 새누리당 지지자들의 역 선택을 방지할 수 있다는 논리였다. 새롭게 협상에서 거론된 문재인 후보 측의 '여론조사+α'의 경우 '+α'의 내용에 따라 양 후보 측의 손익계산이 달라질 수밖에 없었다.

소규모라도 국민 참여 경선이 가미된다면 조직력에서 앞서는 문재인 후보가 우위에 설 수 있다는 분석이었다. 공론조사만 도입된다면 여론조사와 크게 다를 바 없는 결과가 나올 수 있었다. 그러나 배심원제의 경우 사전 신청을 받아 추출할 경우에는 조직력이 개입될 문제를 안고 있었다.

협상이 결렬되고 재개되는 과정을 거치다 보니 후보등록 시간 전까지 동원할 수 있는 수단이 여론조사로 제한되게 되었다. 결국 여론조사 방식으로 단일 후보를 결정하기로 하였다.

❖ 여론조사설문

문제는 설문 방식이었다. 문재인 후보 측은 '후보 지지도'를 묻는 방식을, 안철수 후보 측은 '가상양자 대결' 방식을 선호하였다. 피차 자신들에게 유리한 방식만을 고집하였다. 특히 양자 가상대결에서 강세를 보여 온 안철수 후보 측은 이 방식에 대한 집착이 매우 강했다.

문재인 후보 쪽은 '문재인 후보와 안철수 후보 중 야권 단일후보로 누구를 지지하십니까?'라는 식의 문항을, 안철수 후보 쪽은 '내일 당장 투표한다면 박근혜 후보와 문재인(안철수) 후보 중 누구에게 투표하시겠습니까?'라는 식의 문항을 고수했다. 문재인 후보는 후보 지지도를, 안철수 후보는 양자 가상대결을 원하는 것이었다. 이 당시 여론조사 결과를 보면 문재인 후보는 야권 단일후보 적합도가 높고, 안철수 후보는 가상대결에서 박근혜 후보를 앞서는 경우가 많기 때문이었다. 여론조사 문항이 둘 가운데 어느 한쪽으로 결정될 경우 문재인 후보나 안철수 후보 가운데 한쪽은 패배 가능성이 높아 협상이 쉽지 않아 보였다.

문재인 후보 측의 진성준 대변인은 브리핑에서 "(박근혜 후보와 문재인 또는 안철수 후보의 일대일 상황에서 지지후보를 묻는) 가상대결

조사는 불합리하다. 단일후보경선은 문 후보와 안 후보 중 누가 더 나은 후보인가를 가리는 것이다. 또한 가상대결은 박근혜 후보 지지자들의 역 선택이 가능해진다. 박근혜 지지자들이 더 약해 보이는 후보를 선택할 수 있는 것이다"라고 설명했다.

반면 안철수 후보 쪽에서는 문재인 후보 쪽의 문항 공개가 오히려 박근혜 후보 지지자들의 역 선택을 유도하게 된다고 반박하였다. 안철수 후보 쪽 핵심 관계자는 "설문 문항이 어떤 식이라는 것을 유권자들이 알게 되면 박근혜 지지자들이 이를 파악하고 더 적극적으로 역 선택에 나서게 되지 않겠느냐"고 말했다. 여론조사 설문에 합의하지 못한 채로 시간이 흘러갔다.

❖ 여론조사 시기

양 후보 측은 여론조사가 주말인 24일과 25일에 걸쳐 실시될 수밖에 없을 것으로 예상하고 있었다. 이르면 23일부터 여론조사에 돌입할 수 있지만, 이 경우에도 주말까지 조사가 이어져야 했다. 어떤 경우든 주말 여론조사가 진행되는 셈이었다. 이에 따라 양측은 주말 여론조사가 결과에 어떤 영향을 미칠지를 두고 정밀 분석에 들어갔다.

여론조사 전문기관들은 주말 여론조사가 특정 후보에게 유리하진 않을 것으로 보았다. 더구나 언제, 어디서든 여론조사가 가능한 휴대전화 조사 결과가 상당 비율로 반영될 예정이어서 주중이나 주말이나 큰 차이가 없다고 평가했다.

❖ 단일화후보 결정방식: 적합도+지지도+양자대결

양측은 '박근혜 새누리당 후보와의 가상 양자대결' 결과를 50% 반영하는 데에는 의견 일치를 봤지만, 나머지 50%를 '야권 단일후보 적합도 조사' 결과(문 후보 측)로 채울지 '야권 단일후보 지지도 조사' 결과(안 후보 측)로 채울지를 놓고 의견이 서로 달랐다.

문 후보 측에선 최종적으로 재야인사들이 제안한 '적합도+가상 대결' 형태의 절충안을 수용하겠다고 발표했다. 문 후보 측은 대리인 회동에서 '적합도+지지도+양자대결' 조사 형태의 2차 수정안을 가져갔다. 안 후보 측의 '지지도+양자대결' 안이 안 후보에게만 유리해 그대로 수용하기 힘든 만큼 당초 적합도까지 포함시켜 세 가지 여론조사를 돌린 뒤 그 중 두 가지 조사에서 이기는 후보로 단일화 하자는 것이었다. 이른바 '칵테일 안'이다. 결국 '적합도+지지도+양자대결'로 합의하는 듯 했다.

❖ 전격적인 후보사퇴로 단일화 마무리

두 후보의 단일화는 결국 여론조사를 앞둔 시점에 안철수 후보의 후보직 사퇴로 종결되었다. 이후 후보직 사퇴를 둘러싸고 논란이 이어졌으며, 선거 기간 중 안철수 후보의 문재인 후보 지지여부를 두고 치열한 신경전이 전개되었다. 이러한 양측의 양보 없는 대립으로 인한 갈등은 안철수 후보의 사퇴에도 불구하고 본선에서 양측의 지지자들의 지지후보 분산으로 이어져 문재인 후보가 패배하는 원인이 되었다.

선호도와 지지도

선호도를 묻는 여론조사는 '누가 후보로 되는 게 좋으냐' 또는 '누가 후보로 적합하다고 생각하느냐'고 질문하는 것으로, 넓은 범위에서 적합도와 일맥상통한다. 반면 지지도는 '누구를 후보로 지지하겠느냐' 또는 '누구를 찍겠느냐'고 묻는 방식이다. 여론조사 질문방식이 선호도 또는 지지도 방식으로 결정되느냐에 따라 후보 간 유·불리가 나타나는가를 두고 전문가들 사이에서도 의견이 엇갈린다.

응답자의 생각(mind)을 묻는 선호도는 후보에 대한 지지층의 충성도가 상대적으로 낮은 후보에게 유리한 반면 응답자의 행동(action)을 묻는 지지도는 지지층의 충성도가 높은 후보에게 유리하다. 지지계층에 따라 유·불리가 갈린다는 주장으로 이명박, 박근혜 후보 진영의 대립도 이 때문이었다.

좀 더 이해를 쉽게 하기 위해 다음과 같은 예를 들어보자. 승용차를 산다고 생각해보자. 앞으로 언제 어떤 차를 살 것이 아직 결정되지 않은 상태라고 가정하자. 누가 차에 대해 조사한다. 벤츠 500, BMW 745, 아우디, 에쿠스, 렉서스, 소나타, K5 각 차량의 칼라판 사진을 보여주며 "선생님께서는 다음 중 어떤 차를 좋아하십니까?" 또는 "다음 중 어느 차에 호감이 가십니까?"라고 물었다. 당신은 고급 외제차를 선택할 가능성이 높을 수도 있다.

그런데 어떤 계기로 당신이 차를 살 구체적인 계획을 세우고 차를 선택하고자 한다고 생각해보자. 그렇다면 앞에서 예를 든 경우와는 다른 고민에 빠지게 될 것이다. 내가 가지고 있는 돈은? 필요한 시기에 내가 선택한 차를 인도 받을 수는 있는가? 수입차를 산다면 고장이 났을 때 부품가격의 차이는? 그 차를 샀을 때 주위 사람들의 평가나 비판은? 이런 고려사항들이 다 충족 될 차는 과연 어느 차일까? 이런 조건들을 충족시키는 차를 최종적으로 선택하게 될 것이다.

이러한 예에서 투표행위와 관련된 선호도, 지지도와 관련된 유사성을 찾을 수 있다. 다음 후보 중 누가 좋으냐? 호감이 가는가? 누가 더 낫다고 생각하는가? 이러한 질문에 대한 대답은 그냥 감성적으로 판단하면 될 것이다. 그러나 꼭 투표해야 한다면 그것은 다른 얘기다.

또 다른 예를 들어보자. 어떤 사람에 대해 호감을 갖고 있다는 것과 그 사람을 결혼할 배우자로 선택한다는 것은 분명히 다른 의미를 갖는다. 전자는 단순한 의사표현이고 그에 따른 책임을 수반하지 않는다. 그러나 후자는 선택에 대한 결과에 책임을 져야 한다. 여론조사와 투표행위의 차이도 이와 비슷하다. 여론조사는 단순한 의견 표명일 뿐 그러한 의사 표현에 따른 결과를 의식하지 않는다. 그러나 일반여론조사와 달리 후보를 결정하는 경선 여론조사나 후보 단일화를 위한 여론조사는 단순한 의견 표명이 아니라 의사 표현에 따른 결과인 투표행위이다.

내가 투표할 경우는 후보의 개인적인 측면만이 아니라 소속된 정당, 출신지, 주변 사람들의 분위기 등을 고려해 선택할 것이다. 비록 내가 독일산 벤츠를 좋아하지만 내가 살 능력이 되는가? 내가 벤츠를 타고 다닌다면 회사에서 상사들은 어떻게 생각할까 등을 고려할 수밖에 없다.

지지도는 이성적인 구매행위라고 한다면 선호도, 호감도는 단순한 감성적인 판단이라 할 수 있을 것이다.

(3) 단일화 승리 요인과 실패 요인

특정 정당의 후보 경선은 제도화 된 당헌당규상의 규정에 의하여 치러진다. 규정에 따라 하기만 하면 된다. 그러나 정당 대 정당 간의 후보의 단일화는 '의외성'과 '예측 불가능성'이 높은 특성을 지닌다. 그리고 제도화된 정당 후보 간의 경선은 일단 후보 경선에 참여한 뒤에는 경선 결과에 승복하지 않더라도 대선 후보로 등록할 수 없는 제도적 장치가 마련되어 있다. 그러나 정당 후보 간 단일화는 그런 제한 규정이 존재하지 않기에 성공적인 단일화는 그만큼 후보에게는 위험부담이 크고 그 성사가 쉽지 않다. 그러기에 단일화나 경선에 참여하는 후보의 인물 요인이 중요하게 작용하게 된다.

1) 지지 세력의 결집 여부에 승패가 달려 있다

노무현–정몽준의 승리요인

노무현–정몽준 두 후보의 단일화가 본선 승리로까지 이어진 승리요인은 보수층의 분열 및 한나라당 지지층의 충성도 약화, 노무현–정몽준 지지 세력의 성격이 서로 비슷했다는 점이다.

후보 단일화 이전까지 젊은 층에서 가장 인기가 많았던 정치인은 정몽준 후보였다. 후보 단일화가 대선승리로 이어져 성공하게 된 배경은 노무현 후보와 정몽준 후보의 주된 지지계층이 젊은 세대로 겹치고 있다는 점이었다. 노무현 후보는 분배와 복지에 역점을 두면서 유럽식 경제사회복지 정책을 추구하는 반면에 정몽준 후보는 개인의 능력과 경쟁을 바탕으로 한 미국식 시장원리를 중시하였다.

그러나 이러한 정책적인 차이가 뚜렷한 두 후보가 지지집단이 중첩되는 것은 젊은 세대가 후보의 '이념성향이나 정책적 입장'보다는 '감성적 이미지'에 보다 관심이 많았기 때문이었다. 정치적 변화를 요구하는 젊은 세대들은 '보수 대 개혁'이라는 단순구도를 상정하고 정치변화를 기대할 수 있는 후보라고 생각되는 노무현 후보와 정몽준 후보를 지지하였다. 젊은 층은 이회창을 보수로, 노무현과 정몽준은 개혁 성향으로 인식했다. 후보의 개인 이미지가 변화를 원하고 감성적 이미지에 영향을 받는 젊은 층의 지지를 받는 중요한 요인이었기 때문이다.

단일화 직후 여론조사(동아일보/KRC) 결과를 보면 단일화 이전 국민통합21 정몽준 후보 지지자 중 절반가량(53.2%)은 단일화 성사 이후 노무현 후보를 지지한 것으로 나타났다. 이는 단일화 타결 직전인 23일 조사 결과와 비슷한 것으로 당시에는 정몽준 후보 지지자 중 53.9%가 노무현 후보 지지 의사를 밝혔다. 두 조사 결과만 놓고 보면 정몽준 후보 지지자 10명 중 5명은 대선에서 노무현 후보를 선택할 가능성이 높았다. 다른 여론조사(서울신문)에서도 다자대결 구도에서의 정몽준 후보 지지자들은 노무현 후보로 단일화될 경우 21.8%는 이회창 후보 지지로 이탈하고, 61.0%는 노 후보를, 9.9%는 무응답층으로 남는 것으로 조사됐다.

이명박–박근혜의 성공(2007)

한나라당은 1997년과 2002년 대선을 앞두고 일찌감치 이회창 후보 중심 체제를 갖추었다. 상대 후보들의 공격은 이회창 후보 개인에게 집중됐고 한나라당은 패배했다. 2007년 이러한 교훈을 잊지 않은 한나라당은 '전략적 모호성'을 채택했다. 박근혜 전 대표와 이명박 전 서울시장 중에 누가 후보인지 미리 결정하지 않았다. 후보의 지지층도 서로 달랐다. 결과적으로 박근혜 대표는 전통적으로 한나라당 지지층인 보수 성향의 표가 달아나지 않도록 관리하고, 이명박 시장은 중도 성향의 새로운 표를 잡아오는 일을 한 셈이 되었다. 한겨레신문은 다음과 같이 이러한 현상을 해설하고 있다.

"이 시장은 강정구 교수 사건과 사립학교법 사태도 비켜가고 있다. 박근혜 대표가 '수구꼴통'이라는 '독박'을 쓰고 있는 동안, 이 시장은 아무 말도 하지 않음으로써 합리적이라는 이미지를 챙기고 있다." 이처럼 이명박 후보가 대선 기간 내내 보수와 중도 사이에서 '줄타기'를 할 것으로 예상했다.[2] 그리고 그 과정에서 박근혜 후보는 상대적으로 선명한 보수성을 내세워 끊임없이 정체성 '흔들기'를 할 가능성이 크다고 전망했다.

이런 점에서 이명박–박근혜 후보 단일화와 관련하여 이명박 후보와 박근혜 후보의 지지계층이 중첩되지 않는다는 것은 한나라당에게 축복이었다. 그렇지만, 두 후보의 핵심 지지층이 중첩되지 않는다는 것은 그만큼 후보 단일화가 이뤄지면 결합·상승효과를 가

---

2) 한겨레신문 (2005/12/30 26면) '이명박–박근혜'가 달려온다

져올 수 있지만, 반대로 후보 단일화에 실패하면 분리·분열효과가 작동할 수 있는 위험을 안고 있었다. 그러나 당 규정에는 경선에서 지는 자는 정권 탈환을 위해 '무조건' 승복하라는 엄격한 조건이 붙어 있었다. 보수언론도 경선결과를 승복하지 않는 것은 역사의 흐름에 역행하는 행위로 몰아갔다. 결국 박근혜 후보는 경선에서 패배한 후 흔쾌하게 패배를 인정하고 적극적으로 이명박을 돕겠다고 밝혔다.

경선 후 여론조사(동아일보/KRC)가 실시한 여론조사 결과 한나라당 경선 이후 박근혜 전 대표의 지지층 중 60% 가량이 이명박 후보 쪽으로 이동한 것으로 추산되었다. 박 전 대표를 선호했다고 밝힌 한나라당 지지층(209명) 중 58.3%는 이 후보를 선호한다고 응답했다.

안철수–문재인의 실패(2012)

단일화 효과를 극대화하기 위해서는 두 후보의 개별 지지층이 커다란 손실 없이 안정적으로 결합하는 것이 필수적이다. 그러나 안철수 문재인 후보의 지지자들 중 22~25%에 달하는 비율은 자기가 원하는 후보로 후보단일화가 이루어지지 않을 경우 선거에서 자신의 지지를 철회할 의사를 보였다. 특히 여당 친화성을 보이는 (새누리당 지지자이거나 직전 투표에서 이명박을 지지했던 자) 자 중에서 안철수를 지지하는 유권자들에 집중되어 있었다. 박근혜 후보에 맞서는 야당에서 주장하는 정권교체를 위해 자신이 지지하지 않는 후보까지도 지지하겠다는 의지가 적었다.

이러한 안철수 후보 지지층의 특성은 단일화를 위해 안철수 후보가 후보직을 사퇴한 뒤 문재인 후보를 적극적으로 돕지 않는 소극적인 태도로 인해 문재인 후보를 적극적으로 지지하지 않는 것으로 이어진 것으로 보인다.

안철수의 후보직 사퇴 이후 그동안 그를 지지했던 유권자들이 양자대결구도에서는 어떤 후보를 지지했는지에 대해서는 정확하게 알 수는 없다. 그렇지만 후보 사퇴 직전까지의 여론조사 결과를 분석해보면 다음과 같은 흐름을 볼 수 있다〈표 2〉.

〈표 2〉 안철수 지지층 분석

	구 도	지지율	지지층
안철수 사퇴 이전	3자 대결구도	박근혜 40% 안철수 25% 문재인 25% 무응답 10%	박근혜 절대 지지층　　　　　　40% 야권 절대지지층　　　　　　　45%* (*문+안 50% 중 5% 이탈)
	양자 대결구도	박근혜 45% 단일후보 45%	절대지지층 40% + '문·안' 이탈층 5% (* 문+안 50% 중 5% 이탈)
	안철수 지지층	안철수 25%	친야 성향의 안철수 좌파　　15% 탈정치 무당파층　　　　　　　5% 보수 성향의 안철수 우파　　　5%
안철수 사퇴 이후	양자 대결구도	박근혜 45%	절대 지지층 40% +안철수 우파 5%
		문재인 40%	지지층 25% + 안철수 좌파 15%
		무응답층 15%	3자대결구도 10% + 안철수 탈정치층 5%

(※ 한국갤럽, 한국리서치, 여의도연구소 조사결과를 분석한 자료임)

안철수 후보를 지지했던 유권자 25% 중 친야 성향의 지지지자 15%는 문재인 후보를 지지하겠다고 밝혔고, 보수 성향의 5%는 박근혜 후보를 지지하겠다고 했었다. 문제는 탈정치 무당파층의 선택이었다.

18대 대선의 최종 득표 결과는 박근혜 후보 51.6%, 문재인 후보 48%로 나타났다. 여론조사에서 무응답층은 보통 지지 후보를 결정했으나 여론조사 시에는 지지후보를 밝히지 않은 층과 실제 부동층으로 분류된다. 실제 부동층은 투표에 불참했을 가능성이 높고, 그렇지 않은 응답 기피층은 투표에 참여했을 가능성이 높았을 것이다. 탈 정치층으로 분류되었던 안철수 지지층과 무응답층 중 투표 참여자들은 대체로 다른 유권자들과 같은 성향의 투표를 한 것으로 보인다.

결국 문재인의 대선 실패는 안철수를 지지했던 유권자들 중 보수 성향의 지지층이 박근혜 지지로 선회하고, 문재인이 탈 정치층의 지지확보에 실패한데서 그 이유를 찾을 수 있다. 문재인-안철수 단일화의 효과는 제한적일 수밖에 없었다. 후보 간 물리적 결합은 했으나 구성 성분 간의 화학적 결합에 실패하여 패배한 경우라 하겠다.

2) 단일화에 참여하는 인물의 특성이 승패를 가른다

제도화와 정치 환경 못지않게 후보 단일화와 경선 참여 여부를 결정짓는 또 다른 요소는 참여하는 인물의 개성(특성)이다. 그들의 스타일과 성격 그리고 판단이 경선 참여 또는 불참, 단일화의 성사 여부를 결정지었다.

맹형규 – 오세훈 일화: 큰 형님 맹형규와 스타일리스트 오세훈

16대 국회의원이 된 오세훈은 국회의원이 된지 불과 몇 달이 지나지 않은 시점부터 심각한 고민에 빠졌다. 의원직을 계속해야 할지 그만두어야 할지에 대해 심각하게 고민했다. 그를 고심하게 만든 이유는 그를 아는 많은 이들이 그를 만나면 하는 말이었다. "오세훈이 국회의원이 되었어도 별로 달라진 것이 없네! 오세훈도 별수 없나봐!" 그는 자신이 무언가 할 수 없다는 것에 좌절하고 있었다. 결국 오세훈은 '오세훈 법'으로 불리는 공직선거법 개정안을 통과시킨 뒤 국회를 떠났다. 후일에 있을 더 큰 도전을 위한 1보 후퇴였다.

서울시장 후보 경선 당시의 에피소드다. 경선을 며칠 앞두고 오세훈 후보가 맹형규 후보에게 전화를 해 긴급히 만나자고 하였다. 회동을 앞두고 출발 직전 오세훈은 측근들에게 "모종의 결단이 필요한 시점이고, 오늘은 결단하고자 한다"고 말했다. 이때는 각 언론에서 대의원(당심)에서 맹형규가 오세훈을 압도한다고 보도하던 시점이었다. 여론조사에만 의지하는 오세훈이 심각한 고민에 빠졌다. 측근 참모들은 평소 오세훈의 스타일리스트적인 성향을 잘 알고 있었기에 이길 수 있는 게임이 아니라고 판단하면 후보로 나서길 포기할 것이라고 생각했다. 측근들은 필시 오세훈이 맹형규를 만나 후보직을 사퇴하겠다고 말할 것으로 생각하고, 회동 장소인 모 호텔까지 따라가며 이를 만류하고자 하였다.

한편 오세훈의 긴급회동 요청을 받은 맹형규는 당 대의원들을 대상으로 한 조사에서 자기가 오세훈 보다 앞선다는 정황 자료를 준비하도록 측근에게 명했다. 이를 토대로 오세훈이 양보하여야 한다고 압박할 목적이었다. 평소에 맹형규는 오세훈을 동생처럼 대했었다. 오세훈은 반드시 자기 말을 따를 사람으로 인식하고 있었다. 자기가 시장이 된 후 정무부시장을 제안하면 감지덕지할 인물이라고 생각하고 있었다. 그러다 보니 맹형규가 오세훈을 대하는 태도도 형님이 아우 대하듯 어느 정도 강압적일 수밖에 없었다. 도착하자마자 맹형규는 왜 자기가 본선후보가 되어야 하는지 그 이유를 오세훈을 끈질기게 설득하고자 했다. 후보직 사퇴를 고민하고 이를 의논하고자 맹형규를 만나러왔던 오세훈은 맹형규의 강압적인 사퇴 요구에 정작 본인이 하고자 했던 말은 하지 않았다. 결국 둘은 각자 끝까지 페어플레이를 하자고 한 뒤 회동 장소를 떠났다.

마침 호텔 앞에서 마음 졸이며 기다리던 측근을 동승시킨 오세훈은 한참 후 "끝까지 GO!" 이때까지 승리에 자신이 없었던 오세훈은 맹형규의 강압적 태도에 오히려 싸워 이겨야 하겠다는 전의만 더 높이게 되었다. 이로서 맹형규가 오랫동안 꿈꾸었던 서울시장 자리는 날아가 버렸다. 오세훈은 모양새를 중시하는 스타일리스트였다.

박근혜와 이명박의 후보 경선

박경리 소설 《토지》 '몰락한 양반 딸 서희' 박근혜

경선이 시작되기 10여개월 전인 10월말 당시 언론 여론조사는 박근혜 후보가 이명박 후보에게 20% 이상 뒤지는 것으로 보도하였다. 이에 여론의 상승에 대해 대책을 고심하던 박근혜 후보의 비서실 관계자는 마침 대학입학 수능시험을 앞두고 자식들을 위해 노심초사 하는 학부모가 생각났다. 마음 졸이는 엄마들에 초점을 맞춰 이들과 함께하는 '따뜻한 박근혜'의 모습을 국민들에게 보여주고, 이를 통해 여론 상승을 도모하고자 하였다. 박정희 대통령 딸이라는 이미지가 강했던 박 후보에게 육영수 여사의 따뜻한 이미지를 더하자는 아이디어였다.

수유리에 소재하고 있는 한 사찰을 방문하여 자식을 위해 기도하는 여심(女心)을 위로하고 함께 하는 '박근혜'의 따뜻한 배려를 저녁 9시 뉴스에 내보내자! 나름 회심의 한 방이었다. 이를 보고 받은 박근혜는 "내가 내 잘되자고 그들의 애타고, 간절한 마음을 이용하자는 말이냐!" 일언지하에 거절하고, 다시는 말도 꺼내지 못하게 했다.

또 다른 에피소드는 경선 직전 구체적인 경선 여론조사 안에 대해 갑론을박할 때였다. 박근혜 후보는 선거캠프 여론조사 단장에게 전화를 걸었다. 박 후보는 경선여론조사 논쟁과 관련하여 "현재 가장 문제가 되는 것이 무엇이냐"고 물었다. 여론조사 단장은 "설문 내용 중 '지지' 또는 '투표할 것'이냐고 묻자는 우리 측 주장과, '선호' 또는 '낫다고 생각하는 후보'를 묻자는 이후보 측 주장 간의 싸움"이라고 답했다. 여론조사 단장은 여기에 덧붙여 "'지지' 또는 '투표'의사를 묻는 것이 우리에게 유리하다"고 답했다. 이를 들은 박 후보는 단호한 목소리로 "누구에게 유리하고 불리하고는 따지지 마시고 어느 안이 원칙적으로 맞는 안이지요?"라고 다시 물었다. 그 당시 박근혜 후보는 원칙과 신념의 사람이었다. 게다가 박근혜 후보에게 이명박은 자기와 겨룰 인물이 절대로 되지 못했다. 그에게는 이명박이 먼 옛날 정주영 회장을 따라 청와대에 출입하던 보잘 것 없는 수행원에 지나지 않았다. 이명박에는 질 수도 없고, 져서도 안 되는 그런 게임이었다. 더욱이 이명박은 원칙과 소신이 없는 인물이라고 생각하고 있었다. 이렇다 보니 경선에서 패배했어도 이를 번복할 수는 없었다. 박근혜의 자존심이 이를 허락하지 않았기 때문이다.

이병주의 《산하》의 주인공 '이종문' 이명박

2001년 말 당시의 에피소드이다. 서울시장 선거에 출마하고자 준비하고 있던 이명박은 여론조사회사에 조사를 의뢰했다. 서울시민을 대상으로 한 서울시장 선거 관련 여론조사였다. 결과를 보고한 뒤 인근 중국식당으로 자리를 옮겨 측근 몇 사람과 점심을 함께하게 되었다. 이 자리에서 이명박 후보는 여론조사회사 대표에게, "나는 이 자료를 보았으니 상대후보로 조사에 넣었던 ㅇㅇㅇ씨에게 이 조사 자료를 팔면 어떻겠냐? 당신에게 조사비도 충분히 못주었으니 돈을 더 벌 수 있으니 좋지 않겠냐?"고 물었다. 당시 이 말을 들은 여론조사회사 대표는 몹시 당황했었다. 조사 비밀을 지키라고 역설적으로 하는 것인가? 그럴 수는 없다는 대답에 이명박은 "좋은 비즈니스 아이디어인데…" 라고 아쉬워했었다. 나름대로 그는 철저한 실용주의자였다.

또 다른 에피소드다. 서울 시장 선거에 대해 이야기를 나누던 중 당시 이명박 후보 가까이에 있던 아무개 씨에 대해 걱정스런 조언을 했었다. 그 사람에 대해 여러 말들이 많으니 이명박 후보를 위해서 멀리하는 것이 어떻겠냐고 조언했었다. 이에 이명박 후보는 "내가 형편이 어려워 시골에서 야간 고등학교를 다닐 때 나는 봇짐장수를 했었지. 대구 도매시장에서 옷감 등을 사서 봇짐을 지고 시골 장터를 다녔어. 그때 한 도매상에 가면 내가 필요한 것 말고 꼭 한 두 가지 물건을 끼워 팔았지. 그걸 원하지 않으면 다른 물건도 팔지 않았어. 참 이상한 사람이라고 생각하면서도 그 가게에서만 살 수 있는 물건 때문에 계속 들릴 수밖에 없었지."

그 후 "시간이 지나 서로 친한 사이가 되었을 때 그 가게 주인이 나에게 물었어. 그렇게 하는 이유를 알겠느냐? 모르겠다고 하니 그 주인이 말했어. 시골 장터를 다니다 보면 꼭 없는 것을 찾는 손님이 있어. 별 것도 아닌 것을 말이야. 그럴 때 자네가 그것을 내놓는 다면 그 손님은 평생 자네 손님이 되는 것이야. 구색을 맞추는 것이 장사에 꼭 필요하다는 게지. 나는 그 후로 꼭 필요한 인물보다는 언젠가는 필요 있을 어떤 사람, 즉 구색을 맞추는 사람도 필요하다는 것을 생각하게 되었지."

이명박은 치밀하게 계산하며 사는데 익숙한 사람이었다. 대기업 회장, 서울시장을 거치면서 더욱 치밀함이 더해졌다. 필요하면 누구와도 손을 잡을 수 있는 사람이었다. 그리고 이길 수 있는, 이기는 게임에만 '올 인'하는 사람이었다. 져서는 안 되고 질 수도 없다고 생각한 박근혜와 이기는 게임에만 올 인하는 이명박 두 사람의 경선은 이런 이유에서도 결국 성공할 수밖에 없었다.

노무현–정몽준: 타고난 승부사와 복싱한 재벌아들

타고난 승부사 노무현

경선 당시 노무현을 도왔던 이재정 전 통일부장관은 이 시기의 노무현 후보에 대해 다음과 같이 증언하고 있다. "내부에서는 '여론조사를 할 바에야 단일화는 없던 일로 하고 가자'는 게 대세였습니다. 몇몇 사람은 여당이 선거도 못해보고 이렇게 물러난다는 건 있을 수 없다, 역사의 죄인이 되는 거라며 눈물을 흘리기도 했어요. 근데 노무현 후보께서 '단일화는 국민과의 약속이다, 단일화를 안 하고 당선되는 것보다 단일화를 하고 떨어지는 편을 택하겠다'고 한 것이죠. 그땐 참 비장한 상황이었습니다."

단일화 여론조사 결과가 발표되는 날 이광재와 안희정은 노무현 후보와 함께 서울 도심의 한 호텔에 자리를 잡았다. 모두가 초조해하는 순간 노무현 후보가 방으로 들어가며 말했다. "한잠 잘 테니 결과가 나오면 깨워주게." 이런 황당할 데가. 대체 이런 상황에서 잠이 온단 말인가. 노무현 후보는 실제로 잠이 들었다. 원래 코를 잘 안 고는데 잠시 뒤 코까지 골며 주무시기 시작했다. 결과는 예상 밖 승리. 후보 멘트도 졌을 경우만 준비해뒀는데. 이광재가 노무현 후보를 흔들어 깨웠다. "후보가 되셨습니다." "가보세." 미소만 지을 뿐 담담한 표정이었던 노무현 후보는 엘리베이터 앞에 서는 순간 옆에 있는 수행 비서를 와락 껴안았다. "아이, 또 선거운동 하러 가야 되네." 활짝 웃는 노무현 후보의 첫 승리 소감에 이광재와 안희정은 폭소를 터뜨렸다.[3]

후일 대선과정에서 노무현 후보는 자기 아내의 아버지(장인)가 6·25 때 빨치산 출신이었다는 공격에 대해 "그럼 내가 지금 아내를 버리고 이혼해야 할까요?"라고 되물었던 인물이 노무현이었다.

실패를 경험해보지 못한 복싱 배운 부잣집 도련님 정몽준

정몽준은 현대 창업자 정주영 회장의 아들이다. 현재도 국회의원 중 재산 1위를 차지하고 있는 엄청난 재산가다. 정몽준은 중학교에 다닐 때 남에게 지기 싫어 복싱도장에 다녔다고 한다. 그는 남에게 지는 것을 극히 싫어하는 스타일이다. 부잣집 아들로서, 또 국회의원으로서 남부러울 게 없는 사람이다. 이런 정몽준이 2002년 한·일 월드컵 개최 이후 각종 여론조사에서 지지율이 치솟았다. 이에 고무된 정몽준은 승리를 확신하며 11월 노무현과 후보 단

---

3) 출처: 노무현 재단(www.knowhow.or.kr/) "노무현 사료관〉사료 이야기〉후보 단일화" 자료 정리

일화에 극적으로 합의하였다.

이 당시만 하더라도 정몽준은 지지율에서 노무현에 크게 앞서고 있었다. 민주당 내 사정도 노무현에게 후보 사퇴까지 요구하는 목소리가 높았다. 정몽준으로서는 해볼 만한 게임이었다. 이회창 지지자들의 역 선택만 막는다면 대통령 당선이 바로 눈앞에 있었다. 그는 호쾌하게 노무현과 러브 샷을 연출했다.

그러나 단일화를 합의하자마자 단일화가 현실로 다가옴을 느낀 민주당 지지자들은 그동안 관망하던 입장을 바꿔 민주당의 후보인 노무현을 적극적으로 지지하기 시작하였다. 지지율은 역전되었다. 단일화 분위기에 휩싸인 정몽준 측은 초기에 이러한 변화를 느끼지 못했다. 느꼈더라도 필승을 확신하는 정몽준에게 이런 사실을 보고할 수 없었을 것이다. 그러나 단일화 협상이 한참 진행 중인 11월 중순 정몽준은 위기를 느꼈다.

정몽준 후보는 11월 21일 아침 협상단에서 잠정합의안 재가를 거부하고 협상팀에 '경쟁력 평가도' 형식의 설문을 관철하도록 주문한 것으로 알려졌다. 경쟁력 평가도는 '이회창 후보에게 맞서 누가 조금이라도 더 이길 것 같은가'라는 식의 문항으로, 정 후보 쪽이 좀 더 유리하다고 여기는 방식이었다. 국민통합21이 18일 후보 단일화를 위한 여론조사 합의안 백지화에 이어 후보단일화 추진단의 일괄사퇴를 선언한 것은 상황 반전을 위한 초강수였다.

국민통합21은 단일화 합의 직후 실시된 각종 여론조사에서 정몽준 후보가 3개월 만에 처음으로 민주당 노무현 후보에게 밀리는 등 '이상기류'가 나타나자 이를 반전시키지 않고는 승산이 없다고 판단하고 있었다. 국민통합21 쪽의 이런 잇따른 요구는 그 당시 단일화 합의 이후 노무현 후보의 지지세가 급격히 상승하여 자체 여론조사에서 어떤 방식의 설문을 넣어도 정몽준 후보가 지는 것으로 나온 데서 비롯된 것이었다. 국민통합21의 한 고위관계자는 후일 "외부기관에 의뢰해 자체 여론조사를 실시한 결과, 우리가 주장해온 '경쟁력 있는 후보'라는 문구를 넣은 설문으로도 노 후보에게 뒤지는 것으로 나왔다"고 털어놓았다. 또 다른 관계자는 "최근 이틀 사이에 정 후보 측근들이 '후보 단일화 불가론, 여론조사 비과학성, 역 선택 가능성, 설문내용 불공정성' 등을 주장하는 문건을 수십 개나 만들어 정 후보에게 올린 것으로 안다"고 말했다.

정몽준은 이를 두고 고심했다. 그러나 정작 이 사태를 정확히 볼 경험이나 전문성을 가진 사람은 없었다. 한국 정치에서 처음으로 행하는 여론조사 후보 단일화였기에 더욱 그러했다. 이러한 사실은 후일 노무현–정몽준 양 캠프에서 여론조사 협상을 담당했던 이들의 증언을 통해서도 알 수 있다.

그러나 결국은 단일화를 꼭 이루어야 한다는 유무언의 압박과 정확한 분석이 없는 상태에서 정몽준 후보는 단일화 일정에서 이탈할 수 없었다. 설마 노무현에게 지지는 않을 것이라는 막연한 기대 속에서… 이미 속도를 내고 달리는 열차에서 뛰어 내릴 수는 없었다.

안철수-문재인: 햄릿 대 햄릿의 치킨게임

문재인은 짝퉁 노무현

문재인은 정치에 들어 선 뒤 노무현의 후계자임을 강조해왔다. 정치 입문 뒤 문재인이 주장한 자기 가치는 지역주의 해소였다. 그의 롤 모델이었던 노무현은 지역주의 해소를 위해 부산에서 두 번 출마하여 두 번 낙선했다. 한번은 국회의원으로, 한번은 부산시장으로 출마했었다. 그러나 노무현 후계자를 자처하던 문재인은 어떠했는가? '낙동강 벨트' 구축을 부르짖으며 부산의 중심이 아니라 부산의 변방, 그것도 가장 당선하기 쉬운 곳을 선택했다. 그는 노무현이 아니었다. 지역주의 타파를 주장하며 장렬히 부산에서 전사했던 노무현의 짝퉁 효과만 내고 말았다. 문재인은 노무현의 상징성을 다시 살리지 못했다. 노무현이 될 수 없었다.

단일화도 그랬다. 안철수에게 이기는 단일화가 아니라 박근혜를 이기는 단일화가 되어야 했다. 그러나 문재인은 안철수를 벼랑 끝까지 밀어내 결국은 항복하게 만들었다. 단기필마로 링에 오른 안철수를 민주당의 거센 힘으로 밀어붙이는 공정하지 못한 모습을 보여 안철수 지지자들의 반발을 불러왔다. 국민의 감동을 불러온 노무현-정몽준의 러브 샷을 한 번 더 연출하지 못했을 뿐 아니라, 지지자들의 환호와 박수조차 끌어내지 못했다. 친노 세력에 좌우되는 모습은 작은 세력조차도 자기 마음대로 못하는 사람이라는 인식만 심어주었다. 안철수는 이겼지만 결국 박근혜를 이기지는 못했다.

정치에서 멀리 떨어져 있던 안철수

안철수 후보는 기성 정치에 대한 반발과 새로운 인물에 대한 열망으로 정치권에 들어선 인물이다. 안개 속에 가려져있던 안철수가 정치권에 진입하자 그는 더 이상 베일 속의 영웅으로 있을 수 없었다. 입당을 꾸준하게 요청했던 민주당내 비노(노무현) 그룹의 러브콜을 끝까지 거부했다. 호랑이를 잡으려면 호랑이 굴에 들어가야 한다고 3당 합당을 감행했던 김영삼 전 대통령, 그와는 다르지만 부산 시민이라는 호랑이를 잡으려고 부산 굴로 들어갔던 노무현과는 전혀 다른 사람이 정치인 안철수였다. 그는 대중이 원하고 기다리던 영웅이 아니었다. 호랑이굴 민주당에 들어가길 거부한 안철수, 이때 그는 이미 승부수를 접었다고 봐야한다.

안철수는 정몽준이 우세했을 때 단일화에 승부를 걸었던 노무현이 될 수 없었다. 단기필마로는 양당제의 큰 벽을 넘을 수 없었다. 그리고 그는 정몽준과 같은 인 파이터도 아니었다. 고민하고 사색하는 햄릿이었다. 외신에서도 이 당시 안철수를 고뇌하는 햄릿으로 묘사했었다.

햄릿과 햄릿의 치킨게임

안철수와 문재인의 단일화는 결국 햄릿형 안철수와 햄릿형 문재인의 싸움이었다. 그런데 문제는 문재인은 '친노'라는 세력이 등

을 미는 햄릿이었다. 쉽게 접을 수 있는 게임이 아니었다. 게임은
치킨 게임. 한편은 뒤에서 등을 밀어대는 통에 앞으로 갈 수밖에
없는 치킨, 다른 한편은 단기필마의 세에서 밀리는 치킨, 결국 안
철수 치킨이 운전대를 틀고 링에서 퇴장 할 수밖에 없었다. 이런
퇴장이 러브 샷의 감동은 물론 지지자들의 박수를 받을 수 없는 것
은 당연했다. 결국 단일화는 실패하였다.

(4) 소결론

이상에서 정당 간 후보 단일화와 경선 단일화 사례를 살펴보았
다. 2002년 이후 단일화에 선거 사례의 성공 요소를 정리하면 다
음과 같다 〈표 3〉.

정당 후보 간이나 당내 후보 간 후보 단일화에서 성공하는 승리
요소는 첫째, 지역과 정당이라는 지지 기반이 있어야 한다. 둘째,
서로 다른 지지층의 결합효과나 중첩되는 지지층의 적극 동원효과
가 있어야 한다. 셋째, 극적인 단일화 성공 드라마가 필요하다. 넷
째, 단일화에 성공할 수 있는 주인공의 캐릭터가 요구된다. 이런
승리요소가 충족된 경우에는 본선에서 승리를 하였고, 단일화에
성공하지 못한 경우에는 선거에서 패하였다.

〈표 3〉 단일화 성공 요소

결과	후보자	지지세력 기반 지역/정당	중첩되는 지지층	보완적인 지지층	극적인 효과	주인공의 특성	시대정신
성공	노무현 정몽준	민주당/PK 국민통합21/수도권	젊은층 개혁층	-	러브샷 통큰 양보	승부사	개혁변화 새 정치
	이명박 박근혜	이명박 – 당외 세력 박근혜 – 당내 세력	당내경선	실용주의 경제 성장 +보수층	박근혜 패배승복	서로 승리 자신함	경제 살리기
	오세훈 맹형규	오세훈 – 당외 세력 맹형규 – 당내 세력	당내경선	젊은층 + 보수층	경선승복 본선협력	승부사	새 인물
실패	안철수 문재인	문재인 – 민주당 안철수 – 복합성분	민주당 이탈층	약함	실패	햄릿형	정권교체

　만약 서울시장 경선에서 맹형규가 오세훈에게 다음과 같이 감성적으로 호소했다면? "동생, 나는 국회의원직도 사퇴하였고, 동생은 다음 기회에 하고 먼저 부시장으로 경험을 쌓은 다음에… 제발 부탁이네"하고 머리를 숙였다면? 역사의 가정은 덧없는 줄 알지만, 그랬으면 이후 한국 정치사는 달라졌을 것이다. 이명박이 아니라 박근혜가 경선 승리자가 되었을 수도 있었다.

　노무현–정몽준 단일화 협상 때 노무현 후보 측의 여론조사팀은 전문가들로 구성되어 있었다. 이들은 정확하게 여론 추이를 파악하고 있었고 이기는 법을 알고 있었다. 반면에 정몽준 후보 측은 여론조사팀의 잘못된 판단으로 결국 이길 수 없는 게임을 하게 되었다. 만약에 정몽준 후보 측의 여론조사팀이 여론조사에 정통한 전문가들로 구성되었었다면 오늘날 한국정치는 지금과는 다른 모습이었을 것이다. 문제는 전문가였다.

　홍사덕 전 의원이 2002년 한나라당 서울시장 경선에서 경선 룰 협상에서 대의원의 성별 비율 뿐 아니라 연령별 비율을 실제에 맞추도록 주장하여 이를 관철시켰다면 서울시장 이명박도, 대통령

이명박도 없었을지 모른다. 한사람의 또는 그를 둘러싼 팀의 경험 부족과 직관력 부족, 판단력의 부족이 전혀 의외의 인물을 스타로 만든 것은 아닌가?

여론조사로 만들어진 허상이었던 강금실의 등장은 당시 당 대표였던 박근혜가 오세훈을 불러내게 만들었다. 이어 선거에서 강금실에 압승한 오세훈은 무상급식 주민투표 파동으로 안철수, 박원순을 정치의 사각 링으로 불러냈다. 그리고 안철수 현상이 결국 보수층의 결집을 도와 박근혜의 대선승리에 결정적인 역할을 하였다. 여론조사로 패하고, 여론조사로 인해 승리를 얻은 역사의 아이러니였다.

3. 사례를 재평가한다

(1) 이회창, 전통적 지지 세력 이탈이 패배의 원인

1) 서울지역 대통령 선거 1위 후보 득표 분석

먼저 전통적 지지 세력의 중요성을 입증해주는 다음의 선거 자료를 살펴보자. 서울지역에서 역대 대통령 선거 최고 득표를 기록한 후보의 득표수는, 여야 후보를 불문하고 투표율의 높고 낮음에 관계없이 ±280만 표(16대 대선을 기준으로 하여 투표수를 보정한 결과) 정도의 오차범위 내에 머물고 있다〈표 4〉. 그리고 투표율이 높아지면 이에 비례해서 1위 후보의 득표수가 증가하는 현상을 보인다. 그러나 특정 후보를 지지하는 세력이 증가하여 투표율이 높아지거나, 특정 후보에 대한 쏠림 현상은 보이지 않는다. 선거 때 이전에 지지했던 세력에서 다른 세력으로 이동하는 소위 '스윙 보팅(swing voting)' 현상도 나타나지 않았다.

〈표 4〉 서울지역 역대 대통령 선거 주요후보 득표 현황

구 분			후보자별 득표수 (득표율)				지표
18대 (2012)	선거인수	투표수 (%)	새누리당 박근혜	민주통합당 문재인		계	
	8,393,847	6,307,869 (75.1)	3,204,572 (48.18)	3,227,639 (51.42)		6,276,699	1.15
17대 (2007)	선거인수	투표수 (%)	한나라당 이명박	민주신당 정동영	무소속 이회창	계	
	8,051,696	5,066,022 (62.9)	2,689,162 (53.23)	1,237,812 (24.5)	596,226 (11.8)	5,051,369	0.93
16대 (2002)	선거인수	투표수 (%)	한나라당 이회창	민주당 노무현		계	
	7,670,682	5,475,715 (71.4)	2,447,376 (44.95)	2,792,957 (51.3)		5,443,990	1
15대 (1997)	선거인수	투표수 (%)	한나라당 이회창	국민회의 김대중	국민신당 이인제	계	
	7,358,547	5,926,743 (80.5)	2,394,309 (40.89)	2,627,308 (44.87)	747,856 (12.77)	5,854,773	1.08

(중앙선거관리위원회 자료 참조) (※ 지표: 투표수/16대투표수)

이 자료에 의하면 지지 세력의 자파 후보 지지 강도(충성도) 여하에 따라 1위 후보가 결정된 것으로 볼 수 있다. 그동안 지지해왔던 세력을 대표하는 후보에게 실망하거나, 그 후보가 당선 가능성이 낮다고 판단되면 최종투표에 참여하지 않고 기권한 것으로 분석된다. 이런 현상은 양자 대결구도에서 더욱 뚜렷하게 나타난다. 특히 대통령 선거에서는 양당 중심의 후보 선택이 어느 정도 고착되어 있어 이와 같은 현상이 더욱 뚜렷하다.

게다가 최근의 투표 행태를 분석해보면 김대중의 집권과 전국 1일 생활권 영향 등의 이유로 점차 지역 색이 옅어지는 성향을 보이고 있다. 그리고 정보가 급속히 전파되는 미디어 정치적 특성을 보이고 있다. 이러한 현상은 서울지역에만 국한되는 것이 아니라 앞으로 전국적인 투표 양상으로 전개될 것으로 예측된다. 앞으로 대선에서 승리하기 위해서는 반대 세력이나 중립적인 세력보다는 전통적 지지 세력을 고무시켜 그들을 투표장으로 나오게 하는 것이 가장 중요한 승패의 요인이 될 것이다.

〈표 5〉 서울지역 1위 득표자 및 보정 득표수

대선	보정 득표수	1위 후보	비고
15대 대선	2,432,692	김대중	이인제 12.8%
16대 대선	2,792,957	노무현	
17대 대선	2,891,572	이명박	정동영 24.5%
18대 대선	2,806,642	문재인	

(※보정 득표수: 실제득표수/지표)

그리고 이 자료에 의하면, 대통령 선거에서 서울지역 1위 득표자의 득표수를 16대 대선을 기준으로 투표율에 관계없이 거의 비슷한 득표수를 보인다〈표 5〉. 15대 대선에서 김대중의 득표가 상대적으로 낮은 이유는 이인제로 인한 감표효과(−)로, 17대 대선에서 이명박의 득표가 상대적으로 높은 이유는 정동영의 부진으로 인한 상승효과(+)에 기인한 것으로 판단된다. 또한 3자 구도일 경우 제3자의 득표율이 10% 이상일 경우이거나, 2위 후보의 득표율이 상대적으로 낮을 경우 오차범위 내에서 득표수가 증감하는 현상을 보인다.

2) 이회창, 전통적 지지 세력 이탈이 패배원인이었다

앞에서 본 바와 같이 이회창 후보의 2002년 대선 실패는 16대 대선 이후 한국 정치에서 외연 확대에 대한 공방의 계기가 되었다. 자기 지지 세력뿐 아니라 중간 지대 내지 타 후보 지지 세력으로 지지를 확대해 가야 한다는 주장이 힘을 얻게 되었다. 외연 확대를 통해 다수의 민심을 얻지 못하면 또 다른 패배가 필연적이라는 위기감이 한나라당 내부에 팽배하게 되었다. 민주당에서는 적극적으로 국민 참여 경선을 도입하자는 주장이 힘을 얻게 되었다.

그러나 16대 대선과 관련한 여론조사 자료를 분석해보면 이회창 후보의 패배는 전통적으로 한나라당을 지지해온 세력의 이탈현상에 의한 것임을 알 수 있다. 문제는 지지 기반이 되는 세력의 충성도에 있었던 것이다. 산토끼를 잡으려다 집토끼를 놓친 모양이 된 것이다. 2002년 16대 대선을 정책지향점이라는 관점에서 살펴보면 흥미로운 점을 발견할 수 있다. 16대 대선 과정을 통해보면, 한나라당 이회창, 민주당 노무현은 부동층을 잡기 위해 각각 보수 진보의 중앙으로 좌표를 옮기는 현상을 볼 수 있다. 이회창은 젊은 개혁층의 표심을 잡기 위해 '좌향좌' 노무현은 안정 희구층을 향해 '우향우'하는 양상으로 정책지향점을 변화시켜 나갔다.

16대 대선 과정에서 이회창 후보는 미군장갑차에 의한 여중생 사망사건의 책임을 물어 '한미주둔군지위협정(SOFA)'개정 및 부시 미국대통령 직접사과를 촉구하는 시민단체의 요구에 서명했다. 이와는 반대로 노무현 후보는 시민단체 서명을 거부했었다. 그리고 이회창 후보는 정치개혁과 관련해서 "공적자금 비리 등 국민적 의혹을 받는 권력비리에는 특별검사를 임명해 수사하겠다"고 밝히는 등 정치개혁과 관련하여 그 강도를 높여나갔다. 노무현도 역시 "대통령을 시켜주면 (김대중) 대통령이나 그 주변에서 대통령을 속인 사람들을 안 잡아 넣을까봐 걱정하는 사람들이 있다"고 개혁층을 표심을 겨냥했다.

다른 공약들도 '인심 얻기 좋은 부분'을 앞 다투어 끼어 넣기를 하다 보니 두 후보의 공약이 서로 비슷해졌다. 이런 와중에 이회창 후보가 미군장갑차 희생자 '미선·효순'을 추모하며 미국의 공식적 사과를 촉구하는 서울시청 앞 촛불시위장을 방문하였다. 이러한 변신에 대해 보수층은 이회창의 정체성에 대해 의심하기 시작하였다. 산토끼 잡으려다 집토끼를 잃을 것이라고 걱정하는 이들이 늘어났다. 이러한 현상에 대한 민심의 반응은 〈그림 6, 7, 8〉에 잘 나타나 있다. 노무현-정몽준 후보 단일화가 성사되기 전인 11월 24일까지의 여론조사 결과를 보면 한나라당 지지자 중 82% 정도가 이회창 후보를 지지하고, 민주당 지지자 중 69% 정도가 노무현 후보를 지지했다. 한나라당 지지층은 정몽준 지지로 분산되었다.

경선을 통해 후보로 지명된 노무현 후보에 대해 심지어 후보 사퇴까지 요구했던 민주당 내분사태의 영향으로 인해 민주당 지지층의 노무현 지지는 역대 어느 여당 후보보다 낮은 편이었다. '노무현–정몽준 후보 단일화'가 본격적으로 논의되기 이전에는 각종 여론조사에서 노무현의 승리 가능성이 고작 20% 선에 머물렀었다.

그러나 노무현–정몽준 단일화가 이루어진 이후에는 민주당 지지자 중 노무현 지지가 급상승하였다. 그 결과 민주당 지지자 중 90% 이상이 노무현 후보를 지지하는 현상이 나타났다. 반면에 이

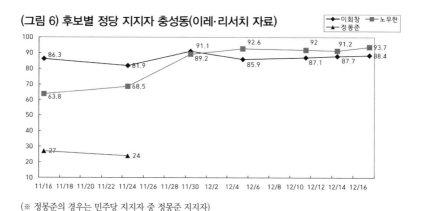

(그림 6) 후보별 정당 지지자 충성동(이레·리서치 자료)

(※ 정몽준의 경우는 민주당 지지자 중 정몽준 지지자)

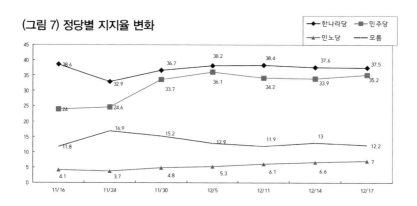

(그림 7) 정당별 지지율 변화

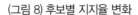
(그림 8) 후보별 지지율 변화

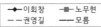

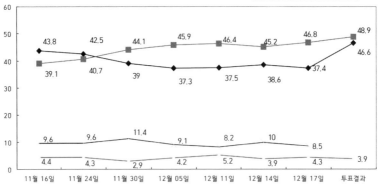

회창 후보에 대한 한나라당 지지층의 지지율은 투표 직전까지도 89% 선에 머물렀다. 이러한 양 후보에 대한 지지 세력의 충성도 차이는 한국갤럽의 조사자료 〈표 6〉에도 동일하게 나타났다.

〈표 6〉 한국갤럽 조사자료(2002. 12)

일시 \ 후보	한나라당 지지자 중 이회창 지지재(%)	민주당 지지자 중 노무현 지지재(%)	차이 (노-이)
12월 2일	89.8	94.4	4.6
12월 5일	90.1	95.6	5.5
12월 9일	88.6	93.9	5.3
12월 12일	89.5	94.4	4.9
12월 15일	88.1	94.6	6.5
12월 16일	90.1	95.2	5.1
12월 18일	91.2	95.3	4.1
평균	89.6	94.8	5.1

(출처: 한국갤럽 16대 대선자료집)

한국갤럽 자료에 의하면 한나라당 지지자 중 91.2%가 이회창을 지지한 반면에 민주당 지지자 중 95.3%가 노무현을 지지했다. 이와 같은 충성도 4%포인트 차이는 각 정당의 정당지지율을 감안하면 1~2%포인트의 최종 득표율 차이를 의미하는 것이다. 두 후보의 최종 득표율은 노무현이 2.3%포인트 앞섰다. 노무현-정몽준 양 후보의 후보 단일화가 민주당 등 전통 지지 세력의 집결을 가져와 노무현의 승리로 이어진 반면에 이회창 후보는 자신의 지지 세력의 집결에 실패한 것이다.

이와 같은 주장은 〈표 7〉에서도 뒷받침된다. 제16대 이회창 후보와 노무현 후보 간의 정당충성도 차이는 그 어느 때보다도 크게 나타나, 이러한 차이가 이회창의 대선 실패의 요인 중 하나임을 알 수 있다. 이와 같은 현상은 앞에서 살펴본 서울지역 대선 분석에서도 찾을 수 있었다. 지지 세력의 동원여부가 당선여부에 결정적인 요인으로 작용하였다.

〈표 7〉 정당 충성도로 본 대선결과 (한국갤럽 자료 참조)

선거별 \ 후보	한나라당(새누리당) 지지자 중 후보 지지	민주당(국민회의) 지지자 중 후보 지지	제3후보	충성도 차이	비고
제15대 (12/18조사)	이회창 95.5	**김대중 96.9**	이인제	+1.4	
제16대 (12/18조사)	이회창 91.2	**노무현 95.3**	-	+4.2	
제17대 (선거사후)	**이명박 78.8**	정동영 76.7	이회창 (한나라 13.1) (민주당 8.3)	-	한나라 분산
제18대 (12/16)	**박근혜 91.9**	문재인 90.2	-	+1.7	

(＊후보 간 충성도 차이와 실제 득표차이는 지지정당의 지지율의 크기에 영향을 받음)

(2) 박근혜 경선의 실패, 조사대상자 선정이 문제

1) 정몽준의 실패, 조사대상자 선정이 문제였다

후보 단일화에서 패배한 정몽준 후보의 패인에 대해서는 그동안 여러 가지 서로 다른 분석들이 있어왔다. 노사모와 민주당 지지 세력들이 여론조사에 대거 조직적으로 참여했다는 주장과, 한나라당 지지자들이 '이회창 후보에게 좀 더 쉬운 노무현을 전략적으로 선택했다'는 역(逆) 선택 주장 등이다. 그러나 '노사모, 민주당 지지세력 등의 조직적 여론조사 개입'은 여론조사의 조사 매커니즘을 어느 정도라도 아는 사람이라면 이런 주장에 쉽게 동의할 수 없다. 제대로 된 여론조사 기관이라면 엄격한 샘플링에 의해 무작위로 추출된 자료로 여론조사를 실시하기 때문이다. 불순한(?) 세력의 의도적 집단 개입은 불가능한 일이다. 2,500만 유권자 중에서 많아야 2,000여명이 응답하게 되는 여론조사에 집단적으로 개입했다는 주장에는 쉽게 동의하기 어렵다.

또한 역 선택이라는 주장에 대해서도 그렇다. 역 선택과 관련해서는 단일화 여론조사가 행해지기 전까지 각종 언론에 보도 된 내용을 살펴보면 그 주장의 허점을 찾을 수 있다. 각종 여론조사 결과는 노-정 후보가 오차범위 내에서 2위를 놓고 서로 경쟁하고 있는 것으로 나타났다. 이러한 조사에서도 이미 역 선택의 징후가 포착되었어야 했다. 왜 이러한 조사에서는 역 선택의 기미가 보이지 않는데 단일화 여론조사에서만 나타날 것으로 믿었을까?

역 선택을 주장하는 이들의 시나리오는 다음과 같다. 합의된 여론조사 설문에 따르면 "대선에 출마할 예정인 다음 후보 중 누구를 지지하십니까?" 라고 묻는다. 역 선택이 이뤄지려면, 다음과 같은 순서를 밟아야 한다. 먼저 처음 물음에 이회창 후보 지지자들은 거짓으로 답해야 한다. 이회창이 아닌 다른 후보를 지지하는 것으로 답해야 한다. 다음으로 이회창 후보가 싸우기 쉬운 후보, 즉 노무현 후보를 지지한다고 밝혀야 한다. 전화여론조사는 짧은 시간동안에 이루어지는 여론조사다. 과연 이러 전화 여론조사에서 2단계 위장 선택이 가능할까? 확정되지도 않은 불특정 다수에게 누가 이렇게 응답하도록 교육할 수 있을까? 불가능한 일로 보인다.

그렇다면 패배의 원인은 과연 무엇일까? 이 기간 동안 행해졌던 여론조사 결과 자료에서 정몽준 패배의 답을 찾을 수 있다. 다음은 '한국오피니언리서치'의 여론조사 자료이다. 먼저 한나라당 이회창 지지자 중 신당후보(단일후보)로 정몽준을 지지하는 응답이 상대적으로 높다. 한나라당 지지자 중에서도 같은 현상이 보인다〈표 8~11〉.

〈표 8〉 노무현-정몽준 다자대결시 여론조사 결과(한국오피니언리서치)

구분	이회창	노무현	정몽준	권영길	없다/모름
11/24	31.1	25.6	31.4	2.5	8
11/16	38.3	22.5	25.5	2.5	9.1
±	-7.2	+3.1	+5.9	-	-1.1

※ 언론사 조사 (11/22~24)

언론사	이회창	노무현	정몽준	권영길	없다/모름
조선일보	33.1	25.1	24.5	1.8	
동아일보	31.7	23.7	23.5		
중앙일보	32.4	25.4	23.6	2.4	14.6
경향신문	31.8	25.6	22.1	1.9	
한국일보	33.5	26.7	25.4	3.3	10.2

〈표 9〉 한나라당 지지자 및 이회창 지지자들의 신당후보에 대한 의견

구 분	노무현	정몽준	비고
한나라당 이회창 지지자 중	28.0	28.9	신당후보로 지지
한나라당 지지자 중	28.7	29.5	
한나라당 이회창 지지자 중	24.2	27.2	신당후보로 승리할 가능성
한나라당 지지자 중	25.1	30.0	

〈표 10〉 지지후보별 신당후보 지지 (11/16 조사자료)

구 분	신당후보		
	노무현	정몽준	모름
한나라당 이회창	28	28.9	43.1
민주당 노무현	84.9	8.4	6.7
통합21 정몽준	4.4	90.8	4.7
전체	34.8	39.2	26

〈표 11〉 정당지지별 신당후보 지지 (11/16 조사자료)

구 분	신당후보		
	노무현	정몽준	모름
한나라당 지지	28.7	29.5	41.8
민주당 지지	61	31.4	7.5
통합21 지지	5	88.7	6.3
전체	34.8	39.2	26

이러한 현상은 11월 24일 실시한 조사결과에서 더 확실히 볼 수 있다〈표 12〉. 이 조사는 신당후보(단일화)로 승리할 가능성이 높은 사람을 물었다. 그 결과 이회창 지지자와 한나라당 지지자 중에서 정몽준의 승리 가능성을 예측한 응답이 3~5% 정도 높았다. 지난 20여년 동안의 여론조사 경험에 의하면 당선 가능성과 실제 결과는 거의 일치하는 성향을 보인다. 당선 가능성을 통한 선거 예측이 비교적 정확하다.

<표 12> 후보별 단일화 승리 가능성　(11/24 조사자료)

구 분	신당후보		
	노무현	정몽준	모름
한나라당 이회창	24.2	27.2	48.6
민주당 노무현	78.5	10.2	11.3
통합21 정몽준	5.5	87.8	6.7
전체	32.7	42	25.3

<표 13> 정당 지지별 단일화 승리 가능성 (11/24 조사자료)

구 분	신당후보		
	노무현	정몽준	모름
한나라당 지지	25.1	30	44.9
민주당 지지	61.5	28.8	9.7
통합21 지지	4.8	89.5	5.7
전체	32.7	42	25.3

　　이상의 자료〈표 12~13〉에서 보듯이 이회창 지지자나 한나라당 지지자들 중 정몽준 지지가 노무현 지지에 비해 상대적으로 높았다. 그렇다면 정몽준 패배는 다른 어떤 이유보다도 여론조사 대상자 선정에 있었다고 할 수 있다. 이회창 지지자를 제외한 나머지 사람들을 대상으로 하면 당연히 노무현 지지가 높을 수밖에 없었다. 이러한 결과는 특히 대구 경북(TK) 지역에서 더욱 두드러지게 나타났다. 나중에 알려진 여론조사 결과를 보면 TK 지역에서 노무현 지지가 무려 65%에 이른 것으로 나타났다. 이 지역에서는 다른 어느 지역보다도 이회창 지지와 한나라당 지지가 높게 나온 것이 사실이다. 그렇다면 이들을 배제하고 조사하면 당연히 노무현의 지지가 높게 나올 수밖에 없었다. 문제는 대상자 선정에 있었다. 역 선택을 피하려다 제 꾀에 된통 당한 경우다. 문제는 역 선택이 아니라 대상자 선정에 있었다.

2) 박근혜 경선의 실패, 조사대상자 선정이 문제였다

박근혜: 노적가리 태우고 낟알 줍는 형국의 여론조사 논쟁

2007년 8월 11일 보도된 중앙일보 여론조사에서 비당원(국민 선거인단) 부문은 박근혜 후보가 이명박 후보를 한 자릿수 내로 추격했다. 이명박 후보 측에서 받은 비당원 명부로 조사한 결과는 46.5% 대 38.4%로 이명박 후보가 박근혜 후보를 8.1%포인트 앞섰지만, 박근혜 후보 측에서 받은 명부에 근거했을 때는 44.5% 대 42.8%로 이명박 후보가 1.7%포인트의 리드를 지켰다고 중앙일보는 보도했다. 양측에서 제공한 자료 조사결과의 차이는 6.4%포인트였다. 왜 이런 차이가 나왔을까? 같은 당의 국민선거인단 명부가 어떻게 이런 차이를 보일 수 있을까? 그렇다면 최종 결과는 어땠을까?

대의원·당원·국민경선인단 등 선거인단 그룹별 투표에서 두 사람이 어떤 결과를 얻었는지는 알 수 없다. 당 화합을 해친다는 이유로 당 경선관리위원회가 선거인단 대의원·당원·국민경선인단의 투표용지를 한 곳에 섞어놓았기 때문이다. 그러나 경선 직후 이명박 후보 측은 대의원과 당원에서는 앞섰지만 국민경선인단에서 뒤졌을 것이라고 자체 분석했다. 그 이유로 이 후보의 핵심측근이었던 정두언 의원은 "검찰이 도곡동 땅과 관련한 네거티브 공세를 해 막판 표를 잃었다"고 평했다. 여론조사 전문가들도 이명박 후보가 대의원에서는 조직력을 바탕으로 7~8%포인트 격차를 벌렸으나, 박근혜 후보가 당원과 국민 선거인단에서 막판 뒷심을 발휘, 7~8%포인트 앞서 박빙 승부를 펼친 것으로 분석하였다. 이와 관련하여 한 여론조사의 관계자는 "경선 막판에 터진 이 전 시장의 도곡동 땅 차명 보유 의혹에 대해 한나라당 지지층이 민감하게 반응한 것 같다"고 말했다.

여론조사 전문가들은 이러한 이명박 후보의 의혹에도 불구하고 '도덕성도 중요하지만 경제와 능력을 갖춘 지도자를 원하는 민심'이 더 컸기에 박근혜 후보가 패배할 수밖에 없었다고 경선 결과를 진단했다. 2006년 10월 이후 이명박 후보의 50%대 고공행진을 하며 절대적 우위 구도를 보인 일반 국민 여론조사의 벽을 넘지는 못했다는 것이다. 이명박 후보 측도 전화여론조사에서 앞선 것에 대해 "경제를 살릴 수 있다는 것을 강조한 것이 생활고를 겪는 국민들에게 어필한 것 같다"면서 "본선 경쟁력도 높게 평가됐다"이라고 자평했다.

과연 국민들이 경제를 살릴 수 있을 것이라는 그런 희망 속에서 이명박 후보를 선택한 것이 승리의 전부일까? 여기서 우리는 과연 박근혜 후보의 패배는 어디에서 왔는지 좀 더 자세히 살펴볼 필요가 있다.

여론조사에서 진 것인가? 조직의 실패인가?

선거인단 투표에서 답을 찾아보자. 대의원, 당원, 국민선거인단 세 부류로 구성된 한나라당 선거인단은 서로 다른 특성을 가지고 있다. 먼저 대의원은 230여개 국회의원 선거구별로 대략 200여명으로 구성된 선거인단이다. 지구당별로 약 200여명이다 보니 이들은 국회의원 또는 원외위원장들의 영향권 안에 있는 인사들이다. 특정 세력의 동원이나 줄 세우기가 가능한 대상이라 할 수 있다.

당원들의 경우는 주로 일반당원들로 구성되어 있어 국회의원이나 위원장의 영향력 차원에서 좀 더 멀리 벗어나 있다. 그렇다면 국민 선거인단의 성분은 어떠한가? 그들은 여론조사 기관을 통한 전화면접에서 선거인단으로 선발된 사람들이다. 물론 스스로 선거인단 참여를 결정한 사람들이다. 상대적으로 이들은 한나라당에 우호적인 인사들이라 할 수 있다. 전통적으로 한나라당을 지지해왔거나 호감을 가진 유권자 층이다.

〈표 14〉 박근혜 후보와 이명박 후보의 지지율 차이 (경선 최종 시뮬레이션)

언론사/ 조사기관	조사 일시	선거인단			여론 조사 -20%	전체 (%)	비고
		대의원 -20%	당원 -30%	국민 선거인 -30%			
실제결과	8/20	+0.3 *			-8.8	-1.5	
박근혜 후보/자체조사	8/16	-6.5	0	3.8	선거인단에서 0.6% 승리		
한국일보/미디어리서치	8/13-14	-12.1	-7	-0.3	-12.8	-7.3	
조선일보/한국갤럽	8/11-12	-10.1	-7.3	-8.2	-11	-8.1	
중앙일보/ 자체조사	8/13	-9.7	-9.2	-6.8	-10.2	-8.8	
KBS/미디어리서치	8/8	-12.7	-7.3	-1.1	-12.8	-7.3	
동아일보/KRC	8/11	-11.4	-5.3	-0.9	-12.9	-7.7	
한겨레/리서치플러스	8/16	-	-	-	-5.7	-	
서울신문/KSDC	8/14-16	-11.1	+0.1	+1.1	-7.7	-5.3	
국민일보/글로벌리서치	8/14			+5.3		-5.6	
sbs/ TNS		-12.2	-2.5			-6.6	

(※대의원·당원·국민경선인단 등 선거인단 그룹별 투표에서 두 사람이 어떤 결과를 얻었는지는 한나라당이 공개하지 않아 알 수 없다.)

여기서 다시 〈표 14〉를 참고해 보자. 박근혜 후보의 선거인단 예상득표 순위는 '국민 선거인단〉당원〉대의원' 순으로 줄어들고 있는 현상을 볼 수 있다. 조직적으로 영향을 미칠 가능성이 높을수록 박근혜 후보의 지지가 낮아지는 현상이 보인다. "조직에서 이기고 여론조사에서 졌다"는 주장이 설득력을 잃게 되는 이유가 바로 여기에 있다. 조직적인 영향을 가장 많이 받았을 대의원 투표에서 패배했다. 조직에서도 진 것이다.

그리고 일반여론조사는 한나라당을 지지하건 반대하건 모두에게 참여의 기회가 주어진 이벤트였다. 이러한 일반여론조사로 일개 정당의 후보를 선출하는 것은 시작부터 잘못된 것이었다. 그렇다면 왜 이런 규칙이 정해졌는가? 그것은 몇 번 선거에서 진 이유를 남의 탓, 즉 일반국민을 끌어들이지 못했다는 데서 찾은 결과다. 외연확대라는 이름아래 여론조사에 참여하면 한나라당을 지지하게 될 것이라는 안일한 생각의 결과였다. 그렇다면 민주당은 수백만을 동원하는 경선을 치르고도 본선에서 진 이유에 대해서는 어떻게 대답할 것인가?

다시 본론으로 돌아가자. 무엇이 문제여서 박근혜 후보는 패배했는가? 대답은 이렇다. 첫째, 여론조사 대상자 선정이 잘못되었다는 것이다. 한나라당 후보 선출은 적어도 한나라당에 우호적이거나 관심이 있는 사람들이 대상이 되어야 한다. 이들을 대상으로 했다면 박근혜 후보는 당연히 경선에서 승리했을 것이다. 왜? 그들은 국민 선거인단과 가장 성향이 비슷할 테니까! 그렇다면 왜 그런 결정을 하지 못했는지 거기에 원인이 있었다.

둘째, 조직의 실패였다. 그 증거는 앞의 〈표 14〉에서 찾을 수 있다. 박근혜 후보의 지지율은 '국민선거인단 → 당원 → 대의원' 순으로 지지도가 낮아지고 있다. 조직의 힘이 덜 미치는 느슨한 집단일수록 박근혜 후보의 지지율이 높다는 것은 조직원을 대상으로 한 효율적인 선거운동이 이루어지지 않았다는 반증이다. 조직에서도 패배했다. 그러나 여기에서는 조직의 실패는 주요 관심사가 아니다.

그렇다면 여론조사의 문제는 무엇인지 그 이유에 집중하자. 첫째, 박근혜 후보 자신의 책임이다. 이러한 여론조사의 큰 틀은 박근혜 후보가 당 대표시절 만들어진 것이다. 물론 세부사항은 경선 직전 여론조사 전문가위원회에서 정해졌지만 큰 틀은 이미 만들어진 것이었다. 또한 언론과 한나라당 내의 분위기가 '누가 후보가 되더라도 여당후보를 이길 수 있는 후보를 선출하는 것이 당면과제'라는 주장이 대세를 이루고 있었다. 표를 끌어올 수 있는 수단 방법은 다 동원되어 본선에서 이기는 것이 무엇보다 중요하다고 생각하는 것이 그 당시 분위기였다. 비록 원칙에서 벗어난 일을 벌여서라도 말이다.

둘째, 국민경선제 분위기를 바꿀 수 없었던 룰 협상 팀의 역부족을 들 수 있다. 2006년 중반부터 논란이 되었던 완전국민경선제의 도입 주장은 주로 이명박 후보 진영에서 거론되었다. 그러다 보니 국민경선은 못하더라도 일반유권자 대상의 여론조사는 아주 당연한 것으로 기정사실화 되었다. 이명박 지지자로 구성된 '여론조사

전문가위원회' 회의에서는 대상자 선정에 대해서는 거론조차 허용되지 않는 이상한 분위기가 연출되었다. 지나간 얘기지만 후보 사퇴를 불사하더라도 한나라당 지지층에 국한시켜 여론조사를 하는 것을 관철시켰어야 했었다. 노무현-정몽준 단일화 사례에서 교훈을 얻지 못한 결과였다.

그렇지만 경선기간 동안 룰 협상에서 계속되었던 선호도-지지도 논쟁이 의미가 없었다는 것은 아니다. 여론조사 전문가들은 이러한 선호도 지지도 논쟁이 누구에게 유리한가를 속단할 수 없다고 하였다. 그 이유는 한나라당 경선에 대한 여론 주목도가 높기 때문에 지지도든 선호도든 설문내용이 조사 결과에 별 영향을 미치지 못한다는 것이었다. 여론조사 실시가 경선 투표일 직전에 이뤄지면서 후보에 대한 선호도나 지지도에 의해 그 결과가 달라지지 않는다는 것이다. 한나라당 경선 진행상황을 잘 모른다면 문항이 선호도냐 지지도냐에 영향을 받을 수 있지만, 경선 자체에 대한 인지도가 매우 높기 때문에 별 차이가 나지 않는다고 주장하였다.

그러나 경선 직전 행해진 여론조사의 예에서 보듯이 '한나라당 후보로 누구를 뽑는 게 좋은가'라는 물음에는 이명박 후보가 49.0%, 박근혜 후보가 34.1%로 이 후보가 14.9%포인트 앞선 반면에 '오늘이 선거일이라면 누구에게 투표할 것인가'라는 지지도를 묻는 설문에서는 이 후보가 38.5%, 박 후보가 27.6%로 10.9%포인트 앞선 결과가 나와 선호도와 지지도가 차이를 보이는 것으로 조사되었다. 그 차이가 4%포인트였다.

경선에서 여론조사는 설문 내용보다는 대상자 선정이 더 큰 변수로 작용하였다는 말이다. 결국 노적가리 태우고 낟알 줍는 형국이 되어버렸다. 설사 설문내용이 박근혜 후보 측의 주장대로 채택되었더라도 경선 결과를 결정하기에는 역부족인 구조적 문제는 극복할 수 없었다. 결론적으로 2007년 한나라당 대통령 후보 경선에서 박근혜 후보가 패배한 것은 잘못된 여론조사 대상자 선정에 그 원인이 있었다. "문제는 여론조사 대상자 선정에 있었다!"

이명박 측도 더 크게 이길 기회를 놓쳐

이와는 반대로 이명박 후보 측의 잘못된 선택으로 손해를 본 경우도 발생하였다. 경선 여론조사에 대한 세부사항을 결정하는 여론조사전문가위원회에서 이-박 양측의 합의하에 경선 직전인 19일 일요일에 여론조사를 실시하기로 하였다. 그러나 실시 시간을 두고는 의견이 대립되었다. 오전 10시경부터 시작하자는 박근혜 후보 측의 주장에 이명박 후보 측은 오후 2시 시작을 고집하였다. 그 이유는 경선 여론조사를 실시하기로 결정한 날이 일요일이었다. 이명박 후보 측은 교회에 다녀온 유권자들의 참여를 높이기 위해 오후 2시부터 여론조사를 할 것을 주장한 것이다. 이것이 교회 장로인 이명박 후보에게 더 유리하다는 판단이었다.

그러나 오후 2시부터 여론조사를 시작하여 오후 8시에 종결한다면 할당된 응답을 채우기 어렵다는 것은 여론조사 전문가라면 누구라도 알 수 있는 것이었다. 그럼에도 불구하고 이명박 후보 측은 오후 2시부터 시작할 것을 고집하였다. 당시 협상에서 한 측이 주장하면 무조건 한 측이 반대하는 과열된 분위기도 한 몫을 하였다.

결론적으로 시간에 대해서는 이명박 후보 측의 입장을 받아들이고, 만약 할당량이 채워지지 않더라도 오후 8시에 이유 없이 여론조사를 종결한다는 단서를 붙여 통과되었다. 그러나 여론조사 당일 실시된 여론조사에서는 3개의 여론조사 회사가 각각 2,000명의 조사 대상 중에서 정해진 시간 내에 목표 표본 수를 일부 채우지 못해 논란이 일었다.

조사 기관별로는 'R&R은 40여명, 중앙리서치는 110여명, 동서리서치는 250여명' 등 총 400여명이 부족한 것으로 나타났다. 여론조사에서 표본 1명은 총득표 수에서 약 5표에 해당하기 때문에 최대 2,000표 정도가 오락가락할 수도 있는 상황이었다.

특히 그때까지 여론조사에서 이명박 후보가 유리하다고 여겨졌던 수도권과 20·30대 연령층에서 할당된 표본이 못 채워졌다. 이런 사실을 뒤늦게 알게 된 이명박 후보 측은 시간을 연장해서라도 표본을 채워야 한다고 주장했으나 이 주장은 받아들여지지 않았다. 이런 이유로 경선 여론조사 직전까지 10%포인트 이상 앞서가던 이명박 후보는 일반 여론조사에서 8.8%포인트 앞서는 데 그치게 되었다. 유리한 지역, 연령층의 할당을 채우지 못한 결과였다. 약은 고양이가 밤눈이 어두웠던 에피소드였다. 이 또한 "문제는 역시 조사 대상자였다!"

(3) 오세훈을 불러낸 잘못된 여론조사

2006년 5·31 지방선거 서울시장 후보에 대한 여론조사에서 강금실 전 장관이 등장한 뒤 설명하기 쉽지 않은 현상들이 생겨났다. 당 지지율과 투표 의향층 조사는 한나라당이 높은데 단순 개인 지지도는 강금실 전 장관이 한나라당 후보들을 압도했었다. 또 여론조사 기관에 따라 하루만에도 지지율 차이가 20%포인트가 변하는 모습을 보였다.

2006년 3월 25~26일 조사한 동아일보-코리아리서치 조사에서 강금실 전 장관은 한나라당 맹형규 전 의원, 홍준표 의원을 20%포인트 가까이 앞섰다. 하지만 같은 조사에서 '서울시장에 어느 정당 후보가 당선되면 좋겠다고 생각하느냐'는 질문엔 '한나라당 후보'라고 한 응답자가 10%포인트 쯤 오히려 더 높았다. 3월 2일 나온 MBC 조사에선 열린우리당 지지율이 강금실 전 장관 지지율의 절반밖에 되지 않았다.

또한 강금실 전 장관은 일반 지지율에선 한나라당 후보들을 10%포인트 이상 앞서지만 "투표하겠다"는 응답자들(투표 의향층)만을 대상으로 한 조사에선 역전당하는 현상이 나왔다. 3월 2일 발표된 MBC-코리아리서치 여론조사를 제외하면 이 시기를 전후해서 보도된 4~5개 조사가 모두 그런 경향을 보여주고 있다. 그리고 강금실 전 장관 지지율은 조사기관에 따라 차이가 너무 크게 나타났다. 31일~1일 MBC-코리아리서치의 투표 의향층 조사에선 강금실 전 장관이 한나라당 후보에 15%~17%포인트 앞서는 것으로 나온 반면, 하루 전 발표된 SBS-TNS 투표 의향층 조사에선 강금실 전 장관이 오히려 3%~6%포인트 뒤지는 것으로 나왔다.

왜 이런 현상이 일어났을까? 이 질문에 대한 답은 당시 행해진 각종 여론조사의 설문내용에서 찾을 수 있었다. 이 당시 행해진 여론조사를 보면 "열린우리당 후보 전 법무부장관 강금실 vs 한나라당 후보 전 국회의원 맹형규"라는 설문에서 행해진 여론조사는 강금실 전 장관이, "열린우리당 후보 강금실 vs 한나라당 후보 맹형규" 설문을 사용한 여론조사에서는 맹형규 한나라당 전의원이 앞섰다〈표 15〉.

열린당에 입당하지도 않았고, 서울시장 출마의사를 밝힌 바도 없는 강금실을 "서울시장 후보 전 법무부장관 강금실"로 설문을 만들어 '아니면 말고' 식 집어넣기 여론조사가 행해졌던 것이다. 이와 같이 유력 언론사 여론조사는 '전 법무부장관 강금실'이라는 설문을 사용하고 이 조사결과를 대대적으로 보도하였다. 이러한 언론 보도가 뜻밖에도 오세훈을 불러내는 결과를 초래하였다.

〈표 15〉 서울시장 예상 후보 지지율 (이레 · 리서치 조사자료)

(설문) 선생님께서는 만약 서울시장선거에 〈열린우리당 후보로 강금실씨〉, 〈한나라당 후보로 맹형규씨〉, 〈민주노동당 김종철씨〉가 출마한다면 다음 중 누구를 지지하시겠습니까?

일시 후보	지지율(%) 13.3월	30.3월	4.4월
강금실	32.3	35.8	34.6
맹형규	47.2	43.5	45.5
김종철	–	5.4	5.7
강금실	31.7	36.8	33.2
홍준표	49.4	44.2	46.4
김종철	–	4.5	4.8

대결구도 I		대결구도 II		대결구도 III	
강금실	25.8	강금실	29.7	강금실	30.1
오세훈	54.6	맹형규	47.3	홍준표	44.9
박주선	6.5	박주선	6.1	박주선	7.9
김종철	1.4	김종철	2.2	김종철	1.5

이 당시 실시된 객관적인 여론조사에 의하면 맹형규나 홍준표도 강금실을 오차 범위 내에서 이기는 것으로 나왔다. 그러나 오세훈은 압도적인 표차로 강금실을 이기는 것으로 언론에 보도되었다. 대선을 눈앞에 둔 당시 박근혜 당대표와 이명박 서울시장은 서울시장 선거에서는 꼭 이겨야 했었다. 그리고 이러한 조사결과에 오세훈에 편승하여 동반당선하려는 기대에 한껏 부푼 서울 지방자치 선거 출마 후보자들이 매달리게 되었다. 잘못된 언론 여론조사 보도가 결국 오세훈을 링으로 불러 올렸다.

이렇게 박근혜의 요청에 의해 구원 등판된 오세훈은 당내 경선에서 대의원 투표에서는 맹형규에 뒤졌다. 그러나 일반국민 여론조사에서 앞서서 결국 경선에서 승리하였고, 서울시장 선거 본선에서 열린우리당 강금실 후보에게 더블 스코어로 승리하였다.

이러한 오세훈의 압도적인 승리는 오세훈의 대권도전 의지로 발전되었고, 후일 대선을 놓고 한판 승부를 벌인 '무상급식 시민투표' 로 이어졌다. 주민투표에서 실패한 오세훈은 시장직을 사퇴하였 다. 오세훈의 사퇴는 결국 안철수, 박원순을 정치 현장에 불러내는 결과로 이어졌다. 안철수 박원순 현상에 놀란 보수 정치권은 일치 단결하여 이명박, 이회창, 이인제, 박세일 등 제 보수 세력이 박근 혜를 대선에서 지지하게 되었다.

역설적으로 2006년 의도된 여론조사에 의한 오세훈의 등장이 2012년 박근혜의 당선으로 이어지는 계기가 되었다. 2007년 여론 조사로 대선에서 실패한 박근혜가 잘못된 여론조사로 등장했던 오 세훈의 도움으로 역설적이게도 2012년에는 대통령이 된 셈이다.

(4) 안철수–문재인 후보 단일화, 학습효과로 깨졌다

2012년 대선당시 문재인, 안철수 후보의 단일화 협상에서 '지지 도'를 주장한 문재인 후보 측과 '적합도'를 주장한 안철수 후보 측 은 후보 등록 직전에야 "지지도+적합도"라는 기형적인 후보 단일 화 여론조사안에 합의 하였다. 이러한 합의를 두고 인터넷에서 네 티즌들은 "양념 반 후라이드 반"의 치킨게임으로 비아냥거렸다.

그러나 햄릿형(외신보도에 이렇게 보도되었음) 안철수는 결국 정면 승부 보다는 후보 양보의 길을 선택하였다. 결국 '치킨게임'에서의 패자는 안철수 후보였다. 이는 설문의 내용이 문제가 아니라 어떤 대상으로 하더라도 이길 수 없다는 절박한 현실인식에 기인한 것이라 할 수 있다.

확실한 조직 기반과 지역기반이 없는 상태에서 안철수 후보는 문재인 후보를 이길 수 없다고 판단하였다. 감성적 이미지에 의한 바람만으로는 확실한 정당조직에 기반하고, 지역적 기반에 근거한 문재인을 이길 수 없다는 판단에서 후보직을 사퇴한 것이었다.

노무현-정몽준, 이명박-박근혜의 사례 등을 제대로 분석하고 벤치마킹하였다면 당연히 안철수는 필패할 수밖에 없다는 결론에 이르게 된다. 당심이 어느 정도 후보를 받쳐줘야 여론조사에서 앞서고, 승리할 수 있다는 것이 학습효과로 이미 알만 한 사람들은 알게 되었다. 안철수는 당심을 대상으로 하는 여론조사에서도 뒤지는 것으로 나오자 도중하차할 수밖에 없었다.

앞으로는 정당 후보와 정당 후보 간의 후보 단일화도 힘들 것이다. 승리가 확실하다는 확신이 없으면 후보 단일화는 불가능하기 때문이다. 선뜻 여론조사에 승부를 걸기에는, 여론조사를 통한 후보 단일화의 문제에 대해 이미 너무 많이 알게 되었다. 이 사례는 성공적인 당내 경선을 통해야만 본선 승리에 더 유리하다는 교훈을 남겼다.

제2부

여론조사 정치

– 민주주의에 약인가, 독인가?

1. 여론조사 자체의 문제점

(1) 여론조사의 기술적인 문제

여론조사 제대로 읽기

일반적으로 선거 여론조사는 '조사의뢰→조사설계→표본설계→설문설계→표본추출→면접원교육→조사실시→자료처리→보고서 작성→보고' 순으로 진행된다(그림 9).

여론조사는 전체 조사대상 중 일부만을 뽑아 조사한 후 그 결과로 전체를 유추하는 방법인 만큼 확률적인 한계를 갖고 있을 수밖에 없다. 이를 극복하기 위해 도입된 개념이 오차범위다. 오차에는 표본추출 과정에서 나타날 수 있는 표본오차와 그 외의 과정에서 발생할 수 있는 비표본 오차가 있다.

(그림 9) 선거 여론조사 진행도(언론 공표용 여론조사 기준)

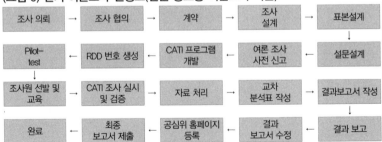

표본오차는 무작위 추출을 가정했을 때 '몇 명을 조사했는가'와

'신뢰수준을 어느 정도로 할 것인가', 그리고 '응답률이 몇 %인가'에 따라 달라진다. 대부분의 여론조사가 95%의 신뢰수준을 활용하고 있고 응답률 50%일 때를 가정한 최대표본오차를 사용하므로 실제로는 '응답자 수'에 따라 오차범위가 달라진다. 오차범위는 응답자 수가 많을수록 작아진다. 95% 신뢰수준을 기준으로 하면 1,500명일 때 오차범위가 ±2.5%, 1,000명일 경우는 ±3.1%이다.

예를 들어 대선 후보 지지도 조사에서 A후보 40%, B후보 36%가 나왔고 신뢰수준 95%, 오차범위 ±2.5%라면 같은 시점에 같은 방법으로 조사했을 때 100번 중 95번은 A후보 지지도가 37.5~42.5%, B후보 지지도가 33.5~38.5%로 나온다는 뜻이다. 즉, 두 후보의 지지율이 5% 이상 차이가 나지 않는다면 그 조사결과는 뒤집힐 수도 있다는 말이 된다.

비표본 오차는 질문지의 문항 내용, 질문 순서, 조사원의 조사방식 등에 따라 달라질 수 있으므로 조사결과를 읽을 때는 이 내용들을 꼼꼼히 따져볼 필요가 있다. 또 지지도 조사의 경우 무응답률에 따라 후보지지율 수치에 상당한 차이가 발생하기 때문에 조사결과를 읽을 때 단순수치보다는 한 기관의 조사결과 추이 속에서 여론의 흐름을 이해하는 것이 올바른 방법이다.

그리고 여론조사가 유권자의 정치적 의사를 제대로 반영하는 수단이 되지 못하는 가장 큰 이유는 여론조사가 항상 정확하지는 않다는 점이다. 우리나라뿐 아니라 미국과 영국에서도 잘못된 여론조사로 인해 생긴 해프닝이 많았다. 1992년 영국의 총선 여론조사 예측 실패에 대해 학자들은 여론조사 오류의 원인으로 그 당시 다음과 같은 여섯 가지 가능성을 제시했다.

첫째, 표본 추출이나 설문방식의 잘못, 둘째, 추출된 표본 속에 선거 등록을 안 한 사람이 포함되었을 가능성, 셋째, 응답 거부자의 차별적 분포(인구사회학적 차이, 정치적 성향 등에 따라), 넷째, 자신의 진심을 속인 거짓 응답, 다섯째, 차별적 투표참여(지지성향 등에 따라), 여섯째, 마지막 순간에 유권자가 여론조사 때의 응답과 다르게 투표 하는 것 등을 들었다.

우리나라에서 특히 선거 여론조사가 잘못되는 이유 중 중요한 것으로는 편향적인 설문작성과 표본추출 등 조사방법과 관련한 문제를 들 수 있다. 특히 신속성과 시의성을 중시하는 언론사의 관행과 속보 경쟁으로 인해 표본의 대표성을 담보하기 어려운 여론조사가 실시되고 있다는 점이다. 하루 이틀 사이에 끝나는 전화여론조사는 표본의 수를 채우는 데 급급할 수밖에 없어 표본의 대표성이 왜곡될 가능성이 매우 높다. 또한 언론사별로 여론조사 결과가 다른 이유 중 가장 중요한 것이 바로 표본 구성에 영향을 미치는 높은 무응답률이다. 여론조사에서 유의해야 할 몇 가지 사항을 다음에 정리해 보았다.

1) 설문작성

조사에 사용된 설문이 문제다. 설문에서 가치 편향적 단어나 표현을 쓰거나 양자 간 주장을 대비시킨 질문이 불균형한 경우, 또한 사실 관계가 존재하는 사항에 추측성 질문이나 예측을 묻는 질문 등이다. 대다수언론에 발표되는 대선관련 여론조사는 "누가 대통령 감으로 적당하다고 생각하는가, 대통령으로 적합한 후보는 누구인가" 하는 질문을 사용하여 조사한 내용이었다.

그러나 미국 등 여론조사의 전통이 오랜 사회에서는 선거관련조사에 "오늘이 투표일이라면 누구를 지지하겠는가"라는 질문을 사용하는 것이 상례이다. 또한 우리처럼 '후보의 이름'을 거명하는 것이 아니라 '어느 당 후보 아무개'라고 묻는다. 선거관련 전문가들은 실제 투표행태는 미국식 질문에 가깝다고 주장하고 있다. 마케팅 조사에서도 선호하는 상품과 실제로 구매하는 상품이 서로 다르게 나타난다는 것이 정설이다.

또한 후보 지지도에 영향을 미칠 예민한 이슈를 지지도 질문 앞에서 묻는 것도 조사결과에 영향을 미칠 수도 있다. '경제가 중요한 문제'이냐고 물은 다음에 '경제 전문가 〇〇〇씨를 지지하냐'고 묻는 것은 대답을 유도하는 결과가 될 수밖에 없다.

2) 표본 추출: 확률표본 추출이 이루어져야 한다

전통적으로 숫자가 정해져 있는 모집단의 분석을 위해서는 '확률표본추출'을 고려해야 한다. 비록 현실적인 제약이 이를 허용하지 않더라도 제한된 여건 하에서 가급적 확률표본추출 방법을 고려하는 것이 바람직하다. 이때 표본의 대표성을 확보하기 위해서는 유선과 무선전화를 모두 고려한 RDD 기법을 적용하는 것이 바람직하다. 확률표본추출을 적용할 경우 필요한 표본크기는 전체 표본크기 대신, 고려하고 있는 응답률을 바탕으로 범주 별 최소 표본크기를 결정하는 방법을 채택하는 것이 좋다.

여론조사에서 할당추출법으로 표본을 추출할 경우, 전통적인 유한모집단 분석 방안인 '설계 기반 추론(design-based inference)' 방식을 주로 사용하고 있다. 그러나 할당추출법을 효율적으로 실행하기 위해서는 모집단에 대한 적절한 모형 설정 후에 가정된 모형 하에서 모수를 예측하는 접근 방법인 '모형 기반 추론(model-based inference)'과 '설계기반 추론' 두 방식을 효과적으로 결합하여 사용하는 것이 바람직할 것이다.[4]

3) 표본수: 적절한 표본이 확보되어야 한다

표본 크기는 조사의 신뢰도를 나타내는 표본오차와 직접적으로

---

[4] '설계 기반 추론(design-based inference)'접근방식은 표본들이 조사자가 사전에 정한 확률 추출계획에 의해 뽑히고, 표본 변화에 따른 추정량의 성질들은 반복추출에 따른 변화의 관점에서 정의된다. 이때 추출계획에 연관된 확률 분포는 가정된 것이 아니라 실제 그 자체이다. 표본으로 뽑히지 않은 다른 단위들의 성질은 표본 속의 단위들과 비슷하고 그 숫자는 표본단위의 포함 확률로부터 추정할 수 있다. 설계 기반 추론은 관측된 표본 자료로부터 관측되지 않은 비표본 자료에 대한 정보를 추론하는데 비표본 단위들이 '언젠가는 표본으로 선택될 가능성이 있다'는 관계에 의존하는 한계가 있다. 이에 비해 '모형 기반 추론(model-based inference)'은 유한 모집단에서 모수 추정 방법의 하나로 유한 모집단 원소들을 생성하는 초모집단(super-population)을 가정한 모형을 만들고 이를 사용하여 모수 추정 시 표본으로 뽑힌 원소들과 뽑히지 않은 비 표본 원소들을 이용하는 방법이다. 일반적으로 대표본인 경우에는 설계 기반 추론이, 소표본일 경우에는 모형 기반 추론이 더 적당한 것으로 알려져 있다. 또한 분석 단계에서는 모형 기반 추론이 더 적당하고, 반면에 조사 계획 단계에서는 설계 기반 추론이 더 적당하다. (홍기학, "표본추출이론에서 설계기반 추론과 모형기반 추론의 비교," Journal of the Korean Data Analysis Society, Vol. 10, No. 4(B) August 2008, pp. 2149-2160.

연관되는 일종의 정보의 양을 나타내는 개념이다. 적절한 표본크기는 따라서 비록 주어진 현실의 제약이 있더라도, 최대한의 그리고 정확한 정보를 얻을 수 있도록 결정되어야 한다. 현재 조사 결과와 더불어 제시되고 있는 전체 표본 크기와 표본오차는 매우 단순화된 조건 하에서 계산된 것으로 실제 조사 결과를 산출하기 위하여 사용되고 있는 가중치가 적용된 추정량의 정도를 정확하게 나타내지 못하는 문제점이 있다.

가중치 산출을 위해 사용된 성, 연령대와 같은 범주형 변수가 있다면 적어도 각 범주 별 응답률 및 최소 표본크기를 고려하여 전체 표본크기를 결정하는 것이 가중 합으로 표현된 선형 추정량이 사용되는 선거여론조사에서는 바람직하다.

그리고 모든 조사에서는 필연적으로 무응답이 발생하며 이를 방치할 경우 추정량의 편향으로 인한 조사 결과의 신뢰도는 떨어지게 된다. 이와 더불어 확률표본추출법이 적용될 경우에도 표본 간 변동으로 인하여 이미 알고 있는 인구 특성 변수의 모집단 분포와 일치하지 않게 된다. 따라서 주어진 모집단 정보를 최대한 활용한 가중치를 적용해야 한다.

4) 가중치 사용은 적절하게

극단적으로 크거나 작은 가중치의 사용을 피하는 방법은 가중치 자체에 제한을 두는 것이 아닌 비확률표본 추출법인 할당추출법을 사용하거나, 또는 표본크기를 늘려 가중치 적용이 이루어지는 각 범주 별 실제 표본 수를 늘리는 것이다. 현행 선거여론조사의 각 범주 별 표본과 모집단과의 분포 불일치는 유선과 무선에서 다른 형태로 나타나고 있다. 따라서 이 두 조사를 병행하고 확률표본 추출법을 적용하는 것이 하나의 대안일 것이다. 이때 극단적인 가중치 적용을 막기 위해 각 범주 별 응답률을 고려하여 최소 표본 수를 지정하여 조사하여야 할 것이다.

그리고 할당추출법 혹은 확률표본 추출법의 사용 여부와 관계없이 가중치가 적용되어 산출된 추정량의 표본오차는 사용된 가중치를 고려하여 계산되어야 한다. 다만 그 산출과정에서 확률표본 추출법이 적용된 경우는 전통적인 표본추출이론에 근거하여, 그리고 할당추출법이 사용된 경우에는 모형기반이론과 설계기반이론에 근거하여 표본오차가 계산되어야 한다.

또한 직업이나 학력 할당을 적극적으로 적용하여 가중치로 인한 오류를 극복하는 노력이 필요하다. 이와 더불어서 확률표본추출법이 사용된 경우, 무응답을 포함한 전체 오차를 추정하는 방안도 고려할 수 있을 것이다. 극단적인 가중치의 사용은 추정량을 불안전하게 만들어 실제 표본오차를 크게 할 수 있는 위험이 있다. 극단적 가중치 사용은 가급적 피해야 한다. 조사 경험으로 보면 가중치를 적용할 때 최소 표집 셀 단위의 유효 응답수를 50 이상으로 하는 것이 안전한 것으로 보인다. (예: '20대 연령층' 50명 이상과 같이 연령대별 최소 응답수가 50명 이상일 경우 조사결과 값에 가중치를 적용하면 실제 결과와 유사한 예측이 가능했다.)

5) 재접촉(Call Back) 강화

여론조사의 대표성을 확보하기 위해서는 무작위로 선정한 최초의 표본을 조사유효 표본으로 삼아야 한다. 전화면접 조사 시 통화 중이거나 부재중일 경우는 다른 시간에 전화를 걸어 응답자 접촉을 시도하는 재접촉(Call Back)을 엄격히 적용할 필요가 있다.

그러나 현실적으로는 조사 시간에 쫓기는 여론조사회사의 입장에서는 많은 시간과 인건비가 소요되는 재접촉 보다는 새로운 표본을 대상으로 조사를 하게 된다. 그러다 보니 시간대에 따라 특정한 응답자 층의 쏠림 현상에서 벗어나기 힘들게 된다. 집 전화를 주로 하는 전화면접조사에서는 평일 오전 시간대에 이루어지는 전화 면접조사에서는 주로 주부층을 대상으로 조사가 이루어지거나, 젊은 층의 응답이 어렵고, 직장인을 대상으로 하는 조사가 불가능해지는 등의 문제가 발생하게 된다.

휴대전화의 경우는 이런 문제를 극복할 수 있지만 휴대전화번호는 현실적으로 입수하기가 어렵다. 물론 전국조사의 경우에는 휴대전화 RDD방법을 이용하여 이런 문제를 극복하도록 하고 있으나, 집 전화번호를 대상으로 할 수밖에 없는 특정지역 여론조사의 경우는 재접촉 원칙을 지키지 못하는 것이 정확성에 있어서 문제가 된다. 이러한 문제를 극복하기 위해서는 조사 일정을 최소한

2~3일로 확대하고, 조사를 평일이 아닌 주말이나 휴일에 시행할 필요가 있다. 그러나 시급을 다투는 언론사의 여론조사의 경우 의뢰기관들의 요구에 따를 수밖에 없는 것이 여론조사 회사의 현실이다. 조사 의뢰자의 인식변환이 요구되는 이유가 바로 여기에 있다.

(2) 여론조사 회사의 문제

1) 질 떨어지는 여론조사 회사의 난립

여론조사의 또 다른 문제는 여론조사회사의 문제다. 현재 영업 중인 여론조사회사는 200~300개에 이르는 것으로 관련 업계에서는 파악하고 있다. 그러나 자세한 통계자료는 없다. 여론조사회사는 누구나 조건 없이 만들고 또 없앨 수 있다. 사업자등록만 하면 누구나 제한 없이 할 수 있는 사업 분야다. 그리고 그 규모도 영세성을 벗어나지 못한 여론조사회사가 다수이다.

부동산을 팔고 사거나 임대하는 일에 관여하는 중개업의 경우에도 공인된 자격증을 받아야 할 수 있다. 그런데 여론조사는 아무런 자격조건이나 개업조건이 없다. 여론조사를 통해 공직후보를 결정하면서도, 여론조사를 아무런 자격조건도 없이 할 수 있게 하는 현실은 너무나도 무책임하다. 현행 국가자격시험을 통해 발급되는 사회조사분석사 자격 제도를 적극 활용하는 것도 한 방법일 것이다.

　그리고 면접 조사원의 질적 수준도 문제가 된다. 전화면접조사는 면접원에 의지하여 행해진다. 그러나 시간급을 받는 면접원의 전문성은 기대하기 어렵다. 게다가 경제적인 이유로 면접에 소요되는 시간을 줄여야 하는 것이 회사 사정이다. 이러한 문제를 극복하고 여론조사의 전문성을 확보하기 위해서는 전문 여론조사 면접요원을 양성하는 장기적 플랜이 필요하다. 면접원들은 시간당 수당을 받기 때문에 할당된 시간 안에 대상자와의 면접을 성공시켜야 하는 부담을 안을 수밖에 없다. 여론조사 회사 입장에서는 시간이 곧 돈이다. 이러한 환경에서는 조사대상자가 부재일 경우 반복하여 추적 조사하는 것이 불가능해져 결국 할당표집조사가 성공적으로 이루어질 수 없다. 확률표집도 아닌 할당표집5)조차 어려워지게 되는 것이 오늘날 여론조사의 현실이다. 특히 전국적으로 조사가 행해지는 국회의원 선거나 지방선거의 경우에는 숙달된 면접원의 수가 절대적으로 모자라는 현상이 나타난다.

2) 낮은 여론조사 단가가 문제

　여론조사회사가 질 높은 조사를 하지 못하는 또 다른 원인은 턱 없는 낮은 조사단가의 문제다. 선거여론조사에 주로 사용되는

---

5) 확률표집과 할당표집에 관해서는 TIPS 참조

면접원이 하는 전화조사의 경우 유효샘플 1,000명 조사 단가가 650만원~1,200만원이다. 매출기준 상위 10여개 회사의 경우는 1,000만원대에서 가격이 형성되나 선거철에는 1,000샘플 당 650만원 정도의 가격에도 조사가 이루어진다. 유럽마케팅조사협회(ESOMAR)의 국제조사에 따르면 우리나라의 조사 단가는 유럽이나 일본의 3분의 1, 미국의 절반 수준으로 동남아국가들과 비슷하다. 결국 우리나라 여론조사 시장에서는 중저가품들이 한껏 위세를 떨치고 있는 셈이다.

1988년 대통령선거 당시 전화여론조사 단가가 1,000샘플에 1,000만원이었던 것으로 업계에 전해진다. 그런데 26년이 지난 지금에도 그 수준이나 더 낮은 수준에서 조사가 행해지고 있는 것이 우리의 현실이다. 자본주의 시장경제에서 상상하기 어려운 일이 일어나고 있는 것이다. 그러다보니 자연히 여론조사의 질적 향상은 기대하기 어렵다. 조사기술은 객관적이고 과학적인 조사를 하기에 충분하나 그렇게 하면 경제성이 떨어진다. 가진 조사 기술로 충분한 시간을 투자하여 조사하기에는 돈이 남지 않는 장사가 여론조사 장사가 되었다.

그러면 이런 형태로 조사된 여론조사의 문제는 무엇일까? 우선 면접원의 전문성이 문제가 된다. 숙달된 면접원 확보가 어렵다. 다음으로 면접원이 숙달되었더라도 조사 대상자가 과연 대표성이 있는가의 문제이다. 오전 10시부터 오후 4시까지 전화조사를 실시한다고 하면, 그 시간에 집에서 전화를 받는 사람은 과연 누구일까?

가정주부, 학생, 자영업자, 실업자, 은퇴자 등일 확률이 높다.

당연히 이들이 전체 유권자의 대표 샘플이 될 수는 없다. 최초로 무작위로 만들어진 표본을 대상으로 하는 재접촉은 이루어 질 수 없다. 결국은 과다한 가중치(소수의 응답자를 표본에 가깝도록 비율에 맞춰 재조정)를 적용해 통계를 작성할 수밖에 없는 현실에 직면하게 된다. 결국 낮은 조사 단가가 낮은 질의 여론조사를 불러오게 된다.

3) 조사 의뢰자 인식의 문제

언론사의 여론조사 경우를 예를 들어보자. 언론사의 요청에 의한 여론조사의 경우는 설문작성에 1~2시간, 이후 언론사 검토 후 확정, 표본 추출(최근에는 주로 유·무선전화 RDD방법을 사용)[6], 면접원 소집, 면접원 교육이 끝나면 다음날 오전 11시경. 이때부터 전화면접을 실시하고 오후 3~4시면 조사가 끝나야 한다. 보고서 작성 후 언론사 전달 시간이 늦어도 4~5시경. 이런 작업 일정에 의해 저녁 9시 뉴스가 진행된다. 실제로 여론조사는 하루 전에 의뢰

---

6) RDD(random digit dial) 방법: 전화번호 리스트를 생성하여 무작위로 추출하고 이를 조사 자료로 활용함. 전화번호 리스트는 사용 중인 국번(예; 788국이면 788-0001~9999 번 중 무작위 추출하는 방법)에서 무작위 추출법으로 작성함. 이렇게 하면 KT가 작성한 전화번호 리스트에 등재되지 않은 번호를 사용 중인 사람에게도 전화조사를 할 수 있어 조사 자료의 객관성을 높일 수 있음. 그러나 유선전화의 경우는 지역번호, 국번으로 구분되어 가입자의 거주지를 알 수 있으나, 휴대전화의 경우는 '010' 등으로 전국이 통일되어 지역구분에 어려움이 있음.

가 들어오는 것이 다반사다. 특정 언론사가 돌발 이슈를 진단하기 위해 하루 전에 여론조사회사에 조사를 의뢰하고, 다음날 주요 뉴스시간인 저녁 9시 뉴스에 보도하길 원한다. 여론조사 회사는 확보하고 있는 면접원 리스트를 가동한다. 물론 최소 인원은 상주하여 조사를 진행하기도 하지만 외부 의뢰에 의해 면접원을 소집하여 조사하는 것이 일반적인 행태이다.

지금의 방식대로라면, 예를 들어 30대 여성 가운데 주부층이 A 후보에 대한 지지가 많다면, 조사기관이 마음만 먹을 경우 이들이 전화를 받는 시간에 집중적으로 설문조사를 실시해 지지율을 끌어올릴 수 있다. 바람직한 조사는 일단 할당 표집된 자료를 대상으로 며칠이 걸리더라도 다시 반복하여 전화를 연결하여 면접을 성공시켜야 한다. 이것이 조사의 기본이다. 그런데 현실은 5~6시간 내에 조사를 종결시켜야 한다. 할당된 표집 자료가 아닌 또 다른 자료를 이용하더라도 샘플 수를 채워야 하는 것이다. 이런 무리한 조사를 강요하는 조사 의뢰자의 태도가 변해야 한다.

4) 여론조사 회사의 문제 어떻게 풀어야 하나

이러한 여론조사의 문제를 극복할 수 있는 길은 조사 단가의 현실적 상향조정, 회사 설립요건이 강화, 여론조사 회사의 조사의 질적 향상 노력, 조사 의뢰자의 인식이 변화에 있다. 그러나 현실은 다르다. 조사 단가의 현실화는 쉽지 않다. 심지어 컴퓨터를 이용하여 음성녹음 재생방법을 통하여 이루어지는 여론조사(일명 ARS조사)의 경우는 1,000샘플 조사 단가가 100~300만원 수준이다. 그리고 조사시간도 하루에서 이틀이면 가능하다. 그러다보니 지난 2012년 지방선거 당시 '중앙여론조사공정심의위원회' 홈페이지에 등록된 선거여론조사는 총 816건으로, 이중에서 ARS 방법으로 실시한 여론조사가 458건으로 56.1%에 달했다. 특히 기초단체장 선거의 경우는 ARS조사가 311건으로 그 비율이 79.7%였다. 피조사자 선정방법은 유선 RDD방식이 64.1%로 압도적이었다.

업계 관계자에 의하면 통계적인 기본에 충실한 전화면접 여론조사를 하기 위해서는 적어도 1,000명 유효샘플 조사에 3,000~4,000만원의 조사비가 적절하다는 것이다. 그러나 우리의 현실은 1,000만원에도 못 미치고 있다. 그렇다면 제대로 된 여론조사를 기대하는 것이 비현실적이라는 느낌이 들 수밖에 없다. 이렇게 영세한 조사환경이다 보니 미국 등에서 보편화한 CATI(컴퓨터를 이용한 전화면접) 시스템을 갖춘 회사도 소수에 불과하다. CATI는 면접원의 성실도에 따라 조사결과가 달라지는 현상을 줄이고 조사과정을 자동으로 기록해 언제든지 검증할 수 있도록 하는 조사시스템이다. 여론조사의 질을 한 단계 높이려면 투자가 필요하다.

우리 정치에서 후보 결정에 까지 여론조사를 활용하는 형편이 되었다. 그리고 언론의 여론조사 결과 보도의 영향력은 날로 커가고 있다. 사정이 이렇다보니 언론사의 긴급한 여론조사 요구가 끊이지 않는다. 여론조사 회사는 이러한 언론의 요구에 응할 수밖에 없다. 여론조사의 질적 향상을 위해 언론사에게 자제를 요구할 수 없는 것이 오늘 한국 여론조사회사의 현실이다. 여론조사 의뢰자의 인식 전환이 필요하나 현실적으로는 그 변화가 쉽지 않아 보인다.

이런 의뢰자나 여론조사 회사의 무책임함과 시장원칙에 어긋나는 싼 값으로 생산되는 여론조사가 우리 사회를 이끌어갈 공직 후보를 선출하는데 큰 역할을 하고 있다. 이런 현실을 우리는 언제까지 두고만 볼 것인가? 여론조사 회사를 설립 운영하는데 필요한 최소한의 자격요건과 조사비용의 현실화가 시급하다. 그리고 여론조사의 객관성과 정확성을 보장하기 위해 충분한 조사 시간이 요구된다. 이런 사실을 모른 채 지나쳐서는 안 된다. 민주주의가 위협을 받고 있다.

〈TIPS〉

확률표본 추출과 비확률표본 추출

1. 확률 표본 추출

모집단에 속한 연구대상이 표본으로 선정될 확률이 결정되고 "0"이 아니도록 표본을 추출하며, 조사의 의도가 추출과정에 개입되지 않도록 하는 방법을 말한다.
  • 장점: 표본의 모집단의 대표성이 높다. 표본추출 오류 계산이 가능하다. 그리고 추계 통계기법 적용이 가능하다.
  • 단점: 모집단을 구성하는 요소들의 목록을 확보하기 어렵다. 비용이 많이

든다. 높은 수준의 표본 추출기법이 요구된다.

1) 단순 무작위 표본추출

각 표본 추출단위가 추출될 확률이 사전에 알려져 있고, 동일하며, "0"이 아니도록 표본을 추출한다. 이해하기 쉽고, 자료 분석 결과가 사전에 정해진 허용오차 내에서 모집단에 대한 대표성을 가질 수 있다. 그러나 모집단을 구성하는 요소들의 목록을 확보하기 어렵다.

2) 층화 표본추출

모집단이 다수의 그룹들로서 구분될 수 있는 경우, 각 그룹에서 무작위로 표본을 추출한다. 모집단에 대한 표본의 높은 대표성을 확보할 수 있다. 표본의 각 층을 비교하여 모집단의 각 층의 차이점을 추정할 수 있다. 그러나 조사하고자 하는 특성과 관련하여 모집단에 대해서 모르면 이 방법을 사용할 수 없다.

3) 군집 표본추출

모집단이 여러 개의 소그룹들로 구성되어 있으며, 각 그룹이 그룹들 간에 유사한 경우 한 그룹 전체를 표본으로 추출하거나 한 그룹 내에서 확률표본을 추출하는 방법이다. 장점은 비용 경제성과 실행의 편의성에 있다. 모집단을 구성하는 그룹들이 여러 유형인 경우 각 유형에 속하는 하위그룹들 각각에서 표본을 추출해야 한다.

4) 체계적 표본추출

표본 추출 단위들 간에 순서가 있는 경우 일정한 표본 추출 간격으로 표본을 추출하는 방식이다. 비교적 손쉬운 방법으로 무작위성이 확보된 표본을 추출할 수 있다. 모집단이 어떤 패턴을 가질 경우 표본을 추출할 때 매우 유의해야 한다. 모집단 크기가 무한이거나 알려지지 않은 경우 표본 추출 간격을 알 수 없다는 한계가 있다.

2. 비확률 표본 추출

각 표본 추출 단위가 표본으로 추출될 확률이 사전에 알려지지 않고 조사자의 의도가 표본 추출 과정에 개입된 방법으로 추출한 표본은 확률 표본 추출보다 대표성이 낮으나 비용과 시간이 적게 드는 장점이 있다.

• 장점: 비용과 시간이 적게 드는 경향, 높은 수준의 표본 추출 기법이 적용되지 않는다.

• 단점: 표본의 모집단 대표성이 낮다. 표본의 표본 추출 오류 계산이 불가능하다. 추계 통계기법 적용이 불가능하다.

1) 편의 표본 추출

편리한 장소와 시간에 접촉하기 편리한 대상들을 표본으로 추출하는 방식. 적은 비용과 시간으로 조사 대상 확보가 가능하다. 엄격한 분석결과를 획득하지 못하지만 개괄적 정보를 획득할 수 있다. 그러나 표본의 모집단 대표성이 낮은 한계점이 있다.

2) 할당 표본 추출

인구통계적 특성, 거주지 등의 측면에서 사전에 정해진 비율에 따라 구성원들을 할당하는 방식이다. 모집단에 대한 대표성이 단순무작위 표본에 비해 높다고 볼 수 있다. 그러나 모집단의 인구통계적 특성 등에 대한 사전 지식이 필요하다.

3) 판단 표본 추출

조사 목적에 적합하다고 판단하는 구성원들을 표본으로 추출하는 방식. 표본에 해당하는 분야의 전문가로서 실제로 유용한 정보를 제공할 수 있는 경우 유용하다. 실제로 모집단의 대표성은 평가할 수 없는 한계점이 있다.

4) 눈덩이 표본 추출

적절하다고 판단하는 조사 대상자들을 선정한 다음 그들이 다른 조사대상자들을 추천하도록 하는 방법. 모집단 구성원들 중 극소수 이외에는 적절한 표본을 판단할 수 없는 경우 사용한다. FGI와 같은 비계량적 조사에서 흔히 사용될 수 있다. 하지만 조사대상자들 간에는 동질성이 높을 수 있으나 모집단과는 매우 다른 특성을 가질 수 있다.

(3) 여론조작의 가능성 문제

여론조사 조작은 단순히 여론조사 결과를 조작하는 좁은 의미의 여론조작과, 여론조사 기획 단계부터 언론보도에 이르기까지의 제반 환경을 특정인에게 유리하게 만드는 넓은 의미의 여론조작으로 크게 나눌 수 있다. 경쟁상대가 있는 선거여론조사에서는 여론조사 결과로 공직후보를 선출하는 등 그 자체가 가지는 의미가 막중하다. 단순한 숫자조작은 거의 현실적으로 일어나기 힘들다. 그러나 여론조사 전반에 걸친 조사환경과 결과보도를 이용한 유권자 조작은 여전히 가능하다. 특정 정치인과 언론사(사주), 여론조사 전문가, 그리고 여론조사 회사의 담합으로 여론조작이 가능하며 이러한 여론조작이 실제로 일어나고 있으며, 앞으로도 있을 가능성이 크다. 여론조사 결과의 위력이 너무 막중하여 그만큼 조작에 대한 유혹이 커지기 때문이다.

여론조사 조작은 조사 기획 단계부터 가능하다. 특정 정치인이나 언론사에서 기획단계에 특정후보에게 유리하거나 불리한 설문 작성(예를 들어 지지도로 묻느냐 선호도로 묻느냐 등)이나 대상자 선정(특정 후보 지지자를 제외, 여당 지지자 제외 등)에 개입할 가능성이 크다. 그리고 조사 실사 과정에서 어떤 시간대에 조사하는지, 최초 표본을 대상으로 재접촉을 실시하는지의 여부, 응답 거부자는 어떻게 처리할 것인가 문제가 된다. 또한 면접원의 숙련도가 여론조사 객관성과 신뢰성에 문제가 생길 수 있다. 언론에서 결과보도를 할 경우에도 특정 정치인이나 언론사의 이해관계에 의해 '프레이밍이나 의제설정, 점화효과'를 노리는 보도가 행해질 수 있다(그림 10).

이를 좀 더 자세히 살펴보자. (그림 10)에서 보면 여론조사 기획 단계에서 특정 정치인이나 언론사의 의도가 반영될 가능성이 있다. 이러한 의도는 특히 설문작성과 대상자 선정 단계에서 특정 후보에게 유리한 설문내용(예: 지지 또는 선호도)이나 특정 후보에게 유리한 대상자 선정으로 나타날 수 있다.

(그림 10) 여론조사 결과 보도에 영향을 미치는 변수

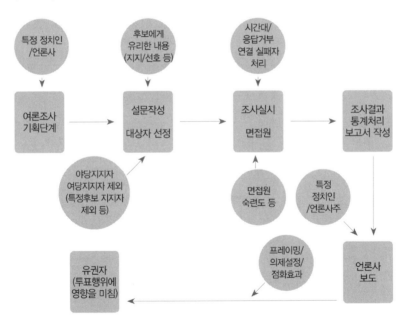

다음으로는 조사실사 단계에서 조사 방법상의 문제로, 면접원

의 숙련도와 의도적 유인 질문에 따른 쏠림현상과 조사 방법상의 재접촉 여부가 여론조사의 정확성에 영향을 미친다. 특히 재접촉 시도 여부는 조사의 객관성을 확보하는데 아주 중요하다. 조사를 마친 자료는 통계프로그램이 통계 분석을 수행하게 되므로 비교적 객관적으로 처리될 것이다.

　마지막 단계는 언론의 여론조사 결과 보도다. 이 단계가 유권자와 접촉하게 되는 최초 접점이 된다. 직접 유권자와 접촉하게 되는 만큼 영향을 미치고자 하는 유혹도 많아지게 된다. 언론은 프레이밍 효과를 통해 의제설정과 점화효과를 노리고자 할 수도 있을 것이다. 학자들의 연구결과에 의하면 언론의 여론조사 결과 보도는 유권자들의 투표행태에 영향을 미치는 것으로 조사되었다. 특히 미국의 예비선거와 같은 우리나라의 정당의 당내 경선의 경우는 언론보도에 영향을 많이 받는 것으로 나타났다. 언론이 자기의 이익을 위해 특정인을 선호하는 현상이 최근 각종 선거를 통해 확인되고 있다. 선거에서 의도된 언론의 여론조사 결과 보도가 유권자의 투표 행태에 미치는 영향력이 생각보다 더 크다.

2. 여론조사 결과 보도행태 분석

(1) 여론조사 결과 보도와 투표행태 관련성

1) 누가 언론사의 여론조사 결과 보도에 영향을 미치나

여론조사 결과 보도와 관련된 행위자들은 첫째, 여론조사 결과에 직접적인 영향을 받는 정치인(후보자)이다. 둘째, 여론조사 결과를 중요한 정보로 활용하고 또 이를 적절히 보도함으로써 정치적인 영향력을 행사하고자 하는 언론을 들 수 있다. 셋째, 여론조사를 실시하여 직접적으로는 경제적인 수입을 얻고, 간접적으로는 영향력을 행사하고자 하는 여론조사회사다. 마지막으로 이러한 여론조사와 그 결과 보도에 대해 계획하고 실천할 전문가 그룹(선거 전략 전문가, 언론전문가, 여론조사 전문가, 홍보전문가 등)이다.

선거 출마(예상) 정치인

여론조사 결과 보도의 행위자로서 선거출마 예상자(정치인)의 경우를 2007년 한나라당 경선 사례를 예로 들어보자. 당시 이명박 전 서울시장은 오래 전부터 대권도전을 꿈꾸고 이를 준비해 왔다. 이러한 사실은 그동안 이런 저런 일들로 널리 알려졌던 사실이었다. 서울시장 자리도 사실은 대권을 향한 단계였다. 당시 한나라당 대통령 후보 선출규정에 의하면 대통령 선거일 6개월 전까지 경선을 치르게 되어있고, 경선 방법 속에는 여론조사가 들어있었다.

2004년 말 이명박 서울시장 진영에서는 이 무렵 이명박 시장이 예상후보 4위를 기록하고 있는 여론조사 결과를 심각한 사태로 받아들였다. "당 조직을 장악하고 있는 박근혜를 이길 수 있는 방법은 외곽에서 바람을 일으켜 당 내부로 지지 세력을 확장해 들어가야 하는데 여론조사가 4위라니… 이를 극복할 기회는 2005년 1월 초 일제히 발표되는 언론사 신년 여론조사 특집에 달려 있었다. 우선 1월 신년 여론조사에서 3위로, 그리고 4월경에는 박근혜를 앞서고, 늦어도 추석을 전후해서 1위로 올라가야 2007년 경선에서 이길 수 있다"라고 생각했을 것이다.

이러한 상황이라면 여론조사 대책반을 만들어서 현실을 극복하고, 앞서는 여론조사 결과를 만들어 가기 위한 계획을 적극 추진할 수도 있었을 것이다. 정치인(후보)에게는 여론조사가 선거를 좌우할 만큼 중요한 변수가 되었기 때문이다.

언론사

민주화 이후 정부의 언론 통제는 많이 완화되었다. 그러나 김대중 대통령의 국민의 정부에 들어서자 언론과 정부 간의 정파적 대립이 시작되었다. 그 결과, 1998년 한화그룹에서 분리되어 사원주주제로 소유구조가 바뀐 경향신문은 진보로 전환된 정치적 지향성을 내기 시작하였다. 그리고 정부소유의 서울신문은 김대중 정부와 노선을 같이하면서 조선·중앙·동아일보(조·중·동)와 한겨레, 경향신문, 서울신문이 각각 상대적으로 보수와 진보 진영을 대표하게 되었다. 이후 참여정부에 이르러서는 언론 간 정파적 대립이 더욱 심화되었을 뿐만 아니라 대통령과 보수 언론 간의 갈등이 직접적인 형태로 나타났다. 노무현 대통령은 임기 내내 보수 언론과의

'전쟁'을 선포하고 적대적인 관계를 보였다.

이러한 정부와의 갈등관계를 경험한 보수 언론은 무엇보다도 2007년 대통령선거에서 보수 후보가 당선되어야 한다는 생각을 가지게 되었다. 그들의 생존에 결부되는 일이기에 더욱 그러했다. 언론의 사활이 걸려있다고 생각했던 '종합편성방송(종편)' 허가를 앞두고 있는 시점이기도 했다. 보수 성향의 후보 이명박, 박근혜 중 누가 가장 당선가능성이 높고 또 보수 언론사에게도 더 우호적일까? 이것이 당시 보수 언론사의 관심사였다. 선거여론조사 결과 보도가 언론사에게도 이익과 관련한 중요한 권력 획득 수단이 되었다.

여론조사회사

2002년 16대 대선 당시 노무현과 정몽준의 후보 단일화에 여론조사를 적용한 이후 대통령 후보뿐만 아니라 각종 선거에서 공직 후보를 결정하는 수단으로 여론조사가 채택되었다. 여론조사회사들은 경제적인 수입 면에서, 또한 정치에 대한 그들의 영향력을 높이는 계기가 된다는 점에서 한껏 고무되어 있었다.

게다가 선거는 규제중심의 공직선거법에 의해 치러지게 되었다. 출마하는 후보가 자기를 유권자에게 알리는 방법이 10여일 밖에 되지 않는 선거기간 중에만, 그것도 극히 제한된 형태로 허용되었다. 이런 상황에서는 언론보도를 통해 후보를 알리는 방법이 가장 강력하고 효율적이다. 그렇다면 언론을 통한 자신에게 유리한 여론조사 결과가 보도되는 것이 후보자들에게는 무엇보다도 홍보를 위한 효율적인 방법이 아닐 수 없다. 이것은 선거에 관심이 있고 경험이 조금이라도 있는 사람이라면 당연히 생각할 수 있는 것이다.

때를 맞이한 여론조사 회사들은 이런 좋은 기회를 놓치지 않았다. 자신들이 개입하고, 영향력을 높일 수 있는 절호의 기회를 놓치지 않고, 적극적으로 활용하려는 시도가 있을 수밖에 없었다.

선거 전문가

우리 사회는 점점 다양한 집단이 복잡한 이해관계로 갈등하는 사회가 되었다. 교육수준이 높아진 대중의 기호를 맞추는 것이 정당의 중요한 과제가 되어 갔다. 이러한 현상은 필연적으로 정당조직의 약화로 이어졌고, 우리 선거환경에 고도로 발달한 매스 미디어를 활용한 정치커뮤니케이션 시스템의 도입에 맞춘 새로운 전문가들이 등장하게 되었다.

선거 캠페인 전문가, 홍보 및 미디어 전문가, 언론전문가, 여론조사 전문가 등이 정당과 선거캠페인 본부의 핵심세력으로 자리잡기 시작하였다. 특히 노무현-정몽준 후보 단일화 이후 이들은 일반 여론의 선호와 지지 행태에 주목하게 되었고 유권자들에 대한 여론조사의 중요성을 인식하게 되었다. 파네비앙코 같은 학자는 선거전문가들이 중심이 되는 선거전문가 정당이 앞으로 대중정당을 대신하게 될 것이라고 예측하고 있다. 선거전문가 정당은 유권자 및 여론에 호소하는 선거정당의 성격을 강하게 띠게 될 것이라고 그는 말하고 있다. 파네비앙코는 선거운동이 과거처럼 조직과 당원, 핵심지지자들에 의해 주도되는 것이 아니라, 매스 미디어라는 통로를 통해서 매스 미디어를 잘 다루는 전문가들에 의해서 효과적으로 디자인된 선거 메시지와 이슈에 의해서 지배될 것으로 예측한다. 우리나라에서도 선거여론조사와 관련하여 선거전문가들의 역할이 나날이 커지고 있다.

2) 여론조사 결과 보도가 유권자의 태도에 어떤 영향을 미치나

여론조사 보도와 투표행태

여론조사는 오늘날 선거 기간에 뉴스 미디어를 통해 적절히 활용되면서 여론을 반영하고 형성하는데 그 영향력을 행사하고 있다. 선거여론조사 보도는 유권자들이 선거 구도와 환경을 이해하고 여론의 추이를 관찰하는데 필요한 양적 정보를 제공해 줌으로써 유권자들이 투표 행태에 영향을 미치고 있다. 선거과정이라는 특정 상황 속에서 여론조사 결과는 언론매체에 의해서 거의 매일 다루고 있는 중요한 정보라고 할 수 있다. 언론매체의 보도를 통해서 여론조사는 한 사회 내에서 다수의 의견을 집합적으로 보여줌으로써 특정 사안에 대한 사회적 함의를 개인들에게 뚜렷하게 보여준다.

'다수의 의견'을 하나의 근거로 사회적인 의견형성 과정에서 '다수'가 어떤 결과를 낳을 수 있을 것이라는 예측을 하게 만드는 것이다. 매체를 통하여 제공되는 선거여론조사 결과는 후보들의 당선 가능성 정보로 작용할 것이며, 지지후보의 선호도와 함께 당선 가능성도 후보 결정기준으로 고려할 수밖에 없게 된다. 그러므로 개인들에 의해서 '다수의 의견으로 인식된 여론은 집단의 의사결정에 영향'을 미칠 수 있다.

그런데 여론조사의 결과 보도가 유권자들에게 합리적인 판단을 제공하기 보다는 의도된 프레이밍 효과에 의해 어떤 방향으로 유도할 수도 있다는 점에 문제가 있다. 다음에서 여론조사 결과 보도가 유권자의 투표 행태에 미치는 영향에 대해 알아보자.

여론조사 결과 보도와 투표 행태의 연관성 연구 사례

실증적인 연구 결과를 보면 여론조사 결과의 보도는 유권자의 투표행태에 영향을 미칠 수 있는 것으로 나타났다. 다음은 여론조사 결과의 보도에 노출된 유권자와 그렇지 않은 유권자들이 선거에서 후보를 지지하는데 있어서 어떤 차이를 보이는지에 대해 연구한 연구결과 내용이다. 국내에서 조사된 사례와 미국의 사례를 살펴보자.

• 사례 1) 국내 연구

여론조사의 결과 보도가 유권자에게 영향을 미치는가를 살피기 위해 지방선거를 앞둔 1995년, 김원용과 이홍철(1995)은 부산지역에 거주하는 20세 이상의 성인남녀 800명을 대상으로 표본 조사를 실시하였다. 당시 부산시장에 출마한 후보에 관한 여론조사였다. 조사대상자를 4개의 독립적인 집단으로 나누어, 각각 후보 지지율에 관한 다른 정보를 주었다. 첫 번째 집단은 문정수 후보가 노무현 후보를 앞선다는 정보를 주었고, 두 번째 집단은 노무현 후보가 앞선다는 정보, 세 번째 집단은 두 후보가 백중세라는 정보를, 그리고 네 번째 집단에게는 아무런 사전 정보도 주지 않았다.

여론조사 보도의 영향력을 측정하기 위해 사용한 변수는 후보 지지와 당선 가능 후보를 선택하게 하는 문항이었다. 후보 지지문항은 "만약 내일 당장 부산시장선거가 실시된다면, OOO님은 문정수, 노무현, 김현옥, 배상환 후보 중, 어느 후보에게 투표하시겠습니까?"였다. 그리고 당선 가능 후보 문항은 "그럼 OOO님께서 보시기에 부산시장으로 어느 후보가 당선될 가능성이 가장 높다고 보십니까?"라는 내용이었다.

분석결과에 의하면, 발표된 여론조사결과와 일치하는 방향으로 후보 지지율이나 당선 가능성 후보를 선택하는 것이 같이 움직이는 것으로 나타났다. 또한 자신이 알고 있는 사전 정보와 여론조사결과가 일치하는 경우에 이런 동조효과는 더욱 증폭된다는 점을 보여 준다. 연구를 이끌었던 김원용은 "이런 결과는 이론적인 측면에서 뿐 아니라, 현실적인 측면에서도 매우 시사점이 높다"고 결론 내리고 있다.

이 연구결과는 선거와 직접적으로 관련된 정치인에게는 더욱 실질적인 의미를 지닌다. 즉 이 연구는 여론조사결과를 언론이나 구전홍보를 통해 유권자들에게 전달할 경우, 편승효과나 패배자효과가 발생할 수 있다는 점을 보여주기 때문이다. 선거 전략에서 가장 중요한 점은 바로 편승효과의 발생을 유도하는 것이다. 그런 점에서 여론조사결과에 관한 정보는 후보자에게 선거 전략의 핵심적인 자원으로 사용될 가능성이 높다.

• 사례 2) 해외 사례

다른 자료를 살펴보자. 1988년 미국 대통령 선거 기간 중에 여론조사의 영향력을 살피기 위해서 노스웨스턴대학 여론조사 연구소가 다음과 같은 조사를 실시하였다. 이 조사는 미국 전역에서 확률 표집된 1,103명의 성인을 대상으로 두 차례에 걸쳐서 패널조사로 진행되었다. "오늘이 선거일이라면 어느 후보에게 투표하시겠습니까?"라는 표준 질문을 하면서, 무작위로 응답자들을 반으로 나누어서 각각의 집단에게 다른 방식으로 질문을 던졌다. 절반의 응답자에게는 최근의 언론매체에 보도된 여론조사 결과에서 어느 후보가 앞서가고 있다는 것을 알려준 다음에 "오늘이 선거일이라면…"이라는 표준 질문을 했다. 그리고 다른 집단의 응답자들에게는 언론매체의 여론조사 결과 보도에 대한 언급을 하지 않은 채 질문을 했다.

연구결과 유권자들은 지지후보를 결정하는 데 여론조사 결과 여부에 따라서 상당히 많은 영향을 받는 것으로 나타났다. 이 연구결

과는 여론조사에서 승리를 보이는 후보 쪽으로 유권자들의 투표의
향이 변하는 '승자편승효과(bandwagon effect)'를 보여주고 있다. 특
히 유권자들의 교육 정도가 낮거나, 유권자들이 특정 후보자에 대해
서 강한 지지도를 보이지 않을 경우에는 더 큰 영향력을 행사했다.

이러한 승자편승효과에 의하면 사람들이 특정 후보자의 높은
인기와 이길 가능성을 지각하면, 이는 그 특정 후보에 대한 투표로
이어진다는 것이다. 특히 대안적 단서가 제한되어 있는, 정보가 별
로 없는 정치적 상황에서 여론 조사에 관한 정보의 효과는 더욱 잘
나타난다. 또한 여론 조사에 의한 승자편승 반응은 사람들의 선호
도가 약할 때 더 자주 나타난다. 특히 선거 여론 조사 효과의 경우,
'정보 수준이 매우 낮고 불확실성이 매우 높은 기간'에 더 큰 영향
력을 나타낸다고 학자들은 주장한다. 이런 연구결과에 의하면, '미
국의 예비 선거 기간이나 이와 유사한 한국의 당내 경선의 초기'의
여론조사 결과 보도는 유권자의 성향결정(후보선택 등 투표행태)에
큰 영향을 미칠 잠재력을 갖는다 할 수 있을 것이다.

〈TIPS〉

밴드 웨건 효과/ 언더 독 효과 / 침묵의 나선이론
밴드 웨건 효과(Band Wagon Effect)

밴드 웨건은 미국에서 축제 등에서 펼쳐지는 행렬의 가장 앞에서 밴드를 태우
고 행렬을 이끌며 흥을 돋우는 역할을 하는 마차나 자동차를 가리킨다. 밴드 웨
건 효과는 정치학과 경제학에서 각각 쓰이는 의미가 다르다. 정치학에서는 선거

운동이나 여론 조사 등에서 우위를 점한 후보 쪽으로 유권자들이 쏠리는 현상을 말한다.

경제학에서 밴드 웨건 효과는 다른 사람의 소비 행태에 영향을 받는 소비자들의 모습을 가리키는 말이다. 어떤 재화나 상품에 대해 사람들의 수요가 많아지기 시작하면, 이런 경향을 쫓아가는 새로운 소비자들이 나타나 수요의 증가를 가져오는 현상을 밴드 웨건 효과라고 부른다. 밴드 웨건 효과는 유행을 따르거나, 주위 사람들과의 관계에서 배제되지 않기를 원하는 사람들의 심리에서 유발되는 현상이라고 할 수 있다.

정치학에서 쓰이는 밴드 웨건의 대표적인 사례는 여론조사에 편승하는 유권자들의 행동이다. 선거기간동안 누구를 선택해야 할지 미처 결정을 내리지 못한 경우, 여론조사 결과에 따라 지지율이 높은 후보를 선택하게 되는 현상을 뜻한다. '다수의 선택이니, 나도 따라 가겠다'라는 심리 때문에 우세한 후보자에게 표가 몰리는 현상이 발생한다.

이러한 현상 때문에 예비후보자들 사이에서는 서로 자신의 여론조사 지지율이 높다고 주장하며 각종 조사 결과를 내놓곤 한다. 또한 실제 여론조사 결과보다 높은 지지를 받고 있다고 주장하며 높은 지지율을 앞세워 자신을 홍보를 하는 경우도 많이 있다.

언더 독 효과(Underdog Effect)

이 말은 개 싸움에서 유래되었다. 절대적인 강자(topdog)가 존재 할 때 상대적으로 약자가 강자를 이겨주기를 바라는 현상을 말한다. 선거에서 여론조사 결과에서 지지도가 낮은 후보자에게 동정표를 주는 현상이 나타난다. 앞서 살펴보았던 '밴드 웨건 효과'와는 정반대로 작용하는 유권자들의 심리로, 이로 인해 약세 후보자의 지지도가 올라 선거판세가 바뀌는 상황이 발생하기도 한다. 때문에 언더 독 스토리(가난하고 초라했으나 역경을 딛고 일어나 이렇게 성공했다)를 내세우는 것은 감성이 영향을 미쳐온 한국 선거판의 단골 메뉴이기도 했다.

침묵의 나선이론 (the Spiral of Silence theory)

독일의 여성 커뮤니케이션 학자 엘리자베스 노엘레-노이만이 제시한 이론으로 "인간들은 자신의 의견이 사회적으로 우세하고 지배적인 여론과 일치되면 그것을 적극적으로 표현하지만, 그렇지 않으면 침묵을 지키는 성향이 있다"는 것이다. 그리고 매스 미디어는 여론형성에 강력한 효과를 미치고 있다고 그녀는 주장한다. 그 이유는 '누적성, 편재성, 공명성' 이 세 가지 특성에 있다고 보았다.

첫째, 누적성이란 여러 가지 메시지들이 오랜 기간 계속해서 쌓여 간다는 것을 의미한다. 둘째, 편재성이란 매스 미디어가 모든 곳에 널리 보급되어 사람들의 생활 속에 깊숙이 파고 들어가 있음을 뜻한다. 셋째, 공명성이란 하나의 사상이나 이슈에 대한 '통일된 상(像)'이 매스 미디어를 통해 수용자들에게 제공되고, 이러한 공명성이 수용자들이 매스 미디어의 주장을 그대로 받아들이게 한다는 것이다.

침묵의 나선이론의 기본 가정은 크게 '여론 형성'과 '매스 미디어 형성'과정으로 나누어 볼 수 있다. 먼저 여론 형성과정을 살펴보면, 대부분의 인간들은 다른 사람들이나 사회로부터 고립되는 것을 회피하는 경향이 있다. 그렇기 때문에 자신의 견해가 덜 우세하거나 열세해지는 견해에 속한다고 믿게 되면 침묵을 지키려는 성향을 갖게 된다는 것이다. 지배적인 견해는 더욱 표현되는 반면, 열세한 쪽에 속하는 견해는 침묵되는 경향은 나선형적 과정을 통하여 점증적으로 어떤 의견을 우세하고 지배적인 여론으로 형성시킨다.

이러한 개인들의 지각과 함께 여론형성에 중요하게 영향을 미치는 요인이 매스 미디어와 대인적 지지다. 매스 미디어는 여론의 형성과정에서 어떤 것이 당시의 지배적인 견해 또는 여론인가를 개인들에게 지각시켜 주기 때문에 여론 형성과정에서 중요한 영향을 미친다. 노엘레-노이만에 의하면, 사람들은 개인적 영역 밖의 문제에 대해서 사실을 알기 위해 또는 의견의 분위기를 알기 위해 거의 전적으로 매스 미디어에 의존한다. 그렇기에 오늘날 매스 미디어는 일반 대중의 지배적인 공공 정보원이다.

또한 개인들의 어떤 의견에 대한 다른 사람들로부터의 대인적(對人的) 지지는 매스 미디어와 함께 여론의 형성과정에 중요한 역할을 한다. 이러한 대인적 지지의 영향은 매스 미디어의 그것과 반비례한다. 만약 매스 미디어가 어떤 견해를 지배적인 여론으로 내세우면 그에 따라 반대 견해에 대한 대인적 지지는 점점 줄어들어 지배적인 의견을 표현하는 개인들의 수는 나선형으로 점점 증가한다. 동시에 그 반대로 반대적인 의견을 표현하지 않고 침묵하는 사람들의 수는 나선형으로 점점 증가한다. 결과적으로 매스 미디어에 의해서 결과적으로 매스 미디어에 의해서 지배적인 것으로 정의되는 의견이 실제의 지배적인 여론으로 수립된다는 것이다.

3) 언론 보도 분석과 미디어 프레이밍 이론

프레이밍 이론(framing)

사회학자 어빙 고프만(Erving Goffman)에 따르면 프레이밍은 어떤 사건을 관찰해서 이해하는 과정이다. 프레이밍은 경험의 조직화 같은 것으로, 개인은 각기 다른 자신의 프레임(frame)을 가지고 있기 때문에 사건에 대한 각 개인의 관점은 사람에 따라 다를 수밖에 없다. 결국 프레이밍 이론의 골자는 해석의 스키마타(schemata of interpretation)[7]에 관한 것이며, 개인은 이런 스키마타를 이용해 주위 환경으로부터 다가오는 정보를 발견(locate), 인지(perceive), 동일화하거나(identify) 유목화(label)하게 된다.

언론인도 한 사건을 관찰하고 해석하는데 있어 자신의 뇌리에 존재하는 카테고리, 즉 해석의 스키마타를 이용하게 마련이다. 이 같은 맥락의 미디어 프레이밍 이론은 미디어가 현실의 특정 측면

---

7) 스키마타 (schemata, 도식) – 인간의 정신적 구조를 지칭하는 개념으로 피아제에 의하여 구체화되었다. 스키마타를 활용하여 주변 환경의 자극에 대하여 적응하게 된다. 주변의 사건을 조직화하고, 공통된 특성에 따라서 구분하는 기능을 담당한다.

을 무시(또는 경시)하는 반면 다른 측면을 선택하고 강조해 제시하는 기능이다. 이처럼 미디어는 뉴스를 제공할 때 일정한 틀을 도입함으로써 수용자들로 하여금 어떤 메시지를 유목화해서 해석하고 평가하도록 하는 역할을 하고 있다.

프레이밍은 뉴스가 하나의 유기적인 이야기로서 조직되는 방식이다. 즉, 언론은 보도를 통해 독자 및 시청자에게 특정 이슈나 사건에 대한 생각의 틀을 제공한다. 특히 담론적 영향으로 부각되는 프레임은 어떤 방식으로든 그들이 원하는 방식으로 수용자들의 인식을 조종하려 한다. 뉴스 프레임은 인식적 차원에서 사회적 행위와 상호작용하는 것으로 바라볼 수 있다. 개개인들은 어떤 사회적 문제에 대해 자신들이 가지는 정신구조를 사용하여 정치쟁점에 반응하려고 한다. 언론은 수용자들이 어떠한 지식을 가지기 이전에 특정 프레임을 통해 이미 정보에 대한 처리방식을 결정하도록 유도하기도 한다.

의제설정 이론
또한 미디어는 반복보도 기능을 통해 공중의 뇌리에 특정 이슈의 중요성을 부각시키는 능력을 가지고 있다. 즉 미디어는 수용자가 사회에서 어떤 의제가 더 중요하고 어떤 의제가 덜 중요한지 여부를 판단하는데 영향을 미친다. 미디어의 정보제공은 특정한 방향성이나 패턴을 보임으로써 유목화 기능을 할 뿐만 아니라 한걸음 더 나아가 공중들로 하여금 어떤 의제가 더 중요하고 덜 중요한

지를 판단하게 하는데도 영향을 미친다.

즉 의제설정이론은 미디어가 정보와 의견의 단순한 조달자가 아니라 그 이상이라고 본다. 이 이론은 미디어는 사람들에게 '무엇을 생각할 것인가(What to think)'를 말해 주는 데에는 항상 성공적이라고 말할 수는 없겠지만, '무엇에 대하여 생각할 것인가(What to think about)'를 말해주는 것에 대해서는 놀랄 만큼 성공적이라고 주장한다. 미디어 편집자들은 독자들이 원하는 것을 단순히 게재, 인쇄할 뿐 아니라 실제로는 독자들에게 특정 사건에 대한 주목을 요구하고 있으며, 그 결과 독자들이 무엇에 대해 생각할 것인가를 결정하는데 강력한 영향을 미치고 있다.

가장 최초로 의제설정이란 용어가 붙여진 연구는 1968년 미국 대통령 선거 기간 동안 노스캐롤라이나 주의 채플힐(Chapel Hill) 시에서 이루어졌다. 채플힐 연구의 주요 가설은 미디어가 선거 캠페인에 관한 주요 이슈들의 의제를 강조하면 결국 유권자들이 중요하게 생각하는 의제에도 영향을 미친다는 것이다. 특히 아직 어느 후보를 선택할지 결정하지 못한 부동층을 대상으로 가장 중요한 이슈가 무엇인지를 묻는 질문에 대해서는 미디어에서 강조한 의제와 응답자들의 의제 간에 매우 높은 상관관계가 나타났다(+.979). 이는 채플힐 유권자들이 중요하다고 생각한 이슈들이 당시 몇 주간의 미디어에서 강조한 이슈들과 거의 일치한다는 것을 보여주는 것이었다.

그 이후 의제설정 연구는 같은 연구자들에 의해 노스캐롤라이나 주 샬럿(Charlotte) 시에서, 1972년 선거기간 중 좀 더 장기적인 연구기간 동안 이루어졌다. 이들은 샬럿 연구를 통해서 앞선 채플힐 연구보다 방법론적인 차원에서 의제설정효과를 좀 더 과학적으로 측정할 수 있었다. 이후에도 의제설정효과와 관련된 많은 연구가 이어지고 있다.

점화효과 이론

프레이밍 이론이나 의제설정 이론은 미디어가 수용자의 정치참여 과정에 미치는 직접적인 효과에 대해 주목해 왔다. 그러나 미디어 메시지가 수용자를 설득하기 위해서는 수용자들의 뇌리에 잠재해 있는 관련된 생각을 자극함으로써 정치지도자 평가나 투표행위에 영향을 미치는 간접적 설득이 더욱 효과적일 수 있다는 점을 설명하는 데는 의제설정이론 만으로는 부족했다.

슈와츠(Schwattz)는 미디어 메시지가 수용자를 설득하기 위해서는 수용자들의 두뇌에 새로운 메시지를 투입하려하기 보다는 이미 존재하는 관련된 생각을 끄집어내는 것이 더 용이하다고 주장했다. 즉, 수용자를 설득하기 위해서는 수용자의 머리에 새로운 메시지를 넣기 위해 노력하기보다는 수용자 개인이 자신의 뇌리에 이미 저장하고 있는 경험이나 기억을 이용하는 편이 더욱 효과적이라는 것이다.

그러나 수용자는 미디어가 제시하는 가이드라인을 맹목적으로 따르는 것은 아니다. 미디어가 범죄문제를 가장 중요한 의제로 다루어도 공중은 이를 덜 중요하게 인식할 수도 있다. 이 같은 미디어 의제와 공중 의제 간의 불일치는 미디어가 제시한 의제가 공중과 개인의 인지과정을 거치면서 영향을 받기 때문이다.

점화효과이론은 미디어는 어떤 의제와 관련해 공중에게 직접적으로 영향을 미치기 보다는 개인의 뇌리 속에 잠재해 있는 (그 의제와 관련된) 생각을 자극함으로써 특정 정치인에 대한 평가에 영향을 미치는 간접적인 역할을 한다는 점에 주목한다. 예를 들어 미디어는 경제전문가 OOO씨가 대통령으로 적합하다고 주장하는 것이 아니라 경제전문가가 대통령이 되어야 한다고 주장한다. 이러한 미디어의 보도를 보면, 수용자들은 그들의 머리에 이미 저장되어 있고 인식되어 있는 경제전문가 OOO씨를 떠올리게 되어 OOO씨가 대통령으로 적합하다고 인식하게 만든다는 것이다.

점화효과이론은 수용자들이 정치적 사안에 대해 아주 정교한 지식을 가지고 있지 못함은 물론 정치적 결정을 내릴 때 그들이 알고 있는 지식을 모두 고려하지도 않는다고 생각한다. 즉 수용자들은 자신들의 뇌리에 떠오르는 것을 단초로 정치적 결정을 내리게 되는데 이때 중요한 역할을 하는 것이 미디어이다. 다른 사안을 경시하고 특정 이슈에 주목케 함으로써 미디어는 어떤 조건(terms)을 형성하는데 도움을 주며 수용자들은 이러한 조건을 기준으로 정치인에 대한 평가와 같은 정치적 결정에 도달하게 된다는 것이다.

이러한 점화효과는 어떤 이슈에 맞닥뜨렸을 때 복잡한 분석보다는 단순한 방법을 채택하려는 사람들의 두뇌작용 때문에 발생한다. 상대적으로 단순한 방법을 채택하려는 두뇌작용은 인지구조에 축적돼 있는 가장 최근의 가장 접근하기 쉬운 정보에 의존하려는 경향을 낳는다.

미디어 프레이밍

학자들은 미디어 프레임을 "선택과 강조, 배제와 집중을 통해서 맥락을 제공하고, 이슈가 무엇인가를 제안하는 뉴스의 내용들을 종합적으로 결집하는 중심 아이디어/배경을 제시하고, 이슈의 선택과 강조, 배제, 퇴고를 통해 암시된 뉴스 내용의 주요 의미를 조작하는 것"이라고 설명한다.

사회인지론적인 설명에 의하면 유권자는 모든 정보를 감안하여 결정을 내리는 부지런한 존재는 아니다. 대신에 개인이 발전시켜온 정보처리의 지름길을 이용하는 휴리스틱(heuristic)적 정보처리를 할 가능성이 높다. 후보자 개인에 대한 정보는 매우 쉽게 이야기 구조로 통합된다. 이 때문에 후보자 개인의 이미지는 유권자에게 효율적인 휴리스틱스로서 작용할 가능성이 높다. 신문의 뉴스보도가 정치인의 지도력을 강조하느냐 신뢰성을 강조하느냐에 따라 실험 참가자들의 정치인에 대한 지도력과 신뢰성 평가가 영향을 받는 것이 그 한 예다.

사람들은 대통령에 대해 평가할 때 현재적 시점에서 뇌리에 다가오는 정보를 이용해 평가한다. 사람들은 대부분 대중매체를 통해 최신 정보를 얻기 때문에 대중 매체가 특정 이슈를 집중 보도하면 수용자들의 두뇌 작용은 더욱 빈번히 그 이슈에 접근하게 된다. 그 결과로 대통령을 평가해달라는 외부의 요구를 받을 때 그 매체가 제시한 이슈를 기준으로 평가하게 된다.

〈TIPS〉

미디어 프레이밍의 실제 사례 – KAL기 격추 사건에 대한 보도[8]

소련의 대한항공 KAL기 격추사건과 미국의 이란 민항기 격추사건에 관한 미디어 보도 양식은 언론의 프레임 구축에 대해 증명하는 대표적 연구다. 엔트만(Entman)이 위 사건에 대해서 그 특징에 따라 유사한 현실이 서로가 다른 담론으로 제시됨을 밝히는 예를 제시하였다. 소련이 격추한 KAL기 사건은 민간인 희생자를 부각시켜 소련에 대한 국제적 비난 여론을 조성한 반면, 미국의 이란 민항기 격추 사건은 단순한 기술적 실수였음을 부각시켜 자국을 옹호하는 프레임이 있었음을 보여 주었다.

즉 KAL기 사건의 경우 그 사건에 대한 국민적 관심이 매우 높게 유지됨으로써 레이건의 잠재적 반대자들은 침묵을 지키지 않을 수 없었거나 그가 주창하는 '악의 제국'론에 편승해 소련을 적대시하지 않으면 안 되었다. 반면, 이란 민항기 사건에서는 그런 실책을 통해 정치적 영향력을 확보하고자 했던 사람들에 의해 정부와 다른 반대 의견이 제기될 수도 있었다. 그러나 그 사건에 대한 국민의 낮은 관심 때문에 오히려 그런 반대 의견을 차단하려는 백악관의 희망에 부합되는 정치 환경이 조성되는 현상이 발생했다.

엔트만의 KAL기 격추사건에 대한 연구는 언론의 성향 또는 이데올로기에 따라서 특정 사건의 프레임이 달라질 수 있지만, 국가 정책에 따라서도 이미지가 구축될 수 있음을 지적한 연구였다.

---

8) 로버트 엔트만, 『권력의 투사법, 뉴스 프레임 · 여론 · 미국의 대외 정책』 옮긴이: 안병규 (서울: 커뮤니케이션북스, 2013).

(2) 대선관련 여론조사 결과 보도 행태 분석

1) 대선 기간 중 언론보도 현황

제17대 대통령선거 기간(2006~2007년) 중 언론에 보도된 대통령 선거 여론조사 관련 언론보도는 16대 대선에 비해 보도 건수가 크게 증가하였다〈표 16〉. 18대 대선은 17대 대선과 거의 비슷한 보도 건수를 보였다.

〈표 16〉 대선 여론조사 관련 언론보도 현황 (수: 건)

대선 언론사	16대 대선 2001.01~2002.12	17대 대선 2006.01~2007.12	17-16대	18대 대선 2011.01~2012.12	18-17대
문화	846	1,332	486	1,243	−89
한겨레	928	1,247	319	1,418	171
서울	932	1,198	266	1,237	39
국민	878	928	50	1,368	440
내일	−	943	−	218	−725
경향	883	1,296	413	1,681	385
한국	870	1,254	384	1,290	36
동아	892	1,292	400	1,346	54
세계	786	1,061	275	825	−236
(평균)	877	1,172	−	1,181	
계	7,015	10,551	+3,536	10,626	+75
1일 평균	11	17		17	

(※ 한국언론진흥재단(KINDS) 홈페이지 〈미디어 가온〉에서 검색어 "대통령선거〉여론조사," 검색조건 "기사통합검색〉뉴스기사〉전국종합일간신문+TV뉴스"로 검색한 결과로 조선일보와 중앙일보 자료는 제외되었음.)

언론사 중에서는 내일신문이 17대에 비해 18대 대선에서 보도 건수가 크게 감소하였다. 국민일보와 경향신문은 보도 건수가 17대에 비해 18대에 증가하였다.

〈표 16〉은 단순히 '대통령 선거 여론조사'와 관련한 보도 내용이

다. 16대 대선의 경우에는 1일 평균 11건의 여론조사 관련 내용이 보도 된 반면에 17대~18대에는 17건이 보도되었다. 가히 여론조사 관련 보도의 홍수 속에 우리 사회가 있었다 할 수 있다.

2) 2007년 한나라당 경선 사례 분석

왜 2007년 경선사례를 선택하였는가?

2002년 노무현–정몽준 단일화는 그 이전에 경험해보지 못한 최초의 후보 간 단일화 사건이라는 점에서 '사건의 의외성'과 후보 '개인적 요인'이 결정적으로 작용한 사례였다. 그러나 2007년 한나라당 17대 대통령 후보 경선은 노무현–정몽준 간의 후보 단일화 경험, 2006년 있었던 한나라당 서울시장 후보 경선을 거치면서 여론조사로 후보를 결정하는 데 있어 어느 정도 경험이 축적된 상태에서 치러진 선거였다. 2012년의 문재인–안철수 단일화는 여론조사로 후보를 선출하기 직전 안철수 후보의 사퇴로 미완에 그쳤다.

이 중에서 2007년 치러진 한나라당 대통령 후보 경선은 대표적인 여론조사 정치 사례로 볼 수 있다. 경선이 치러진 시기는 2007년 8월이었지만 한나라당 대선후보 경쟁은 2006년부터 시작되었다. 2006년 서울시장 후보 경쟁, 당 대표경선 등의 일련의 정치일정을 통해 주요 후보 간의 세력싸움이 본격화 되었다. 그리고 이미 당헌·당규에 경선일정과 주요 내용들이 명문화 되어 있었기 때문에 향후 선거 일정에 대한 예측이 가능한 선거였다.

치열한 싸움과 정해진 일정, 정해진 규칙 때문에 어느 때 보다도 여론조사에 대한 관심과 이를 이용하고자 하는 후보 측의 욕구와 갈등도 컸었다. 경선 결과도 선거인단 투표에서 앞선 박근혜 후보가 여론조사에서 크게 앞선 이명박 후보에게 패하였다. 여론조사가 후보 결정에 가장 중요한 변수로 작용하였다.

이에 비해 18대 대선은 17대의 경우와는 달랐다. 2011년 8월까지는 한나라당 박근혜 후보의 독주 시기여서 여론조사 보도 결과도 2007년에 비해 별로 많지 않았다. 보도 내용도 비교적 객관적인 관점에서 박근혜 후보의 우세를 전하고 있다. 그러나 2011년 9월 안철수 후보의 갑작스러운 등장 이후에는 언론기관 간에 특정 후보에 대한 선호 여부가 보도에 영향을 미치는 경향을 띤 보도 형태로 급변하였다.

조선·동아 양 언론은 문재인, 안철수 두 후보에 대해 부정적인 보도가 한겨레신문에 비해 상대적으로 많았다. 반면에 한겨레신문은 문재인 안철수 후보에 대해 긍정적 보도가 상대적으로 많았다. 18대 대통령 선거에서도 이러한 언론 간의 보도 성향의 차이는 발견되었으나, 의제설정효과, 점화효과 등의 분석을 통해 언론권력이 정치구도를 끌어가는 뚜렷한 행태는 보이지 않았다.

2017년 있을 19대 대통령 선거는 경선 일정과 여론조사 방법의 대부분이 이미 당규에 정해져 있다. 그리고 아직까지는 당선이 유력한 후보가 등장하지 않고 있어 앞으로 무한 경쟁적 후보 구도가 예상된다. 앞으로는 더 이상 정당 후보 간 후보 단일화는 성사되기 어려울 것이다. 이런 점을 고려한다면, 19대 대통령 선거를 준비하는 데 교훈을 얻을 가장 적절한 사례는 2007년 한나라당 대통령 후보 결정 사례라 할 수 있다. 이런 관점에서 2007년 17대 대선 사례를 언론 여론조사 결과 보도 행태 분석의 대상으로 삼았다.

관련 내용 보도 건수

17대 대선 여론조사 보도를 '이명박·박근혜'와 관련된 여론조사 보도에 국한시키면 그 건수는 크게 줄어든다. 2005~2006년에는 평균 1일 1건, 2007년에는 평균 1일 17건이 보도되었다. 자료에 의하면 적어도 대선 2년 전부터 하루 1건 이상의 여론조사 결과 보도가 행해졌음을 알 수 있다〈표 17〉.

〈표 17〉 대통령선거 여론조사 관련 언론 보도현황 (2005.1. ~ 2007.8.)

언론사	2005	2006	2007.1.8	비고
주요 일간신문(9개)	173	463	1,681	(조선, 중앙 제외)
인터넷신문	64	24	405	
경제신문	31	104	534	
TV뉴스	1	11	136	
조선·중앙	50	140	480	(주요 일간신문의 30%로 추계)
계	319	742	3,236	
1일 보도건수	1	1.2	16.8	총 건수/신문발행일수

(※ 한국언론진흥재단(KINDS): "대통령선거〉여론조사〉이명박 박근혜"검색결과)

주요 언론사는 특정 여론조사회사와 제휴관계를 맺고 공동으로 조사를 실시하거나, 혹은 다른 언론사가 보도한 내용을 재인용하는 형식으로 여론조사 결과를 보도하였다. 한국갤럽은 조선일보와 제휴하여 주로 여론조사를 실시 보도하였으나 위의 표에는 조선일보가 포함되어 있지 않아 실제 조사 횟수와 게재 건수 간에는 차이가 있다. 중앙일보는 주로 자체조사팀과 조인스·닷컴의 여론조사 결과를 보도하였다. 특이한 점은 문화일보와 내일신문이 다른 언론에 비해 상대적으로 많은 양의 여론조사 결과를 보도하였다. 반면에 국민일보는 다른 언론에 비해 비교적 적은 게재 건수를 보였다〈표 18〉.

〈표 18〉 회사별 여론조사 결과 언론 게재 현황 (2005. 1.~2007. 8.)

조사 회사 / 언론사	한국갤럽	KSOI	한길리서치	미디어리서치	중앙리서치	리서치플러스	KRC	R&R	KSDC	메트릭스	TNS	글로벌리서치	현대리서치	동서리서치	합계
문화	4	74	6	4	7	2	2	1	0	1	6	1	0	0	108
한겨레	5	0	11	4	4	46	0	1	0	1	1	3	0	1	77
서울	5	4	3	6	5	3	0	5	33	2	2	1	1	2	72
국민	4	7	3	2	4	0	0	2	0	0	1	4	0	0	27
내일	4	29	61	8	3	5	0	0	0	0	2	1	4	0	117
경향	6	19	7	4	3	1	0	4	1	24	3	2	9	1	84
한국	4	3	3	49	6	0	0	7	0	0	3	5	0	2	82
동아	3	3	1	5	8	2	50	6	0	1	3	4	6	2	94
세계	4	5	9	11	9	1	4	11	1	1	3	3	0	2	64
소계	39	144	104	93	49	60	56	37	35	30	24	24	20	10	725

(※ KINDS 검색 : 대통령선거〉여론조사〉이명박 박근혜〉 조사회사 명)

3) 조선·동아·한겨레 보도 내용 프레이밍 분석

① 보도 내용 요약

17대 대선을 3년 앞둔 시점부터 조사 대상인 '조선일보, 동아일보, 한겨레신문'에 실린 대통령 여론조사 결과 보도 중 '이명박, 박근혜'가 들어간 뉴스 및 해설 기사를 중심으로 정리하였다. 그 결과 조선일보 57건, 동아일보 49건, 한겨레신문 36건이었다. 조선일보 자료는 조선일보 홈페이지, 동아일보와 한겨레신문 자료는 '한국언론진흥재단(KINDS)' 자료검색을 통하여 수집하였다.

세 매체를 선정한 이유는 조선일보는 보수성향의 대표적인 매체로, 그리고 한겨레신문은 대표적인 진보성향의 매체로 평가되는 점에서였다. 보수성향의 동아일보를 덧붙인 이유는 같은 보수성향이라도 매체에 따라 나타나는 차이를 비교하고자 하는 의도에서다.

(그림 11) 언론사별 여론조사 결과 보도 요약(2005)

	1월	2월	3월	4월	5월
(2005) 한겨레신문			(3/8) 李명박 朴근혜 뒤바짝		(5/17) 고건 '주춤한 1위' 朴근혜 2위 여전
조선일보	(1/30) 다음 대통령으로 누구를? 고건 1위 독주 - 李 정동영 처음으로 순위 뒤바뀌어	(2/23) 李 시장 지지율 약진 - 박 대표와 오차범위 내 접전 (한길리서치)	(3/6) 박근혜 추월 주장 (李) - 상승세 타고 '고속주행' (한길리서치)		
동아일보	(1/31) 한나라 대선주자 3인 총력전 시동 - 李시장상승세 - 朴 끝까지 갈까?			(4/1) -李 서울시장 약진 -李 정치학자 선호	(5/21) 고건 여전한 1위 '순풍' 朴 4.30재보선으로 힘 실어

	7월	9월	10월	11월	12월
한겨레신문	(7/29) 李명박, 朴근혜 첫 추월			(11/23) 지지도 조사 - 고건 주춤, 이명박 박근혜 바싹, - 청계천효과로 李, 朴 추월(차이는 미세)	(12/19) 선호도 조사 - 계속되는 청계천과 (12/30) 李명박-朴근혜가 달려온다 (언론종합)
조선일보	(7/17) 고건 지지율 더 올라 李-朴 초접전 (7/28) 대선주자 선호도 - 이명박 시장 박근혜 대표 처음앞서 (KSOI)	(9/29) 청계천 바람불기 시작했는데 .. 이명박 시장 상승세 고건과 격차 크게 좁혀 (KSOI)	(10/16) 각계 전문가- 이명박 27.9% 고건 19.3% (KSOI)	(11/3) 여야 지지율격차 2배 - 열린우리당 16.2, 한나라당 37.4 (11/9) 3자 대결시 "고건:이명박 1.9%P차" (R&R) (11/9) 보수 34.7% 진보 22.5% - 국민 이념성향 역전 (11/26) 이명박 시장이 이총리보다 진보적 - 박근혜 가장 보수 정동영 가장 진보 (KSOI)	(12/6) 국민여론은 급격히 보수화 - 민주주의 보다 경제발전 중요 (정당학회/ 한국갤럽) (12/30) 한나라 38.3% 열린 우리 21.3% (12/30) 이명박(한): 고건(우) 48:46 - 단순지지율 고 28% 주춤 李 27.5 급등 '박빙'
동아일보			(10/3) 이 시장, 박 대표 앞질러 -청계천 효과 (입소스코리아)	(11/7) "대선전 정당구도 변화 있을 것 62.5%" 고건 26.4%, 이명박 박근혜 순 - 경제문제 가장 잘 해결할 인물 - 李 (11/7) 차기 대통령 국정능력 "경제가 가장 중요" 65%	

2005년 일년 동안 보도된 언론기사 내용을 보면, 2005년 1월부터 8월까지는 고건 후보가 1위를 달리고 있고, 이명박 후보의 지지율이 상승하고 있다는 내용이 중심을 이루고 있다. 이후 9월부터는 청계천복원 효과로 이명박 후보의 지지율이 급상승하고 있으며 고건 후보와 크게 지지율 격차가 줄어들고 있다는 내용을 보도했다.

　　11월 들어 '경제문제, 이념문제'를 다룬 내용의 여론조사 결과를 보도하며, '경제전문가 이명박, 진보성향의 명박'을 강조한 내용을 보도하였다. 12월부터는 '청계천효과로 급상승한 이명박, 경제발전이 국민이 바라는 것' 등을 보도하였다(그림 11).

(그림 12) 언론사별 여론조사 결과 보도 요약(2006)

	1월	2월	3월	5월	6월
(2006) 한겨레신문					
조선일보	(1/1)다음 대통령으로 누구를 생각? 고건-이명박 오차 범위 내 접전 – 8개 여론조사 같은 결과			(5/24) 피습 이후 박근혜 대선여론 조사 1위 (KRC)	
동아일보	(1/1) 신년 여론조사 – 첫째도 경제, 둘째도 경제, 셋째도 경제 (1/1) 李 시장, 고건 전총리 1위 다툼 – 朴은 3위 (언론종합)	(2/17) 李명박 25.1% 고건 22.6% 박근혜 15.0% (입소스코리아)	(3/31) 차기 대선후보 선호도– 이명박 상승세 처음으로 꺾여	(5/24) 대선주자 선호도 –朴–고–李 순으로 – 피습사건으로 朴 상승 (KRC)	(6/1) 선거직후 여론조사 – 고건 25% – 박근혜 24% – 이명박 21%

	10월	12월
한겨레신문	(10/3) 李명박, 5개 여론조사서 모두 1위 (언론종합) (10/18) 李명박)朴근혜 격차 더벌어진 이유는? (한길리서치/KSOI) (10/23) 李명박, 당내 지지율도 급상승 (한길리서치)	
조선일보	(10/2) 이명박 상승.. 고건 하락, 박근혜 2위 유지 – '빅3구도 2년째 안 바뀌어 (10/2) 선호성 1위 손학규, 당선가능성 1위 李명박 (편집기자협회) (10/2) 남성 이명박, 젊은 여성 박근혜 (10/18) 북핵실험 후 이명박 지지율 가장 많이 올라 (R&R) (10/23) 朴 대의원에서 朴에 2%P 접근 (한길리서치) (10/23) 전문인은 "李명박" 야당 대의원은 "박근혜" (미디어리서치)	(12/2) 여당지지율 2주 연속 한 자릿수 (12/14) 이명박청계천으로 수직 상승..북핵 실험 후선두 굳혀 (12/15) 박근혜 2년간 지지율 20% 유지 –지지층 강하게 결집
동아일보	(10/2) 대선후보 지지 이명박 –박근혜 –고건 순 (10/2) 李 수도권– 박 PK충청 – 고 호남 선두 (10/2) 李: 서서히 회복 朴: 5.31효과 지나가, 高: 정체 (10/23) 당원층에서 3개월 만에 李–朴 차이 2%로 줄어 (한길리서치)	

2006년 들어서 신년 여론조사에서는 '고건-이명박 1위 다툼, 첫째도 경제, 둘째도 경제' 등 이명박의 부상을 보도하며 '경제전문가 대통령이 필요하다'는 점을 강조하고 있다. 6월 지방선거 기간 중에는 선거승리 효과로 인해 박근혜 후보가 1~2위를 다툰다는 조사 결과를 보도하였다. 그러나 9월 북한이 핵실험을 강행한 후 추석을 전후하여 세 언론 모두 이명박 후보가 급상승하여 1위 선두를 차지하였다고 보도하였다. 그리고 당원층에서도 이명박 후보가 '2%차이로 박근혜 후보를 추격'하고 있다고 보도하고 있다. 12월에는 청계천효과, 북한 핵실험 등으로 이명박 후보가 1위 자리를 굳혀나가고 있다고 보도하였다(그림 12).

경선과 대선 본선을 앞둔 2007년 1월에 들어서서, 각 언론은 '이명박 후보의 독주'를 보도하고, 국민들은 대통령의 자질로 추진력을 선택했다고 보도했다. 그 후 5월까지는 이명박 대세론이 이어지며 대선 승리를 위해서는 한나라당 경선에서 패한 후보가 이에 불복하고 탈당해서는 안 된다고 응답한 조사 결과를 전하고 있다(그림 13).

한나라당 경선 후보 검증 논란이 본격화된 2007년 2월부터는 한나라당 경선후보 검증문제가 이명박 후보에게 별 영향을 못 미친다는 여론조사 결과보도가 이어졌다. 이명박 대세론이 계속적으로 이어지는 가운데 한겨레신문은 박근혜의 지지율 상승을 보도하고 있다(그림 14).

(그림 13) 언론사별 여론조사 결과 보도 요약(2006-2/2007-1)

1월	2월	3월	4월	5월
한겨레신문 (1/2) 차기대통령 자질 "추진력 - 추진력 1위 李 (1/2) 이명박 독주 굳히기? 지지율은 38.9% 박근혜와 격차 더 벌려 (1/3) 이명박 40%대지지율 들여다보니	(2/26) 이명박 0.7%P↓, 박근혜 3%P↑ '검증공방' 지지율 영향 미미 (2/26) 박근혜-이명박 미세한 등락 - 큰 의미 두기 어렵다	(3/7) 이명박 지지율 흔들리나 (3/29) 손학규 탈당 바람 없었다	(4/2) 대선주자 지지율 "40-30-10" 함수관계 (4/23) 이명박 주춤… 박근혜 꾸준한 상승세	(5/14) 이명박 44 박근혜 21% 지지율그대로 (5/14) 경선규정 내분 朴 양보 37%, 李 양보 30% - 책임 팽팽하게 맞서 (5/15) 주요 대선주자들 → 우향우
(2007) **조선일보**	(2/8) 정치권 "설 민심 어떻게 될까" 촉각 - 이명박 시장 지지율 크게 상승 선두 독주 발판 마련 (2/12) 한나라 지지자 70% "경선 불리해도 탈당은 안돼"(KSOI) (2/20) "후보검증 필요" 52% "필요 없다" 40% - 후보결정에 검증 영향 21% - 실제 별 영향 없어	(3/5) 李 소폭하락, 朴 정체, 손 소폭상승 (3/5) 한나라 분열될 것 54% - 李·朴 다 나와도 둘 중 하나 당선 60% - 탈당후보 지지 안해 59% (3/20) 손학규 탈당 반대 35% 찬성 30% - 李·朴 지지도 변화 없어 (3/24) 교사들 '대통령감 1위 이명박' 대통령지지율 1위 李명박 (한국교총)	(4/2) 6개월째 꿈쩍않는 '李-朴 양강' (4/20) '李 34% 朴 22%' - YTN조사 놓고 공방 (4/28) 한나라당 지지율 평균 8%P 하락 - 대선주자 지지 큰 변화 없어 (언론종합)	(5/7) 李朴 갈등 불구 지지율 큰 변화 없어 - 李 40.7 朴 20.2 손 5.5% (5/7) 오늘 투표한다면… - 李 4.6%P 朴 3.2%P 빠져 (5/7) 李 추진력 경제해결능력 朴 깨끗한 이미지 도덕성 (5/28) 열린당에 가장 껄끄러운 후보 - 이명박 (5/28) 李 47%, 朴 23%… 대구도 李 8개월째 변화 없어 (5/28) 李-朴 충청서 박빙… 영호남선 李가 10-12%P 앞서
동아일보 (1/1) 신년 여론조사 이명박 모든 연령에 앞서… 고건 범여권서 우위 (1/2) 각 언론사 신년 여론 조사 -한나라당 이명박 박근혜, 범여권 모든 후보에 앞서 (1/2) 후보 단일화 되지않아도 李가 高 이겨 (1/2) 전문가들 당분간 李의 독주예상 -朴보다 李 2배 이상 (언론종합) (1/29) 고건 불출마에도… 이명박 지지도 48% 1위 (1/29)각자출마 예상높아 (미디어리서치)	(2/1) 한나라 빅3 합계 72% - 당지지도 48% 보다 앞아 (2/1) 이명박 46.4%)박근혜 20%) 손학규 5.8% (2/23) 검증 공방 여파? 부동층 소폭 늘어 (KSOI) (2/23) 부동층 소폭증가 (한국리서치)	(3/1) 이명박 43.9% 박근혜 17.9%…	(4/2) 부동층 17.7%로 감소 - 호남선 34%로 늘어 (4/2) 이명박 45.6% 박근혜 20% (4/24) 李-朴 '들쭉날쭉' 여론조사 신경전 (4/30) 이명박 45.6% → 41.7%, 박근혜 20% → 19.3% (4/30) 재보선 뒤 한나라 선호도 10.8%P 하락	

② 매체별 후보에 대한 긍정/부정 보도 건수

기사내용 중 제목을 중심으로 그 내용을 분석한 결과는 다음과 같다〈표 19〉. 조선일보의 경우 총 57건의 기사 중 이명박에 대해 긍정적인 이미지 형성에 도움이 될 수 있는 내용이 42건이다. 전체 건수 중 73.6%로 그 비율이 압도적이다. 동아일보의 경우는 총 49건 중에서 이명박에 대한 긍정보도가 33건 69.4%, 한겨레신문의 경우는 총 36건 중 16건으로 44.4%의 긍정적 내용을 보도하였다.

한겨레신문의 경우는 박근혜 후보에게 긍정적인 보도가 13건 (36.0%)으로 조선일보 6건(10.5%), 동아일보 6건(12.2%)에 비해 박근혜 후보에 대한 긍정적인 보도 건수가 상대적으로 높게 나타났다.

(그림 14) 언론사별 여론조사 결과 보도 요약(2007-2)

6월	7월	8월
한겨레신문 (6/18) 李명박~朴근혜 지지율 격차 한 달 새 22.5%→14.7% (6/18) 이명박 지지 30대, 5월 50.1% → 6월 37.3% 李 점진 하락, 朴 점진 상승 (6/25) 10%P대로 좁혀진 이명박~박근혜 지지율 검증청문회 긴 앞으로 3주가 중요	(4/2) 대선주자 지지율 "40-30-10" 함수관계 (4/23) 이명박 주춤… 박근혜 꾸준한 상승세	(5/14) 이명박 44 박근혜 21% 지지율그대로 (5/14) 경선규정 내분 朴 양보 37%, 李 양보 30% – 책임 팽팽하게 맞서 (5/15) 주요 대선주자들 → 우향우
(2007) **조선일보**	(7/2) 이명박 39.4% 박근혜 27.6% (7/2) 李-朴, 충청영남서 접전… 수도권선 李44, 朴25% (7/2) 박근혜 31 이명박 20 홍준표 8 –토론회 잘 한 사람 (7/2) 차이 대선 나가면 승리 48 패배 37 … 李 지지자 李가 대선 나가면 승리 59 패배 20 … 朴 지지자 (7/2) 국민 57% "정권 바꿔야" (7/7) 유동층 37%가 대선 좌우 – 경선 치유과정에 달려 있어 (7/16) 이명박 40%, 박근혜 25.8% (7/16) 李-朴 격차, 남성에선 22%P, 여성에선 6.7%P (7/16) 이명박 박근혜 선호도 7%P차 (7/16) 코리아리서치 조사에선 李 35% 朴 26% (KRC) (7/23) 이명박 37.2%, 박근혜 27.6% (7/30) 李, 20대 남성… 朴은 50대 이상 여성서 지지율 최고 (7/30) 당원손 오차범위 내 李-朴 접전	(8/13) 투표 참가 80~90%, 지지후보 바꿀 수도 10~20% – 한나라 경선 참여 선거인단 조사 – 李, 서울 호남권 대의원 조사서 2배 이상 앞서 – 朴, 충청대구 일반여론 조사서 10%P 이상 우세 (8/13) 가상 득표율 李 46% 朴 38% (–8) (8/18) 朴측 "6~15%P차 완승 확실" – 朴측 최소 1~2%P차로 승리
동아일보 (6/1) 대선주자 선호도 이명박~박근혜 20.7%P차 (6/1) 한나라~범여권 양자대결 – 이·박 모두50% 이상 (6/16) 李-朴 선호도 격차 좁혀져 – 차이 13.0% (6/16) 한나라 주자 선호도 – 李지지 朴으로 곧바로 안가	(7/2) 한나라 지지층선 李 51.1%, 朴 40.9% (7/2) 이명박 38.8%, 박근혜 24.9% (7/2) 한나라~범여권 양자대결 – 이·박 모두 이겨 (7/3) 李-朴 선호도 격차 11.8~15.4% (7/16) 李 35.2%, 朴 26.0% – 李-朴 10% 이내 격차는 지난해 9월 이후 처음 (7/16) 한나라 지지층선 李 49.3%, 朴 40.6% (7/23) 검증청문회 이후 6개 언론사 여론조사 – 지지율 차이 최소 9.2%P에서 최대 14.3%P 차이나 (7/30) 한나라 지지층 李 49.1%, 朴 42.5% (7/30) 당원 李 46.6% 朴 40.1%, 일반인 李 38.3%, 朴 25.0% (7/30) 당원-대의원 지지율 단순 가중합산 땐 李 49.0%, 朴 39.5%	(8/13) 한나라 대선후보 확정 D-7 여론조사 – 대의원 선거인단 51.6% 이명박, 40.2% 박근혜에 투표 (8/14) 李 39.5%, 朴 24.9%, 손 6.0% (8/14) 40대 이하선 이명박 우세… 50대 이상선 李-朴 접전

〈표 19〉 매체별 '여론조사 결과 긍정보도' (수: 건)

년 도	긍정보도	조선일보	동아일보	한겨레신문
2005년	이명박	12	5	4
	박근혜	0	1	1
2006년	이명박	7	6	3
	박근혜	2	3	0
2007년	이명박	23	23	9
	박근혜	4	2	12
합계	이명박	42	34	16
	박근혜	6	6	13

이러한 차이는 세 매체가 서로 다른 성향을 보이는 것과 관계가 있는 것으로 보인다. 세 매체중 보수성향이 강한 것으로 평가되는 조선, 동아일보는 이명박에 대한 긍정적인 기사가 압도적으로 많았다. 이에 비해 진보성향의 한겨레신문은 박근혜에 대한 긍정 보도 기사가 상대적으로 많았다.

③ 매체별 정보원(source) 분석

〈표 20〉 매체별 '재인용' 현황 (수: 건)

구분		조선일보		동아일보		한겨레신문	
2005년	게재	14		6		6	
	(재인용)	(8)	57.1%	(1)	16.6%	(1)	16.6%
2006년	게재	11		10		3	
	(재인용)	(5)	45.5%	(4)	40.0%	(3)	100%
2007년	게재	32		33		27	
	(재인용)	(5)	15.6%	(5)	15.1%	(0)	–
합계	게재	57		49		36	
	(재인용)	(18)		(10)		(4)	

매체별로 정보원을 분석한 결과, 먼저 연도별로 차이를 보인다. 2005년에 조선일보는 총 보도 14건 중 자체조사는 6건에 그쳤고, 나머지 8건(57.1%)은 다른 언론에서 조사 보도한 내용을 재인용 보도한 것이었다. 동아일보와 한겨레신문은 각각 보도한 6건 중 재인용은 각 1건(16.6%)이었다〈표 20〉.

2006년에는 조선일보 재인용 건수는 총 11건 중 5건(45.5%), 동아일보의 경우는 총 10건 중 재인용 4건(40%), 한겨레신문의 경우는 총 3건 중 재인용 3건(100%)으로 나타났다. 2007년 들어서는 세 언론사 모두 재인용 보도가 15% 선에 머물고 있다.

선거가 없는 해에는 언론사가 자체적으로 여론조사를 5~6회 정도 실시하는 것이 보통이다. 대개 신년 여론조사로 정치 사회관련 일반적인 여론조사를 실시하고 년 중 3~4회의 정기 조사를 하는 것이 일반적인 관례다. 분석 대상인 언론사도 2005~2006년에 자체 조사를 5~6회 실시하였다.

그런데 특이한 것은 2005년에 조선일보가 다른 두 개의 언론사와 달리 8차례에 걸쳐 다른 언론의 조사결과를 재인용하여 보도를 하였다는 점이다. 8건의 재인용 내용은 〈표 21〉과 같다. 8건의 재인용 보도 내용은 "이명박 시장이 박근혜 대표를 앞서고 1위까지도 넘본다"는 내용과 "청계천 바람이 불어 이명박이 상승한다", 그리고 "경제발전 문제가 중요하다"는 등 이명박에게 유리한 보도 내용 일색이다.

〈표 21〉 조선일보 재인용 보도 내용 (2005년)

일자	내 용	조사회사
2/23	이 시장 지지율 약진 – 박 대표와 오차범위 내 접전	한길리서치
3/6	박근혜 추월 주장 – (이명박) 상승세 타고 '고속주행'	한길리서치
7/28	대선주자 선호도 – 이명박 시장 박근혜 대표 처음 앞서	KSOI
9/29	청계천 바람 불기 시작 – 이명박 상승세, 고건과 격차 크게 좁혀	KSOI
10/16	각계 전문가 – 이명박 27.9%, 고건 19.3% 이 1위	KSOI
11/9	3자 대결시 "고건 이명박 1.9%P 차"	R&R
11/26	이명박 시장이 이해찬 총리보다 진보적	KSOI
12/6	민주주의보다 경제발전 중요	정당학회/갤럽

동아일보의 경우도 재인용 보도 내용은 "이명박 시장이 박근혜 대표를 앞질러 – 청계천 효과"라는 내용이었다. 조선일보와 동아일보는 선거를 2년이나 남긴 이 시기에 이런 민감한 내용의 여론조사 결과를 재인용 보도하였다. 그리고 재인용한 내용들은 특정 조

사회사의 조사 결과였다.

2006년 초에 들어서서는 동아일보도 '이명박 시장 고건과 1위 다툰다'는 언론 종합보도와 '이명박이 1위로 앞섰다'는 입소스코리아의 조사결과를 재인용 보도하고 있다. 2006년에도 조선일보는 재인용 보도를 계속적으로 하고 있다〈표 22〉. '한국편집기자협회 조사내용', '전문인들이 선호하는 후보' 등 특정인들을 대상으로 실시한 여론조사 내용까지도 이명박 후보가 1위로 앞서는 조사결과를 재인용 보도하였다.

〈표 22〉 조선일보 재인용 보도 내용 (2006년)

일자	내 용	조사회사
1/1	8개 여론조사 같은 결과 – 고건·이명박 오차범위 내 접전	여론조사 종합
10/2	편집기자들 당선 가능성 1위 이명박	편집기자협회
10/18	북한 핵 실험 후 이명박 지지율 가장 많이 올라	R&R
10/23	이명박 (한나라당)대의원에서 박근혜에 2%차 접근	한길리서치
10/23	전문인은 대선후보로 이명박 지지 1위	미디어리서치

특이한 것은 2006년 10월 추석을 전후한 시점에는 세 언론 모두 다음과 같이 비슷한 내용을 재인용 보도하고 있다. 한나라당 대의원 층에서도 이명박 지지율이 높아졌다는 내용이다. "이명박의 당대의원 지지율이 급격히 상승하여 2개월 사이에 박근혜와의 격차가 27%가 좁혀져, 이제는 단지 2% 밖에 뒤지지 않았다"고 재인용 보도하여 일반 여론은 물론 당심도 움직이고 있다는 주장을 뒷받침하고 있다.

④ 의제설정효과와 점화효과

조선일보가 2005년부터 2007년 경선까지 보도한 내용을 정리하면 다음과 같다. 2005년 1월 신년 여론조사를 시작으로 그해 8월까지는 "이명박 후보가 상승세를 보이고 있고, 박근혜 후보와 접전, 그리고 박근혜를 추월하여 역전 했다"는 내용이 보도되었다. 이후 2005년 연말부터 2006년 연초까지는 이명박의 경제성과를 청계천복원사업과 연계하여 "경제문제 해결사 이명박, 고건과 선두를 다투는 이명박 후보"를 강조하고 있다(그림 15).

2006년 10월부터는 "한나라당 당원들과 한나라당을 지지하는 유권자들의 마음도 이명박"이라는 조사결과와 '북한의 핵 실험'이라는 안보위기상황에 때를 맞춘 '강력한 리더십 논쟁'으로 '이명박 후보의 적합성을 강조하고, 청계천효과로 수직 상승한 지지율' 등을 강조하고 있다.

(그림 15) 조선일보 보도를 통해본 이명박 후보 대세론 형성 과정

2005/1/2	3/4	7/8	9/10	11/12	2006/1/2
2위 확보기			1위 확보기		
역전 가능성 강조			경제성과 이슈화 / 진보 성향 강조		
보도 기사 제목					
이명박 상승세 순위 변화 약진	이명박 뒤 바짝 추월주장 고속주행	이명박 첫 추월 초 접전 처음 앞서	이명박 청계천효과 박 앞질러	고건에 1.9% 차 이명박 진보 경제문제 경제해결사 이:고 48:46이 급등	경제가 첫째 고-이 선두다툼 박 3위

9/10	11/12	2007/1	2	3	4
대세론 구축기					
북핵 이슈 활용 / 남성적 리더십강조 / 당心도 李			탈당 가능성 이슈화 / 불안한 당心 공략		
보도 기사 제목					
모든 조사에서 이명박 1위 당내 지지도 급상승 핵실험 후 급상승 전문인은 이명박 당원층 2% 차이	이명박 청계천 수직상승 북핵으로 선두 굳혀	이명박 차기 추진력 38.9% 선두 독주 단일화 안돼도 이겨 각자 출마예상	탈당은 안돼 설 민심 -이명박	한나라 분열될 것 탈당후보 지지 안해	이명박 계속되는 대세론

한나라당 경선과 대선을 눈앞에 둔 2007년 들어서는 "선두로 독주하는 이명박, 추진력을 갖춘 강력한 리더십"을 강조하며 '이명박 후보의 대세론'이 굳혀가고 있다고 보도하고 있다. 치열하게 경선경쟁을 하는 2월부터는 돌연 "경선에서 불리한 후보가 탈당을 불사할 수도 있다"는 내용을 보도하였다.

불리한 후보의 탈당 가능성 보도는 '진보정권 10년을 청산해야 한다고 주장하는 한나라당 지지자'들을 '긴장'시키기에 충분하였다. '탈당후보는 지지하지 않을 것'이라고 밝힌 지지자들의 태도, 그리고 '경선 결과에 꼭 승복해야 한다'는 내용의 조사 결과를 보도하여, 혹시 있을지도 모를 박근혜 후보의 독자행보를 견제하며 이명박 후보의 대세론을 굳혀 나가는 모습을 볼 수 있다. 이상의 조선일보의 의제설정효과와 점화효과를 다시 정리해보면 (그림 16)과 같다.

조선일보의 여론조사 결과 보도에서 나타나는 이와 같은 '프레이밍'은 이명박 후보에게 일방적으로 유리하게 잘 정제되어 있는 것을 볼 수 있다. 같은 보수 성향의 동아일보에서도 조선일보와 유사한 보도 성향을 보였다. 반면에 한겨레신문의 입장은 달랐다. 한겨레신문은 2005년~2006년 사이에는 보수 진영의 이명박과 박근혜에 대해 일단 관망하는 자세를 보였다. 그러나 이명박이 대세론을 형성해가고 있던 시점인 2007년 6월부터는 조선·동아일보와는 달리, 박근혜 후보에 상대적으로 우호적인 여론조사 결과 보도 행태를 보였다.

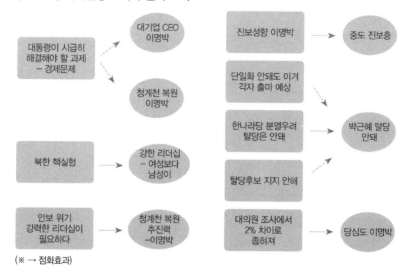

(그림 16) 의제설정 효과와 점화 효과

대통령이 시급히 해결해야 할 과제 – 경제문제 → 대기업 CEO 이명박 / 청계천 복원 이명박

북한 핵실험 → 강한 리더십 – 여성보다 남성이

안보 위기 강력한 리더십이 필요하다 → 청계천 복원 추진력 –이명박

진보성향 이명박 → 중도 진보층

단일화 안돼도 이겨 각자 출마 예상

한나라당 분열우려 탈당은 안돼 → 박근혜 탈당 안돼

탈당후보 지지 안해

대의원 조사에서 2% 차이로 좁혀져 → 당심도 이명박

(※ → 점화효과)

이와 같은 한겨레신문의 입장은 "박근혜와 이명박의 지지율 차이가 급격히 좁혀지고 있다," "검증에 대한 이명박의 해명을 안 믿는다," "박근혜 TK이어 PK에서도 강세" 등의 내용이 실린 여론조사 결과 보도에 나타나 있다. 한겨레신문은 이명박 후보와 박근혜 후보 중에서는 박근혜 후보에게 상대적으로 더 우호적이었다.

⑤ 소결론

결론적으로 2007년 한나라당 경선과 관련한 세 언론사의 여론조사 결과 보도 행태는 정파성에서 벗어나지 못한 것으로 보인다. 조선일보와 동아일보는 특히 이명박 후보에 우호적이라고 볼 수밖에 없는 보도 행태를 보였다. 이러한 행태는 특히 2005년부터 2006년에 걸쳐 두드러지게 나타났다. 이 기간은 2007년 한나라당 경선을 1~2년 앞 둔 시기로 일반 유권자들에게는 후보와 관련한 정보가 부족한 시기였다.

　정보가 부족한 시기에 국내 유수의 일간지를 통하여 유권자들에게 전달되는 정보는 그 영향력이 클 수밖에 없다. 이러한 것은 앞에서 살펴본 미디어 프레이밍 효과와 일치한다. 조선, 동아, 한겨레 세 언론이 이 기간 동안 의도적이건 아니건 간에 '의제설정효과와 점화효과,' 그리고 소위 '밴드 웨건' 효과를 이끌었다.

〈표 23〉 단계별 프레이밍

2위 확보기		1위 확보기	대세론 구축기
역전 가능성 강조	경제 이슈화 청계천 효과 진보성향 강조	남성적 리더십 추진력 강조 당심도 이명박 북핵 이슈 활용	탈당 가능성 차단 불안한 당심 겨냥 (이명박의 탈당)
2005.1~8	2005.9~2006.9	2006.10~2006.12	2007.1~

　조선, 동아일보의 관련 보도를 보면 미디어 효과 이론에 근거한 '프레이밍, 의제설정이론, 점화이론'이 정교하게 작동하는 모습을 발견할 수 있다〈표 23〉. 정밀한 프레이밍을 통해 유권자에게 영향을 미치고 있음을 알 수 있다. 두 신문은 보도 내용을 통해 영웅 스토리를 만들어 가고 있으며 필요한 때와 적절한 대상을 타깃으로 집중 보도하는 모습을 보였다〈표 24〉.

　이에 비해 한겨레신문은 2005년에는 조선 동아와 보도 행태에서 큰 차이를 보이지 않았다. 2006년에 들어와서는 다른 언론의 내용을 보도하는 선에서 이명박과 박근혜 사이에서 중립적 입장을 견지하였다. 그러나 2007년 경선을 앞둔 시점에는 검증공방을 중심으로 이명박 후보에 대해 부정적인 보도 태도를 보이고, 상대적으로 박근혜 후보에게는 긍정적인 태도를 보였다.

〈표 24〉 주제어

항목	사용한 주제어
지지율 상승	이명박 급격한 상승세, 순위 변화 약진 → 드디어 정동영을 앞서고 3위 이명박 → 이·박 간의 접전양상 → 고건과 격차를 좁혀나간다 → 모든 조사에서 1위, 이명박 독주
경제이슈	시대적으로 필요한 대통령은 경제전문가다 → 경제가 첫째 → 이명박은 대기업 CEO 출신의 경제전문가 → 경제해결사
새로운 변화	낡은 정치에서 벗어나 변화가 필요한 시점이다 → 이해찬 총리보다 더 진보적인 성향의 이명박 (박근혜 가장 보수적 성향)
추진력	추진력, 리더로서 필요한 덕목이다 → 청계천 복원에서 보여준 이명박의 추진력
남성상	북한 핵실험이 안보위기다 → 남자가 위기능력에 앞서 → 이명박 남성들 지지 높아 → 북핵 위기 때문에 이명박 박근혜에 앞서 → 북핵으로 선두 굳혀
당심도 얻어	당심에서 박근혜가 앞선다 → 드디어 당심도 이명박, 이·박 차이 2%에 불과해
탈당은 안돼	각자 출마 예상 → 한나라 분열될 것 → 탈당은 안 돼 → 탈당후보 지지 안 해 → 경선승복하면 본선 승리 확실

　　세 언론의 여론조사 결과 보도 행태를 정리하면 다음과 같다. 보수 성향의 조선·동아일보는 한나라당 후보 중 박근혜 후보에 비해 당선 가능성이 높아 보이고, 친 재벌적 성향으로 예측되는 이명박 후보를 더 선호하고 적극적으로 돕는 자세를 취했다. 이에 비해 한겨레신문은 2005~2006년간에는 비교적 관망적인 입장을 보이다가 2007년 이명박의 대세론이 확산되어 굳혀지는 것으로 보이자 대립적 입장에 있는 박근혜 후보를 지지하는 입장을 취하였다. 이와 같은 세 언론의 보도 행태는 한국 사회에서 정치에 영향을 미치는 언론권력의 모습을 보여주는 사례라 하겠다. 조선·동아일보는 그들의 이익과 관련하여 최선의 후보를 선택했다면, 한겨레는 차악의 후보를 선택하였다.

　　앞으로도 각종 선거에서 특정 후보가 자기에게 유리한 내용으로 여론조사를 실시하게 하고, 이를 특정 또는 다수 언론을 통해 보도하게 하는 것이 가능할 것이라 여겨진다. 반복되는 이러한 과정을 통해 자기에게 유리한 내용을 유권자들에게 확산시켜 나가는 일련의 작업(미디어 프레이밍)이 가능할 것이다. 그리고 이러한 과정을 통해 경선에서 승리할 수 있다는 것을 구체적인 사례를 통해 확인할 수 있었다.

〈TIPS〉

가상 시나리오를 통해본 의제설정과 점화효과

① 가상 시나리오

그렇다면 우리가 사례로 살펴본 '2007년 한나라당 경선과 12월 대선'을 앞둔 그 시점에서 이뤄진 여론조사 결과 보도는 어떻게 행해졌을까? 우리는 그 구체적인 실체는 파악할 수 없다. 그러나 '이러한 상황이 벌어진다면 전문가들은 어떤 선택을 할 수 있을까?'라는 점에서 가상적인 시나리오를 작성하여 보았다. 그리고 여론조사 결과를 실제로 보도한 언론보도 내용에다 이러한 가상 시나리오를 적용하여 유추해 보았다. 이것은 2017년 대통령 선거를 준비하는데 도움이 될 수 있을 것이다.

시나리오는 2007년 대통령 선거 한나라당 후보 경선과 12월 본선을 앞두고 이명박 후보 진영에서는 다음과 같은 상황 분석 하에 여론조사 승리 프로젝트를 수립하고 실천하기로 하였다고 가정했다. (이 프로젝트는 사실에 입각하여 저자의 상상력을 덧붙인 가상의 시나리오임을 밝혀둔다. 그러나 언론보도 내용은 사실에 입각한 것이며, 행위자들은 가상의 인물들이다.)

〈이명박 승리 프로젝트〉 (가상 시나리오)

가. 상황인식

– 2004년 여론조사 결과 보도 상황

2007년 12월 대선을 3년여 앞둔 2004년 예상후보에 대한 여론조사 결과는 다음과 같았다. 2004년 5월 실시한 여론조사(동아일보/KRC) 결과는 "차기 대통령 후보감"으로 정동영 22.5%, 박근혜 19.3%, 이명박 7.4%로 조사되었고, 이 조사에서 고건은 2.3%로 6위로 발표되었다. 같은 해 10월 6일 보도된 여론조사(경향신문/ANR) 결과는 "차기 지도자"로 고건 28%, 박근혜 23.4%, 정동영 10.2%, 이명박 8.3%로 고건이 1위를 차지하고 이명박이 4위로 처지는 것으로 보도되었다.

이후 연말까지 이어진 각종 여론조사들은 모두 고건이 1위, 박근혜 2위, 정동영 3위, 그리고 이명박은 4위로 여론조사 결과가 보도 되었다. 12월 10일 국민일보 보도에 의하면 "차기 대통령후보 선호도"에서 고건 29.8%, 박근혜 17.8%, 정동영 10.0%, 그리고 이명박 8.4%로 보도되었다.

– 문제인식

당 조직을 장악하고 있는 박근혜를 이길 수 있는 방법은 외곽에서 바람을 일으켜 당 내부로 지지 세력을 확장해 들어가야 하는데 현실은 4위로 나타났다. 기회는 2005년 1월 초 일제히 발표되는 언론사 신년 여론조사 특집에 달려 있다. 우선 1월 신년 여론조사에서 3위로, 그리고 4월경에는 박근혜를 앞서고, 늦어도 추석을 전후해서 1위로 올라가야 2007년 경선에서 이길 수 있다. 여론조사 대책반을 만들어서 이와 같은 계획을 적극 추진해야 한다고 결정하였다.

– 후보자 요인

후보자 요인은 여론조사, FGI, 심층면접 등을 통해 객관적인 자료에 근거하여 작성하였다. 먼저 약점으로는 당내 지지 세력이 경쟁 후보인 박근혜에 비해 상대적으로 약하다. 그리고 기업가 출신인 점에서 각종 비리에 연루되었을 것이라는 의혹에서 자유롭지 못한 편이다. 또한 선거법 위반 혐의 등으로 도덕성, 참신성에서 문제가 있다는 인식이 많은 편인 점을 약점으로 들 수 있다.

반면에 대기업 CEO 출신으로 경제 전문가라는 인식, 서울시장으로서 청계천 복원 사업을 성공적으로 마치는 등 추진력을 겸비한 행정가로서의 경험은 장점에 속한다. 이명박 후보의 입지전적인 성공스토리는 젊은이들의 마음을 움직이기에 충분한 점도 강점이다. 낡은 정치인이라는 이미지도 상대적으로 적은 편인 점 등이 강점이다.

나. 목표 설정

다음과 같이 단계별 목표를 설정하고, 단계별로 적절히 시행한다.

– 1단계: 2005년 1월 각종 신년 여론조사에서 3위를 확보하고, 4~5월 중 (박근혜에 앞서서) 2위로 올라서야 한다.

– 2단계: 2005년 말까지 1~2위 다툼을 하는 국면을 만들고, 2006년 초에는 고건과 1~2위를 다투는 자리까지 간다.

– 3단계: 2006년 추석을 전후해서 1위 자리를 굳혀나간다.

– 4단계: 2007년 초 대세론을 굳혀 경선 승리를 이룬다.

– 5단계: 대세론으로 세력 이탈을 방지하여 본선 승리를 쟁취한다.

다. 여론대책반 구성: 관련 분야 전문가들로 여론대책반을 구성하고 후보가 직접 이들의 업무를 관할한다.

– 언론전문가 (언론계 출신 중진인사: 최○○)

– 여론조사 전문가 (학자, 여론조사 실무 경험자: 김○○, 권○○)

– 홍보전문가 (미디어 전문가)

– 선거 캠페인 전문가 (김○○)

라. 단계별 중점 활동 사항

– 1~2단계

• 2005년 중반에 끝날 '청계천 복원' 사업의 결과를 집중 홍보한다.

• 시대정신으로 '경제문제 해결'이 받아들여지도록 여론조성.

• 박근혜와 차별되는 진보성을 부각시켜 젊은 진보층을 흡수한다.

– 3~4단계

• 신년 여론조사를 통해 시대정신에 부합하고 추진력 있는 리더 이미지를 굳힌다.

• 외부의 세력 뿐 아니라 당원들도 지지한다는 분위기를 만든다.

- 수구보수의 이미지를 불식시키는 여론형성에 힘쓴다.
  - 5단계
- 대세론을 굳힌 후에는 이탈세력을 막는데 주력해야 한다.
- 이 후보가 불리하면 탈당 불사, 당 분열 가능성 등을 알려 보수층의 이탈을 방지한다.
- 박근혜의 이탈을 막아 대선까지 대세론을 이어간다.

마. 유의사항
- 우호적인 여론조사 회사를 연결하여 이들에게 정기조사를 의뢰 한다.
- 6~7개 회사를 선정하여 로테이션으로 조사를 실시, 여론조사 보도의 공백을 없애야 한다.
- 언론사와 제휴관계에 있는 회사를 우선적으로 선정한다.
- 여론조사에 대한 사후 간섭·조정이 아니라 설문작성, 대상자 선정 과정에 사전 개입하여 말썽을 줄여 나가야 한다.
- 비교적 적은 규모의 여론조사 회사 2~3개를 통해 발 빠르게 이슈와 전략적 필요를 충족시킬 조사를 실시하고 이를 언론매체에 전파한다.
- 우리 후보에게 유리한 설문 내용, 유리한 대상자 선정 등은 프로젝트 실행 이전에 이미 작업이 완료 되어야 한다.
- 단계별 계획은 장기적인 관점에서 일관되게 수행되어야 한다.
- 다른 사업에 앞서서 여론조사에 비용을 우선적으로 투입하여야 한다.

바. 기타사항
- 행위자별로 전담자를 선정하여 효율성을 높여야 한다.
- 여론조사 회사 담당/ 언론사 담당/ 여론조사 설계 및 기획 담당/ 여론조사 결과 홍보 방향 설정 담당

② 가상 시나리오와 현실 보도행태와의 유사성

이상의 가상 시나리오와 앞에서 제시한 조선일보 보도 형태 〈그림 5〉 사이에는 상당히 유사한 점들이 보인다.

'역전 드라마를 연출해가는 과정', '청계천복원의 성공을 근거로 이명박 후보가 경제전문가라는 이미지를 구축하는 과정', 그리고 돌발적인 상황이기는 하였으나 북한 핵실험을 계기로 '추진력 있는 리더로 이미지를 굳혀 나가는 것' 등이 그것이다.

마지막으로 '이명박 대세론'을 굳힌 뒤에는 '탈당 가능성' 등으로 박근혜 후보의 발을 묶는 시나리오 등은 가상 시나리오와 현실이 하나인 것 같은 착각을 일으키게 한다. 또한 시기적으로도 가상 시나리오와 일치하고 있다.

가상 시나리오와 현실 보도의 이러한 유사성은 언론에 나타난 실제보도가 사전 시나리오에 의해 관련된 행위자들의 치밀한 작품일수도 있다는 생각마저 들게 만든다. 우연의 일치일까 아니면 조직적인 여론조사 개입이었을까? 그것이 궁금해진다.

〈TIPS〉

이 시기 언론의 선거 보도에 관한 다른 연구 사례

앞에서 살펴본 세 언론사의 여론조사 결과 보도 행태는 여론조사 결과 보도라는 제한적인 내용을 중심으로 분석한 측면이 있다. 이러한 한계를 극복하기 위해 같은 시기의 언론 선거보도를 대상으로 언론의 정파적 보도 형태를 분석한 연구 결과를 인용하였다.

최영재는 언론의 선거 보도에 관한 연구를 다음과 같이 진행하였다[9]. 조선일보, 한겨레신문, MBC뉴스데스크를 분석대상으로 하여 3개 언론사마다 2007년 6월 1일부터 6월30일까지 한 달간 보도된 대선관련 기사로 조선일보 102건, 한겨레신문 101건, MBC뉴스데스크 57건으로 총 260건의 기사를 표본으로 정했다.

분석항목은 기사의 지면과 해당지면, 기사의 작성자와 기사의 형식, 기사의 전개방식과 기사의 주제, 취재원의 신분과 취재경로, 기사의 주인공과 후보 묘사방법, 뉴스의 방향성 및 프레임 등으로 코딩했다. 분석방법은 과학적인 내용

---

9) 최영재, "형식적 객관주의와 균형보도의 함정– 대선 예비후보 보도 분석,"「신문과 방송」(2007. 8).

분석 방법의 절차를 따랐으며, 분석 후에 질적 평가를 위해 양적 분석 대상 기사들을 일독했다.

이 연구 결과를 보면, 먼저 선거보도에 나타난 후보별 비중을 분석한 결과 한나라당의 이명박 후보 집중 현상이 두드러졌다. 전체 후보 관련 보도 가운데 이명박 후보관련 기사는 약 45%, 박근혜 후보 기사는 약 30%를 각각 차지했다. 박근혜 후보에 비해 이명박 후보의 기사가 15% 이상을 차지했다〈표 25〉.

이러한 현상은 언론이 선거 현실에서 나타난 후보별 지지도 판도를 반영한 것으로 해석해 볼 수 있으나, 결과적으로 선거판도의 현 상태를 고착화시키는 부작용을 낳을 가능성이 높다. 언론이 선거 초반부터 마치 유력 후보가 결정된 것인 양 보도함으로써 선거 국면에서 다양한 정치세력의 부상 가능성을 미리 차단해 버리는 비민주적이고 불공정한 보도가 될 수 있다는 것이다.

〈표 25〉 언론사별 후보자 보도 횟수 (단위: 건)

후보자	조선일보	한겨레	MBC뉴스데스크	합계
이명박	61(45.9%)	59(44.7%)	32(39.5%)	152(43.9%)
박근혜	45(33.8%)	39(29.5%)	26(32.1%)	110(31.8%)

분석 대상 언론이 지고 있는 후보를 지원하기 보다는 잘 나가는 후보를 더 밀어주는 현상은 보도 빈도뿐만 아니라 편집 방식에서도 발견됐다. 6월 한 달 동안 조선일보와 한겨레의 1면에 나타난 대선 관련 보도를 살펴본 결과 이명박 후보 기사가 압도적이었다〈표 26〉.

〈표 26〉 언론사별 대선후보 지면 편집 (단위: 건)

언론사	대선후보	1면	종합/정치	오피니언	기획/특집	합계
조선일보	이명박	13	27	6	15	61
	박근혜	9	22	5	9	45
한겨레	이명박	11	41	3	4	59
	박근혜	6	26	1	6	39

지지도에서 앞서는 후보에 관한 1면 집중 편집 보도는 1면의 파급 효과를 감안할 때 후보의 객관적인 지지도 이상으로 더욱 강조해서 보도한 결과가 됨으로써 유력 후보에 힘을 실어주는 효과를 냈을 가능성이 높다. 특히 조선일보는 후보 검증 문제로 어려움에 처해 있던 이명박 후보의 인터뷰 기사를 이 후보가 이렇다 할 근거 있는 해명 자료를 제시하지도 않았는데도 1면 머리기사로 "대우"하기도 했다.

특히 한나라당 경선 후반부터 이명박 후보와 박근혜 후보 간 치열한 논쟁이 있었던 이명박 후보의 검증 문제에 대해, 끊임없이 탐사보도를 통한 문제 제기를 하는 언론이 있었던 반면에, 제기된 문제에 대해 이 명박 후보 측의 입장을 교묘하게 두둔하는 언론이 따로 있었다. 분석 대상인 한겨레신문은 탐사보도형태로 이명박 후보의 땅 문제에 대해 적극적으로 의혹을 제기했다.

이 보도는 후일 소송의 대상이 되기도 했지만 후보 검증에 관한 주요 이슈가 됐었다. 특정 후보를 정치적으로 공격할 의사를 가지고 있거나 전혀 근거 없는 정보를 토대로 문제제기를 하지 않는 한 선거과정에서 상당한 의미를 제공해 주는 보도라고 할 수 있었다.

4) 2012년 대선 보도 사례 분석

- 2007년 17대 대선과 2012년 18대 대선에서 행해진 여론조사 결과 보도의 차이를 살펴보기 위해 조선일보, 동아일보, 한겨레신문을 중심으로 보도 내용을 분석하였다.

① 보도 내용 요약

2012년 18대 대통령 선거와 관련한 여론조사 결과보도는 17대 대선의 경우와는 달리 2011년 초부터 본격적으로 보도되기 시작하였다. 이러한 현상은 17대 대선에서는 여야 간에 다수의 유력 후보들이 선거 2~3년 전부터 거론되었으나, 18대 대선은 2011년 초반까지 한나라당의 박근혜 후보가 유일하게 부각되었던 정치 환경 탓으로 보인다.

18대 보도자료 분석 기간을 17대 대선과 동일하게 2010년 1월부터 2012년 8월까지의 자료로 한정하였다. 그러나 2010년 자료는 수적으로 미약해서, 2011년 1월부터 2012년 8월까지의 세 언론에 보도된 총 220건의 여론조사 결과 보도 자료를 대상으로 하였다〈표 27〉.

총 220건의 보도 내용을 분석한 결과 2007년의 경우와는 그 보도 양상에 있어서 차이를 보였다. 매체별 후보에 대한 호감, 비호감 성향의 차이는 나타났으나 의제설정, 점화효과는 뚜렷하게 나타나지 않았다. 시기적으로도 대통령 선거 3년 전인 2010년에는 특별히 주목할 만한 여론조사 결과 보도가 없었다. 2011년 들어서서 각 언론사는 신년 여론조사를 시작으로 간헐적으로 대통령 예상후보 여론조사를 실시하고 이를 보도하기 시작하였다. 그러던 중 이해 9월 일부 언론이 안철수 교수를 서울시장 보궐선거 예상후보로 여론조사를 실시한 자료가 공개되면서 대선 정국은 소용돌이 속으로 빠져 들어갔다.

〈표 27〉 세 언론사 여론조사 결과 보도 (수: 건)

언론사	2011. 1.~12.	2012. 1.~8.	계
한겨레신문	45	24	69
조선일보	47	30	77
동아일보	30	26	56
계	122	80	202

(※ 동아일보와 한겨레신문 자료는 한국언론진흥재단(KINDS): "대통령선거〉여론조사〉박근혜 문재인 안철수"검색결과, 조선일보는 조선닷컴 검색자료를 활용하였음.)

이를 계기로 2011년 9월부터 18대 대선은 '박근혜와 안철수, 그리고 민주당 후보' 3파전 양상으로 전개되었다. 이러한 정국의 변화에 따라 9월부터 이와 같은 3파전 양상의 여론조사 결과가 본격적으로 언론에 보도되기 시작하였다. 다음에 보도 내용을 요약하였다(그림 17~19).

(그림 17) 언론사별 여론조사 결과 보도 요약(2011-1)

1/2월	3/4월	5/6월
(2011) **한겨레신문** (1/1) 박근혜 뽑겠다 37%… 그중 절반 '맘 바꿀 수도' (1/1) 32% 박근혜 대항마로 손학규 꼽아 (1/1) 복지 박근혜, 손학규 지도력 오세훈, 경제 정몽준 1위 (1/1) 대북 강경론 -대화론 '엇비슷' - 박근혜 독주(언론종합) (1/8) 지지율의 허실 - 지지율이란 변화무쌍	(3/29) 야권 단일후보 '손학규' (유시민과 8%P차) - 박근혜 36.1% 유시민 10.8%	(5/2) 재보선 뒤 대선주자 지지율 손학규, 유시민 추월… 야 대선주자 1위 악진 - 박근혜 35.2% (6/15) 박근혜 '대세론' 철옹성이냐 유리성이냐 - 내년 총선 결과를 봐야 (6/15) 5차례 직선제 대선 중 4차례 대세론/ 일부는 '거품 판명'… YS만 청와대행 (6/15) 박근혜의 허실 / 여권내 대항마 지지부진 (6/27) 민주 지지율 30% 돌파… 한나라 턱밑 추 - 박근혜 39.0%
조선일보 (1/3) 최근 지지율 40% 넘기도 … 2위 그룹은 한 자릿수 (한겨레, 문화, KBS, 한국) (1/10) 박근혜, 한나라, 지지층이 서로 달랐다 - KRC (2/1) 이 정치인을 아십니까? 안다면 같이 식사하고 싶습니까? - 박근혜-오세훈-한명숙-유시민 순 (EAI, 한국리서치) (2/6) 내년 대선 큰 그림은 '박근혜(여론조사 1위 對 수도권 주자들)'(EAI, 한국리서치) (2/24) 박근혜 지지이유 물었더니 17.5% '여 대통령 나와야' 10.5% '박정희 때문에…' 10.4% '청렴함 때문에…' (한국갤럽)	(3/4) 다음 대통령 누구를 생각하십니까? 단일후보로 적합한 인물 - 한나라당 박근혜 54.3,야권 손학규 17.4, 유시민 16.6 (3/4) 박근혜 42, 유시민 9, 오세훈 6, 손학규 5.7, 김문수 4 (3/4) 파죽지세 박근혜 나홀로 고공비행…연령 지역 등 전례 없는 전부문 1위 (3/4) 박근혜 손학규 강점은 '포용력' 오세훈 김문수 유시민은'결단력' (3/4) 여야 대선후보 1대1 대결 땐 44%36%로 접전 양자대결 땐 여야 격차 줄어 (4/30) 손학규, 유시민 제쳤다 여론조사 기관 2곳 대선주자 지지율 역전(모노, 리얼미터)	(5/4) 박근혜 34.3%, 손학규 10.8%, 유시민 5.5% - 호남선 朴 20.4, 손 20.2 (5/16) 5.16 50주년 박정희 평가 - 박정희 지지자 절반은 '이명박 정부 지지하지 않는다' - 현직 정치인 평가에도 영향 (5/16) 박정희 평가 '국가발전에 긍정적' 83% '민주화에 부정적' 56% - 진보 76.5% '잘했다' (6/3) 한나라는 박근혜 56%, 야 단일후보는 손학규 (6/3) 박근혜 42, 손학규 10, 유시민 6%… 문재인 3.3%로 6위 (6/3) 박근혜 압도적인데도 (야 후보들과 일대일 대결 경우)… 정권교체 여론 우세한 이유(정권교체 48.8%, 정권재창출 38%)는? - 여당소속인 박근혜 심판의 대상이 아니라 현 정권이 대안으로 보는 유권자 많아 (6/13) 국민 50% '박근혜 대통령 되면 정권교체'(미디어리서치)
동아일보 (1/3) 차기 대권 압도적 1위 '차풍'의 미래는? - 대세론과 거품론 (1/3) 차기대통령 누가 적합? 박근혜 김문수 유시민 손학규 순 (1/4) 정치학자 20명이 전망한 2011 정국 - 키워드와 시대정신 : 복지논쟁, 사회통합, 남북한 문제와 안보 - 박근혜 대세론 20명중 13명 '상황에 따라 유동적	(3/31) '내년 총선 현의원 안뽑겠다' 48% - 차기 대통령 박근혜 36.4% 압도적 1위 (3/31) 대선주자 지지율 분석… 박근혜 36.4% 압도적 1위 (4/22) 분당을 차기 대통령 선호… 박근혜-유시민-손학규 순 (4/30) 아산정책연구원 조사 '대선 때 야 후보 찍겠다' 44.8%… 여 후보는 33.6%	(5/10) 정치권 '총선 공포'/ 민주당 지지도 한나라 앞섰다 (리얼미터) (6/15) 서울대생 선호 대선후보 손학규-박근혜-유시민 순

7/8월	9월
(2011) **한겨레신문** (7/25) 대선주자 지지 '문재인' 상승세' 뚜렷 – 박근혜 39.7% (8/29) 박근혜 5.8%P 하락... 문재인, 손학규 제치고 첫 야 권 1위	(9/6) 안철수 파장, 대선판까지... '박근혜 대세론'도 출렁 (중앙 갤럽, 국민 GH코리아) (9/7) 안철수-박원순 단일화/서울시장 불출마 선언 이후 (9/8) 대선 가상대결 안철수 43.2%) 박근혜 40.6%/ '탈정치의 정치'가 '대세론'도 깼다 (9/8) 안철수 "대통령 아무나 하나요" (9/8) 박근혜 다시 찾아온 '추석의 악몽' (언론 종합인용) (9/9) 安풍의 위력 – 단일후보 安 41.5%, 朴 40.7%(미디어리서치) 安 36.1%, 朴 40.6% (9/10) 향후 선거 가늠자 될 한가위/ '안철수 후폭풍' 추석민심은 알고 있다 (9/10) 추석정국 진단-'안철수 돌풍' 그 이후/ 安풍에 놀란 대선주자들, '위기 탈출' 모색할까 – 박근혜 대세 론 대타격 (9/14) 서울신문 양자대결 여론조사/ 박근혜 46%-안철수 44% '오차범위' 내 혼전 (서울신문 여의도리서치) (9/14) 또는 '장외 기대株' 알고 보니 '동향' (9/14) 부산 경남 민심 들어보니... / PK(부산 경남)도 '安풍'... 당만 보고 찍지 않겠다는 사람 많더라 (9/14) 그치지 않는 '安풍' 언제까지... / "서서히 찾아들 것" "언제든 태풍 될 것" – 당분간 위력을 이어갈 것 (9/19) 박근혜 50.8%, 대 안철수 42.1% (9/19) 박근혜-안철수 지지율 조사 / 안철수 돌풍 주역은 진보, 야당 지지층
조선일보 (8/17) 전국 기자들이 지지하 는 차기 대통령은 누구? – 박근혜 19.4%, 문재인 17.9%, 손학규 16.6% (한길리서치)	(9/7) 안철수 42.4% 박근혜 40.5% – 3년만에 처음 朴 2위로 뒤져 (모노리서치) (9/8) 바람에 흔들리는 박근혜 (모노리서치/리얼미터) (9/9) 흔들림 없는 박근혜 표 40%선 – TK등 핵심지지층 이탈 없어 (9/14) 박근혜 45.2%, 안철수 41.2% – 추석민심 여전히 혼전 (9/14) 추석 밥상에도 분 安풍(안철수 바람)... 견고한 박근혜 지지층 – '朴 대 安' 혼전양상 朴 45.2% 安 41.2% (9/14) 대선주자 호감도 국정능력 평가... 박근혜 안철수 나란히 1,2위 (9/14) 무소속 지지, 전지역서 20% 넘어... 30대 무당파 비율 높아 (9/14) 다자대결의 표심, 석달 전 조사와 비교해보니... 朴, PK서 -16.6%P, 50대 이상 -11.3%P – 朴 모든 지역서 1위지만 전 연령층서 지지율하락 (9/14) 朴 경험(18.4) 많지만 우유부단(16) 독선적(8.4)... 安, 서민적(13)이나 국가운영능력(46.6) 부족 (9/15) 범여권(대선후보) 지지 석달새 18.5% 감소 – 안철수 문재인 등 제3대 후보, 범야권 지지율 8.1%P 끌어올려 여는 오세훈 지지표 흡수 못해 (9/23) 휴대폰에 강한 안철수? 이유는? – 이런 현상은 명쾌한 설명을 하지 못한다(전문가들)
동아일보 (7/30) MB-박근혜 '지지율 디 커플링' 올들어 끝났다 – 지지 율 역방향 멈춰 (리얼미터) (8/2) 문재인 0.5%P차 추격... 손 뒤집히나 (8/9) 손 재친 文, 발걸음 빨라 진다 (8/27) 오세훈 사퇴 /박근혜 지지율 1주만에 33.8→28.4%	(9/7) 안철수 서울시장 불출마/ 친차 '安 뜨면 박근혜도 구세대' 긴장 (9/7) 안철수 서울시장 불출마/ 安, 야권 보선승리땐 일등공신... 저도 '러브콜' 더 간절해져 – 안철수 대선 직행하나 (9/8) '안철수 바람 탄 박원순, 지지율 급상승 – 박근혜 40.6%, 안철수 36.1% (9/8) 굳건하던 박근혜 대세론 4년만에 꺾였다 (9/8) 대선후보 지지율 – 박근혜 안철수에 턱밑까지 쫓기는 신세 (9/8) '안철수 바람' 이후... PK 민심 흔들/ 야심 끓는 PK... "부산先 여 2명만 당선" (9/9) '안철수 바람' 이후... 박근혜 대세론 흔들/ 安풍에 한나라 '아노미' (9/9) '안철수 바람' 이후... 박근혜 대세론 흔들/ "너무 안주했다" 신발끈 다시 매는 박근혜 기자들이 다시 본 추석민심 –안철수, 안철수, 안철수 (9/14) 연휴에도 꺾이지 않은 '여풍'... 박원순 대세론 순풍될까 – 朴 46.1%, 安 44.3% (서울신문 여의도리서치) (9/24) 한국정치조사협회 여론조사... 박원순)나경원, 안철수)박근혜

(그림 18) 언론사별 여론조사 결과 보도 요약(2011-2/2012-1)

10월	11월
(2011) **한겨레신문** (10/1) 수성도 편승도 아니다 – '안철수-박원순 현상'은 문명 전환 모색 (10/17) 박근혜 43.0%, 안철수 39.6% (10/26) '금융가'가 아니라 '정치'를 점령하라 – 안철수 대망론에는 비합리적 보 수세력의 재집권 막고자하는 소망 (10/27) '박근혜 선거필승' 공식 깨져 당 재편 조기등판 할지 고심 – 박근혜 대 세론 위기 맞은 것 확실 (10/31) 한나라 40% 민주 11% '제3세력' 39% (10/31) 안철수, 박근혜 넘었다 – 양자대결 박근혜 45.9% 안철수 48.0% (10/31) 5060은 한나라당 충성도 높아 (10/31) 저학력 저소득층도 여권서 이탈... 민주당은 자성론 없어 위기 (10/31) 여론조사로 본 2030 민심/집권세력에 등돌린 2030, 진보보다 중도성향 많아 – 안철수에 주목하는 세대	(11/7) 비슷하면서도 다른, 문재인-안철수 (11/8) '증언 박 정희 시대' '의문사 1호' 최종길 서울대 교수 (11/30) 박근혜, 안철수에 11%P까지 뒤지자/ 친차系, 언론 계 '애꿎은 화살' -아직 입장도 밝히지 않은 사람으로 여론조사 어리석은 일(언론 잘못)

조선일보
(10/19) 나경원 38.2% 박원순 40.5% - 양자대결구도 안철수 44.2% 박근혜 36.4% 안철수 7.8% 앞서 (방송3사)
(10/21) 서울에서 박근혜 33.5%, 안철수 40.5%
(10/27) 박근혜, 서울은 한계… 비수도권 여전히 위력, 안철수 서울서 돌풍… 타 지역 파워는 미지수
 - 朴 여당에 화난 무당파의 아권 쏠림 못 막아
(10/28) 방송3사 출구조사 박근혜 38% 안철수 37.8%… 사측 "서울 경쟁력도 安에 밀리지 않는다"

동아일보
(10/19) 내년 총선 '야후보 지지' 39.9% '여 지지' 33.2%
 - 박근혜 34.0%, 안철수 14.0%
(10/24) 안철수 '박원순 돕겠다' - 安 지원효과 朴 지원 효과보다 클 듯
(10/27) 10.26 재보선/安풍 위력 입증… 안철수 박근혜 '대권 정면승부' 가나
 - 한국 정치지형 대격변… 대선판도 요동
(10/28) 지상파 3사 26일 서울시민 출구조사 때 차기 대선 '가상 맞대결' 물어보니…박근혜 38.0%, 안철수 37.8

(11/2) 헌정사 초유… 나오지도 않은 안철수 신당(39.3%),
한나라(40%) 지지율 맞먹어
 - 20~40대와 무당층이 신당 지지의 핵심세력 (여론조사 종합)
(11/7) 박근혜, 안철수 누르고 차기 지지율 1위 탈환 …'시소 그래프' - 박근혜 26.6% 안철수 25.5% (리얼미터)
(11/10) 서울지역 무당파, 비한나라 성향 뚜렷 (이산정책연구원)
(11/11) 안철수, 대선 양자대결서 박근혜에 9.4% 앞서…안철수 신당도 지지율 1위 (동아일보)
(11/11) 총선 5개월 앞으로 - '安신당 찍겠다' 36%… "현역 안뽑겠다" 36%

12월	1/2월
한겨레신문 (12/19) 선택 2012 전문가 조사/ 전문가들이 본 대선 전망/ 차기 대통령 예상 안철수-문재인-박근혜 순 (12/19) 선택 2012 전문가 조사/ 대선 1년 앞 정치전문가 30명에게 물었더니 - '박근혜 당선 3명' (12/19) 선택 2012 전문가 조사/ 전문가 30명중 26명이 '민주당, 총선서 1당 될 것' (12/27) 4.11 선거, 야당이 더 위험하다 - 한나라당 심판이유가 바로 야당의 부실한 후보 지지는 아니다 (12/30) '안철수 거품' 없었다 … 박근혜 전면 부상에도 지지율 견고 (KSOI) (12/30) 안철수 49.3%-박근혜 44.7% - 오차범위 안에서 앞질러	(1/2) 5개신문 양자대결 모두 / 안철수가 박근혜 앞서(종합) (1/17) 민주당 전대와 대선주자/ 문재인 지지율 치솟아 (2/7) 문재인, 양자대결서 박근혜 첫 추월 - 문 44.9% 朴 44.4% (리얼미터) (2/14) 차기 대통령 선호도, 안철수(34.3%)>문재인(23.6%)>박근혜 (21.2%) 순 - 20~40세대 (2/27) 문재인, 석달새 5→15% 껑충 (2/27) 공천혁신 누가 잘하나… 새누리 47%>민주 38% - 박근혜 35.1, 안철수 22.0, 문재인 14.5
조선일보 (12/1) 부산의 '안철수 신당' 지지율, 한나라당의 2배 (특임장관실) (12/23) 내년 대선 지지하는 후보 安 28.4%, 朴 28.1%..북 위기 위험 잘 할 후보 - 朴 29.9% 安 13.2%(이산정책연구원 R&R) (12/31) 한나라, 7년 6개월 만에 지지율 2위로 - 한나라 32.7% 민주통합 34.9%… 박근혜 41.7% 안철수 47.6% (12/31) 安 지원받아도…문재인 손학규 朴에 밀려 (12/31) 박근혜, 총선 승리가 최대 대선 전략… 안철수, 9월 이후 야 후보와 단일화 모색 (12/31) 경제 안보문제는 박근혜 앞서고… 교육 소통문제는 안철수가 우세 (12/31) 대통령 선택기준, 소통 능력이 1위… 2위는 국가 경영 능력 (12/31) 安·朴 지지율 격차, 김정일 사망 후 5%P대로 좁혀져	(1/17) 에능 출연 + 친노 약진 효과?… 문재인 지지율 14.6% 급등 (리얼미터) (1/26) 문재인 당지자 뜨자… 민주 '안철수 없이 대선' 부상 (1/26) 박근혜 지지의 두 축, 충청·PK가 흔들린다 (1/31) 문재인 급상승, 안철수는 하락 (매경 한길리서치) (리얼미터) (1/31) 안철수 모호한 대선… 야 지지층, 문재인에 쏠려 - 다자대결에서 문재인이 처음으로 안철수 이겨(리서치뷰) (2/3) 산업화→민주화→선진화… 이제 경제민주화 세력 부상 (2/7) 문재인 44.9% 박근혜 44.4% (리얼미터) (2/8) 어제는 문재인, 오늘은 박근혜… 여론조사마다 지지율 오락가락 (한국갤럽 리얼미터 한국리서치)
동아일보 (12/2) (사설) 국민 82% '기존 정당은 민의 대변 못 한다' - 기존 정당에 대한 불신 너무 높아	(1/1) 안보=경제 '박근혜가 낫다' "소통은 안철수" 2030 신뢰 높아 - 위기에 강한 박근혜 소통에 능한 안철수/ 화이트칼라는 安, 자영업자는 朴/ 북한이 흔들리면 박근혜가 유리하다 (1/1) 총선 '쇄신 vs 통합' 안갯속 승부… '지지정당 못 정해' 26.3% (1/3) (사설) 안철수 교수, 정치할지 이제는 말할 때 (1/7) 새해특집/ 주요 정치인 리더십 이미지 조사해보니 - 머리의 박근혜, 가슴의 안철수 - 이상형 1위 안철수, '정치 잘할 것' 항목선 상대적 저평가 (1/26) 설 민심 여론조사/ 치고 올라오는 문… 견고한 安, 朴은 제자리 걸음 (1/26) 박근혜 47%, 문재인 38%… 대선 양자대결 야권 상승세 (1/30) 총선 민심/ 한나라는 싫지만 박근혜는 좋아 (2/1) 문재인, 대선 여론조사 안철수 첫 추월 - (오마이뉴스 리서치뷰) (2/21) 박근혜, 친노 정면공격… 문재인과 대선 전초전

(그림 19) 언론사별 여론조사 결과 보도 요약(2012-2)

3월	4월	5월
한겨레신문 (3/6) 전문가 2차조사 / 대선 승리 가능성/ 박근혜↑ 야권후보↓	(4/9) 정치전문가 패널 대다수 여전히 민주통합당이 4.11 총선에서 제1당 차지 (4/13) 총선으로 본 대선 전망/굳어진 박근혜 '대세' … 야권 정당득표율 49%에 기대 – 총선과 대선은 달라 (4/16) 새누리 유효슈팅 하나 없이 이겼다, 민주당 자책골로– 전문가 토론회 – 야 안철수외 대안없다 (4/23) 박근혜 40.6,–독주, 안철수 23.8%–반등, 문재인 11.0%–하락	(5/11) 문재인 '공동정부 집권플랜' 공개 (5/12) 문재인 제안, 대선도전 디딤돌 놓은 셈 (5/12) 문재인 구상 왜 나왔나 (5/16) 가난한 사람들은 왜 정치 참여가 낮을까 (5/16) 빈곤층은 왜 투표를 안할까 (5/29) 박근혜지율 상승 보수층 똘똘 뭉쳤다 – 박근혜 43.0% 1위
조선일보 (3/5) 安–朴(양자대결) 두 달새 5.9%p→0.9%p… 文 지지율(다자대결) 석달새 두 배 뛰어	(4/13) 문재인, 낙동강 벨트 패배… 요동치는 야 대선 구도 – 안철수 빨리 나와라 (4/13) 결전이 시작됐다 '세개의 벽(수도권,2030,PK)' 앞에 선 朴 (4/13) "정책 잘 제시" 새누리당 45%, 민주 21%… "공천성공" 새누리 60%, 민주 11% (4/14) 대선 가는 길, 문재인이 넘어야 할 현실 – 5060 약세, 표확장성에서 한계, 자신만의 정치적 색깔 부족 (4/14) 총선 투표참여자선 박근혜 3.7%p 앞서고 투표불참자에선 안철수가 6.4%p 앞섰다 – 박근혜 43.4% 안철수 44.4% (YTN 한국리서치) (4/16) 다시 주목받는 안철수… '3무(권력의지, 자기세력, 정치경험)의 벽' 넘을까	(5/7) 호남이 찾는 박근혜 대항마, 손–문→安으로 (5/7) 박근혜, 수도권서(서울 47.5 vs 44%, 인천 경기 45.9 vs 41%) 안철수에 처음으로 앞서 (5/7) 47.2 42.1 양자대결, 7개월 만에 역전 – 朴 앞서
동아일보 (3/8) 박근혜 상수 대 문재인 변수 (3/30) 총선–대선 여론조사/ '朴–安–文' 대선 빅3 구도 굳어져… 文 지지율도 두 자릿수		(5/31) 통진당 사태 안철수 지지율에는 '무풍'… 박근혜와 '대선 양자구도' 고착 분위기 – 朴이 安을 양자대결에서 3~10%p 앞서 (종합)

6월	7월	8월
한겨레신문	(7/2) 흔들림 없는 박근혜 지지 – 박근혜 42.1, 안철수 20.6 (7/2) 안철수 지지자 82.5% "민주당 입당해도 지지" (7/2) 대선 양자 대결/ 박근혜 50%, 안철수 44.4% (7/25) '힐링' 끝난 안철수, 결단 전 여론 살피며 숨고르기 (7/30) 흔들리는 박근혜, 떠오르는 안철수… 다자 대결도 경쟁구도 – 박근혜39.1, 안철수 31.2 –양자대결 安 48.8, 朴 44.9 (7/30) 박근혜 '5.16발언'이 갈랐다 – 20~40 세대와 50대 이후세대를 갈라 (7/31) 안철수에 역전당한 박근혜, '불통 이미지 깨기' 고심	
조선일보 (6/2) 박근혜 現지율 최대치는 53%… 40대가 변수는 야권, 안철수로 단일화 안되면 시너지 효과 적어 (미디어리서치) (6/8) 박근혜, 소통 잘안돼 답답한 박정희 딸… 문재인, 자기 콘텐츠 부족한 노무현 친구… 안철수, 의중을 알 수 없는 모호한 사람 – 서울대생들이 본 대선 주자 (6/26) 박근혜 47.5% vs 안철수 44.3% (KBS 미디어리서치) (6/28) 정당 기반없는 안철수… 내가 잘수 없다 – 문재인 관훈토론	(7/3) 박근혜 소통 안돼 갑갑하지만 다른 사람 찍자니 마땅찮고… 친박들은 전혀 신뢰가 안간다 – 주부 40대가 본 박근혜 – 문재인 카리스마 부족, 안철수 정치할 생각 있으면 일찍 나왔어야지 (7/3) 주부 '문 安 연대 땐 박근혜 대세론 넘을 듯'… 2030 "공동정부에 반감… 역효과 날 것" (7/23) TV 예능프로에 안달하는 한국 대선 (7/25) "사회 정치 비판하면서… 대안은 없는 안철수" – 전문가들 비판	(8/16) 경제민주화 11개 항목 좌표 맨 왼쪽 김두관, 맨 오른쪽 김문수 (8/15) 문재인, 답답한 1위… 손학규, 안간힘… 다급한 김두관 (8/29) 민주 지지층서 야 단일후보 선호도, 安이 문에 10%p 앞서 (8/29) 경선은 문, 대선은 安… 호남서 뚜렷
동아일보 (6/5) 문재인 지지율 9%로 하락… 김두관은 4%로 상승 (한국갤럽)	(7/4) 안철수 42) 문재인 17) 손학규 10%… 호남 민심, 민주 대선주자에 싸늘 (7/11) 지지율 상승세 속에도 '대세론' 못타는 문재인 왜? (7/16) 朴 '정두언 늪' 뚫고 선두질주 … 安 '피로감' 40대서 5.5% ↓ (7/16) 박근혜47.4% vs 안철수 42.2% … 본보 R&R 대선 여론조사 (7/24) 대선판 흔드는 '엔터테인 정치' / 안철수 "대선출마 조만간 결론" (7/25) 安 업은 힐링캠프 시청률 18.7%… 자체 최고 (7/27) 安풍에 더 뜨거워진 민주 경선 (7/28) 비朴 "예능 한편에 대세론 와르르" 협공 (7/30) 차기 대선 어떻게 보나 본보–A채널 대학생 인턴기자 45명 설문 – 문재인 15명, 안철수 14명, 박근혜 11명 – 세 후보 박빙의 승부 (7/30) '朴이 아프다… 문도 아프다… 安풍 시련 – 집중표적 닮은 꼴 (7/30) '과거 대 미래' 대선 프레임 전쟁 – '박정희 대 노무현'의 대결로 안철수는 아직 미래비전 내놓지 않아	(8/22) 박근혜 '40대 허리전쟁' 고전…수도권서 안철수에 큰폭 뒤져 (8/25) 차기 대통령 우선 과제는? 경제성장)일자리 > 부패척결

② 매체별 후보에 대한 긍정/부정 보도 건수

후보에 대한 매체별 보도성향을 분석하기 위해 3파전이 본격적으로 시작된 시점을 분석 대상으로 설정하였다. '박근혜, 안철수, 문재인 후보' 간 3파전이 본격적으로 시작된 시점인 2011년 12월부터 2012년 2월까지 세 언론의 여론조사결과 보도 제목을 분석한 내용은 아래와 같다〈표 28〉.

이 기간 동안의 보도를 분석해 보면, 12월 중에는 한겨레신문은 물론 세 언론 모두 안철수 후보에 대한 긍정적 보도 비율이 높았다. 그러나 2012년 1월부터는 조선일보와 동아일보에서 문재인 후보에 대한 긍정적 보도가 크게 증가한 것을 알 수 있다. 3개월 동안 한겨레신문의 박근혜 후보에 대한 긍정적 보도는 9.1%에 그쳤다. 반면에 같은 기간 동안 조선·동아의 박근혜 후보에 대한 긍정적 보도는 36.4%, 40.0%로 상대적으로 높았다.

〈표 28〉 언론사 후보별 긍정적 기사 보도 건수

언론사	후보자	2011. 12	2012. 1	2012. 2	계	%
한겨레	박근혜	–	–	1	1	9.1
	안철수	5	1	1	7	63.6
	문재인	–	1	2	3	27.3
조선	박근혜	3	–	1	4	36.4
	안철수	2	–	–	2	18.2
	문재인	–	3	2	5	45.4
동아	박근혜	–	2	2	4	40.0
	안철수	1	–	–	1	10.0
	문재인	–	2	3	5	50.0
계		11	9	12	32	

특이한 사항은 2012년 들어서 조선·동아 양 언론의 문재인 후보에 긍정적인 보도가 크게 증가하는 것을 볼 수 있다. 문재인 후보

로 안철수 후보를 견제하고자 하는 '이이제이(以夷制夷)'의 효과를 노린 듯하다. 이러한 두 언론의 문재인 후보에 긍정적인 보도는 다음 달인 3월에도 여전하다. 구체적으로 보도된 내용의 제목은 다음과 같았다. "안-박 양자대결 5.9%P 차이에서 0.9%P 차이로 좁혀져. 문 지지율 석 달 새 두 배 뛰어." (조선일보, 3/5) "'박-안-문' 대선 빅3구도 굳혀져… 문 지지율도 두 자릿수." (동아일보, 3/30)

③ 17대 대선과 18대 대선의 차이

2012년 세 언론사의 여론조사 결과 보도는 2007년 17대 대선 당시와는 비슷하면서도 서로 다른 양상을 보였다. 17대 대선 당시와 비슷한 점은 언론사 간 후보에 대한 보도 태도가 서로 다르게 나타난 것이다. 한겨레신문이 특히 안철수, 문재인 후보에 대해 긍정적인 보도를 많이 했다. 이에 비해 조선·동아는 상대적으로 박근혜 후보에 긍정적인 보도가 많았다. 이들 보수 성향의 언론은 대선 전개 과정에 따라 안철수와 문재인을 취급하는 성향을 달리 하였다.

이 기간 중 두 보수 언론은 초기에는 안철수에 비교적 중립적인 입장을 취했으나, 지지율의 지속적 상승과 안철수 후보가 진보내지 야당적 입장으로 자신의 입지를 설정한 후로는 이를 견제할 문재인 후보에 긍정적인 보도 수를 늘렸다. 이는 보수 언론의 진보 후보 견제를 위한 대응책이었던 것 같다. 3자대결 구도를 굳혀나가 그들에게는 차선의 후보인 박근혜를 돕고자 했던 것으로 보인다.

그러나 18대 대선에서는 17대 대선과 같은 언론의 의제설정효과나 점화효과는 발견되지 않았다. 그 이유는 17대 대선과 달리 새누리당이나 민주당 모두 경선을 앞두고 유력한 후보들 간의 경쟁구도가 형성되지 못했던 데서 찾을 수 있을 것이다. 그리고 대선에 임박해서야, 그것도 돌발적인 상황에서 박근혜 후보에 대항할 후보들이 등장하게 된 점이 그 원인으로 분석된다. 즉, 2012년 대선에서는 의제설정과 점화효과를 형성해 나갈 만한 충분한 시간이 없었으며, 프레이밍 대상이 될 후보도 없었던 것이 이러한 차이를 불러 온 것 같다.

(3) 무책임하게 행해진 선동적 여론조사와 결과 보도

2007년 초 헤럴드경제와 케이엠조사연구소가 실시한 '바람직한 여권후보'조사 결과가 정치권의 눈길을 끌었다. 이 조사에 의하면 손학규 당시 한나라당 의원이 고건 전 시장에 이어 지지율 2위를 기록했다. 바람직한 여권 대선후보로 '한나라당의 손학규'가 당시 '열린우리당의 대주주 정동영'을 크게 앞질렀다는 보도였다. "손학규의 성향이 여권후보로도 맞을 것 같아서 범여권 후보 중에 슬쩍 집어넣었는데 의외의 결과가 나왔다. 따지고 보면 '고건 대세론'도 모 회사에서 그의 이름을 여론조사에 넣었는데 지지도가 잘 나와서 생긴 것이다." 언론의 의뢰로 이와 같은 조사를 실시한 여론조사회사의 간부의 인터뷰 내용이다.

이 당시 한나라당 소속으로 비록 이명박, 박근혜에 뒤지기는 했지만, 그때까지도 한나라당의 대선 유력 후보였던 손학규를 범여권 후보에 포함시켜 여론조사를 하는 것은 한 마디로 코미디였다. 그러나 결국 손학규는 한나라당을 탈당하여 후일 열린우리당 대선 후보 경선에 나갔다.

이런 웃지 못 할 사례는 이 이전에도 있었다. 1997년 한나라당 대통령후보 경선에서 이회창에게 패배한 이인제의 경우다. 이인제가 탈당하거나, 독자 후보 출마를 선언하지도 않은 상태에서 '탈당후 제3후보 출마'를 전제로 한 여론조사가 행해졌다. 이 조사 결과에 고무된 이인제는 결국 탈당하여 국민신당을 창당, 대선에 출마하였다. 경선에 패한 이인제를 출마도 선언하지 않은 상태에서 대통령선거 여론조사에 넣었던 것은 결코 정상적인 여론조사는 아니었다.

2005년 행해진 강금실 전 법무장관이 서울시장 출마 관련 여론조사도 이러한 비정상적인 여론조사의 한 행태였다. "서울시장으로 전 법무장관 강금실이 어떻습니까?"라는 설문내용이었다. 이러한 코미디는 2014년 10월에도 여전하다. 2014년 10월 22일 YTN이 보도한 한길리서치의 여론조사결과에 의하면 2017년 대선을 앞두고 유력주자의 대선후보 지지율 조사에서 반기문 유엔사무총장이 39.7%의 지지율을 얻었다고 보도하였다. 어느 당의 후보도 아니고 '유엔사무총장 반기문'이라니… 누가 무슨 목적으로 이런 조사를 했고, 또 이를 보도한 것일까?

이미 우리 사회에서는 언론이 정치권력을 만드는 새로운 역할자로 등장하였다. 의도적이고 잘못된 여론조사가 고건, 손학규, 강금실, 정운찬, 안철수를 불러냈고, 또 이들을 좌절시킨 것도 또한 언론사의 여론조사 결과 보도였다. 여론조사 회사의 여론조사 오용(誤用)과 언론사의 여론조사 악용(惡用)이 만들어낸 웃지 못 할 코미디의 연속이었다.

물론 여론조사는 발언권이 약했던 시민의 목소리를 정치과정 전면에 내세우는 긍정적 역할을 한다는 측면도 무시할 수 없다. 또 여론조사 결과는 복잡한 사회를 이해하고 분석하는데 편리하고 유용한 도구이기도 하다. 그러나 조사 대상자들이 충분한 정보에 근거하여 답하고 있는지, 조사결과로 나타난 소수자의 생각은 배제해도 되는지에 대해서도 숙고해 볼 필요가 있다. 감성적인 요인에 의해 시민사회가 설득당하고 있는 것은 아닌지, '보이지 않는 손'이 여론의 방향을 왜곡하고 선동하고 있는 것은 아닌지 잘 살펴야 한다. 2017년 19대 대통령 선거가 눈앞에 와 있다. 다시 '보이지 않는 손'이 도둑처럼 다가와 활개를 칠 시점이 왔다.

(4) 잘못된 여론조사 결과 보도가 이명박을 승리로 이끌어내

한나라당 경선 결과는 잘못된 여론조사가 빚어낸 작품?

2007년 8월, 경선 일주일 전부터 각 언론사가 한나라당 경선 방

식대로 실시한 시뮬레이션 추이를 보면 이명박 후보가 5.3~7.3%
포인트 가량 박근혜 후보를 앞선 것으로 분석되었다. 그러나 막상
투표함 뚜껑을 열었더니 1.5%포인트(2,452표)차에 불과했다.

중앙일보 조사연구팀은 전당대회 당일인 20일 신문 보도에서
이 후보가 52.0%로 우세한 가운데 박 후보가 45.0%로 추격한다고
보도했다. 두 후보의 격차는 7.0%포인트였다. 이 조사는 한나라당
경선 당일인 19일, 대의원 541명, 당원 794명, 국민선거인단 843
명 등 모두 2,178명을 대상으로 한 것이다. 그런가 하면 서울신문
이 경선 바로 전날인 18일 보도한 KSDC(한국사회과학데이터센터) 조
사에서는 이 후보가 42.9%를, 박 후보가 37.6%를 기록, 둘의 격
차는 5.3%포인트로 분석됐다. SBS가 TNS코리아와 15, 16일 이틀
동안 조사해 16일 밤 보도한 것도 이명박 후보가 박근혜 후보를
6.6%포인트 앞섰다는 내용이었다. 경선을 일주일 남겨두고 실시
된 여론조사 시뮬레이션에선 두 후보 격차가 최대 7.3%포인트를
보였다.

그러나 실제 투표결과에선 이러한 예측이 모두 크게 빗나갔다.
무엇보다 직접 투표를 한 '대의원·당원·일반국민선거인단' 표심을
제대로 짚어내지 못했다. 언론사 여론조사에서는 '적극적 투표 의
사층' 가운데 대의원의 경우 이 후보가 박 후보를 10%포인트 이상
앞서는 것으로 예측한 조사들이 대부분이었다. 당원을 대상으로
한 여론조사도 박근혜 후보가 막판까지 많이 좁히긴 했어도 대부
분 조사에 열세를 면치 못했다고 보도되었다. 일반 국민선거인단

의 경우 몇몇 조사에서 박 후보가 이 후보를 제친 것으로 나왔지만 그 격차도 2~3%포인트 내외로 미미하다고 보도했다.

그러나 실제 투표에선 오히려 박 후보가 이 후보를 432표(0.3% 포인트) 앞섰다. 여론조사 기관은 물론 이명박 후보 측도 깜짝 놀랐다는 후문이다. 왜 이런 결과가 나오게 되었을까? 이에 대해 여론조사에 참여했던 조사기관의 한 관계자는 "여론조사기관의 시뮬레이션은 대부분 경선 5~7일 전에 시행해 그때 그 시점에서 판세를 보고 그 당시 어느 후보가 어느 정도 앞서고 있는지 보여줬을 뿐"이라면서 "경선 결과를 예측한 것은 아니다"라고 변명하고 있다. 그러나 과연 기사를 읽은 독자들도 그렇게 생각했을지 의문이 든다.

〈표 29〉를 살펴보자. 경선 결과 전체 득표수에서 이명박 후보는 1.5%포인트 앞서서 후보로 선출되었다. 그러나 주요 언론사의 예측 결과는 이러한 박빙 승부를 예측하지 못했다. 몇 년 동안에 걸쳐서 영향을 끼쳐온 여론조사 결과 보도에 영향을 받은, 일반인 대상 여론조사는 당연하게 실제 여론조사결과와 크게 다르지 않았다. 그러나 선거인단 예측 결과는 전혀 다르다.

먼저 대의원 조사와 당원조사를 보면 각 언론사는 이명박 후보가 많이 앞서는 것으로 예측한 보도들은 크게 잘못된 것이었다. 국민 선거인단 예측에서는 조선일보와 한국갤럽의 예측보도가 가장 틀린 것으로 나타났다. 다른 언론사의 조사들은 국민 선거인단에서는 박근혜 후보가 앞서거나 약간 뒤지는 것으로 예측하였으나, 한국갤럽의 조사결과는 박근혜 후보가 무려 8.2%포인트 뒤지는 것으로 예측하였다.

〈표 29〉 박근혜 후보 – 이명박 후보 경선최종 시뮬레이션

언론사/조사기관	조사일시	선거인단			여론조사 (20%)	전체 (%)	비고
		대의원 (20%)	당원 (30%)	국민선거인 (30%)			
실제결과	8/20	+0.3 *			−8.8	−1.5	
박근혜 후보/자체조사	8/16	−6.5	0	+3.8	선거인단 조사결과 0.6% 승리 예측		
한국일보/미디어리서치	8/13~14	−12.1	−7.0	−0.3	−12.8	−7.3	
조선일보/한국갤럽	8/11~12	−10.1	−7.3	−8.2	−11.0	−8.1	
중앙일보/ 자체조사	8/13	−9.7	−9.2	−6.8	−10.2	−8.8	
KBS/미디어리서치	8/8	−12.7	−7.3	−1.1	−12.8	−7.3	
동아일보/KRC	8/11	−11.4	−5.3	−0.9	−12.9	−7.7	
한겨레/리서치플러스	8/16	–	–	–	−5.7	–	
서울신문/KSDC	8/14~16	−11.1	+0.1	+1.1	−7.7	−5.3	
국민일보/글로벌리서치	8/14			+5.3		−5.6	
sbs/ TNS		−12.2	−2.5			−6.6	

(※대의원 · 당원 · 국민경선인단 등 선거인단 그룹별 투표에서 두 사람이 어떤 결과를 얻었는지는 한나라당이 공개하지 않아 알 수 없다.)

한나라당 경선관리위원회가 선거인단 성분별 득표수는 발표하지 않아 실제 득표 결과는 알 수 없다. 그렇지만 선거인단 전체 득표에서 박근혜 후보가 0.3%포인트 앞선 결과만을 고려하면, 박근혜 후보 측 자체조사 결과(0.6%포인트 앞서는 것으로 예측)가 실제결과에 가장 접근해 있다〈표 29〉.[10] 박근혜 후보 측이 자체적으로 조사한 결과를 통해 유추해보면 대의원에서는 큰 차이로 지고, 당원에서는 별 차이가 없었으나, 국민 선거인단 투표에서 큰 차이로 이겨 결국 0.3%포인트 승리하게 된 것으로 볼 수 있다.

한국갤럽과 박근혜 후보 자체조사 결과는 국민 선거인단 예측

---

10) 이렇게 여론조사를 통해 정확하게 예측이 가능했던 것은, 언론에서 실시한 여론조사와 달리 한나라당 선거인단 여론조사를 '확률표본추출법'에 의해 조사를 진행한 데 있었다.

에서 무려 12%포인트의 오차를 보인다. 이점에서 우리는 앞에서 언급한 중앙일보 사례를 참고할 필요가 있다. 중앙일보는 이명박 후보 측에서 받은 국민 선거인단 명부로 조사한 결과는 46.5% 대 38.4%로 이명박 후보가 박근혜 후보를 8.1%포인트 앞섰지만, 박 후보 측에서 받은 명부에 근거했을 때는 44.5% 대 42.8%로 이 후보가 단지 1.7%포인트의 리드를 지켰다고 보도했다.

그렇다면 경선 당시 잘못된 이런 여론조사의 문제는 대상자 선정 때문일 수 있다. 왜 다른 언론사의 조사들은 국민 선거인단의 선택이 박근혜 후보로 쏠려있다고 판단한 순간에도 한국갤럽의 조사결과는 유독 이명박 후보의 승리로 나타났는지. 한국갤럽은 그 이유를 지금은 알게 되었을지 그것이 궁금해진다.

그러나 중요한 것은 특정 시점의 언론사 여론조사 결과 보도의 정확성 여부가 문제가 아니다. 더 큰 문제는 이렇게 부정확한 여론조사가 수년 간 지속되었다는데 있다. 이러한 부정확한 여론조사 결과를 토대로 일개 정당의 후보가 결정되었고, 더 나아가 대통령에 당선되었다는 데 문제의 심각성이 있다. 선거인단의 실제투표결과가 공개되지 않았다면 경선을 앞두고 행해진 언론사의 여론조사는 면죄부를 받은 채 '유명 언론과 유명 회사'라는 권위의 커튼 뒤에서 웃고 있었을 것이다.

과연 경선 후보결정에서 20%를 차지하는 막강한 일반여론조사 결과는 후보를 결정할 만큼 과연 믿을 만한 것인가? 여론조사가 대통령이 되는 결정적인 관문인 공당의 후보 결정에 권위를 가질 정도로 타당성을 가진 것이었는가에 대해서는 여전히 의문을 가지게 된다.

박근혜 후보의 패인은 잘못된 여론조사인가? 거기에 대한 답은 저자 혼자 내릴 수는 없다. 여론조사에 관계했던 많은 이들의 서로 다른 주장과 이해와 관점이 복잡하게 뒤엉켜 있기 때문이다. 십자가에 예수를 못 박으라고 아우성치는 비뚤어진 여론에 밀려 처형당한 예수의 죽음이 오늘날에도 이어지는 것은 아닌가? 예수를 십자가에 못 박으라고 명한 유대 총독 본디오 빌라도는, 이러한 명령을 내린 것은 '유대인들의 요청에 의해 어쩔 수 없이 내린 것'이니 자신과 관계없다고 주장하며 즉시 물로 손을 씻었다는 성경 구절을 떠올리게 한다.

3. 여론조사 정치 약인가, 독인가?

(1) 민주정치의 기본 입장을 해친다

여론조사 정치가 기승을 부리면서 정당의 효용가치는 땅에 떨어졌다. 한국에서는 더 이상 교과서적인 '대의민주주의'가 제대로 작동하지 않는 것으로 보인다. 여론조사 결과에 의해 정치행위가 이루어지는 정치풍토 속에서 국민들을 선도하는 미래지향적인 정책정당 건설은 이미 흘러간 옛 노랫가락이 되어버렸다. 여론조사 결과라는 숫자 놀음에 그 어떤 가시적인 정책의지도 생겨나기 어렵게 되었다. 여론조사를 통해 결정했다면 경부고속도로는 결코 만들 수 없었을 것이라는 주장이 공연한 푸념만은 아니다.

〈표 30〉 민주주의 선거 4대 원칙과 여론조사 정치

원 칙	투 표	여론조사
보통선거	19세 이상 국민 누구나	전화 걸려와 전화로 확인
평등선거	1인 1표	1인 5표 (2007년 한나라 경선)
비밀선거	투표소에서 비밀보장	여론조사 회사는 알게 됨
직접선거	투표소에서 직접 투표	전화로 간접 표현

또한 여론조사로 공직선거 후보를 결정하는 일은 민주주의에서 이루어지는 선거의 기본원칙인 보통, 평등, 비밀, 직접선거의 원칙에도 위배된다〈표 30〉. 걸려온 전화에다 대고 누구를 지지한다고 하는 여론조사를 통해 공직 선거후보를 결정하는 일은 보통선거, 비밀선거, 직접선거의 원칙에 크게 어긋나는 일이다. 거기에다 투표장에서 행사하는 선거인단의 한 표는 1표에 해당한다. 하지만 여론조사에 응답하는 한사람의 응답 1표가 5표로 환산되는 어처구니 없는 행태는 평등원칙에 크게 어긋나는 일이다. 우리는 언제까지 이러한 불합리한 일을 계속해야 할 것인가?

물론 여론조사 공천방식은 어떤 의미에서는 정당후보 선출방법들 중 가장 개방적이고 분권화된 방법일 수도 있다. 그러나 미국의 개방형 선거의 경우에도 누구나 한 당의 예비선거에 참여할 수 있으나, 한 개인이 두 당의 예비선거에 모두 참여할 수는 없다. 무소

속 유권자도 양당 중 한 당의 예비선거에만 참여할 수 있다. 이와
는 달리 우리나라의 여론조사 공천방법은 이러한 개방형 선거에서
제시하는 최소한의 조건, 즉 한 당의 예비선거에만 참여하는 조건
도 요구하지 않는 무조건적인 개방형이다. 이러한 극도로 개방된
후보 선택방법은 선거원칙에 위배될 뿐만 아니라 또 다른 부정적
인 문제점들을 안고 있다.

　민주주의 정치 과정에서의 핵심은 대중의 참여다. 민주주의의
역사는 참여의 대상이 소수에서 다수로 확대되어 온 역사적인 투
쟁의 과정이다. 참여는 자발성을 전제로 하며 자신의 선택과 행동
에 대한 책임을 수반한다. 그러나 여론조사는 정치참여의 이런 의
미를 담고 있지 않다.

　정치학자 강원택은 여론조사 방식으로 후보를 결정하는 방식의
문제를 참여와 선택이라는 차원에서 그 문제점을 지적하였다.[11] 먼
저 참여라는 차원에서 자발적이 아닌 수동성을 지적하고 있다. 여
론조사에 응하는 이들은 우선 자발적으로 그 의사표현에 참여하려
는 의지가 아니라 주어진 질문에 수동적으로 답할 뿐이라는 것이
다.

　또한 선택 차원에서는 여론조사로 후보 결정하는 방식에 참여
하는 사람들은 정치적 중요성을 의식하지 못한 채 응답하는 경우
가 많다고 지적하고 있다. 호감이나 관심, 인기가 그에 대한 지지

---

11) 강원택, "당내 공직 후보 선출 과정에서 여론조사 활용의 문제점," 「동북아연구」14권 0호,
　　(2009). pp. 35-63.

로 곧바로 전환하게 된다는 것이다. 여론조사는 단순한 의견 표명일 뿐 그러한 의사 표현에 따른 결과를 의식하지 않는다. 그러나 투표는 자신의 한 표가 승자 결정과 같은 구체적인 결과로 이어지게 된다는 차이가 있다.

여론조사는 결과에 대한 부담을 가질 필요 없는 일종의 인기투표에 불과하다. 게다가 투표와 여론조사는 외부비용에 있어서 큰 차이를 보일 수밖에 없다. 내가 '선거에서 투표'한 후보가 대통령 선거에서 패배한 경우와 내가 '여론조사에서 고른' 후보가 1위를 못한 경우에 갖게 되는 불만족의 사회적 비용은 엄청나게 다르다는 것이다.

선거는 민심의 종합결정체라고 한다. 민심은 여론조사에 의해 만들어지는 게 아니다. 여론조사는 단지 민심의 흐름을 그때마다 측정해보는 잣대에 불과하다. 선거 때마다 여야 정당에 퍼지는 여론조사 결과가 곧 민심이라는 강박관념이 문제다.

다중의 의견은 쉽사리 한쪽으로 휩쓸리기 쉽다. 정략가일수록 여론을 조작하기 쉬운 대상으로 여긴다. 한 사람을 설득하는 것보다 대중을 움직이는 것이 쉽다고 하는 이도 있다. 냄비처럼 쉽게 뜨거워지고 쉽게 식는 군중심리는 오히려 사회를 잘못된 방향으로 몰아가기도 한다. 대중은 사건의 실체보다 분위기에 휩쓸려 판단할 가능성이 높다. 이 때문에 여론만 좇아 중대한 사회적 결정을 내렸다가는 포퓰리즘에 치닫게 될 수도 있다. 역사상 가장 정의로운 제도로 여겨지는 민주주의는 언제든 중우정치와 조작된 여론에

함몰될 위험을 내포하고 있다. 지금 우리 사회의 여론은 과연 건전한가에 대해, 그리고 그 여론을 판단하는 여론조사는 정확하고 객관적인가에 대해 진지하게 고민해야 할 시점이다.

(2) 정당정치의 근간을 흔들 수 있다

현대 민주주의에 있어서 정당의 공직후보 선출은 정당정치가 지니는 가장 핵심적인 기능 중 하나이다. 정당은 선거를 위한 공직후보의 지명과 선출과정을 통해 정부와 일반 국민들 사이를 매개하는 역할과 정치적 충원 기능을 수행한다. 정당이 경쟁력 있는 후보자를 찾아 이합집산하거나 정당 성격상 영입될 수 없는 후보를 선거승리를 위해서 영입하는 방식은 책임정치의 실종이라는 점에서 비판 받아 마땅하다.

우리 사회에서 유행처럼 번져가는 정당 오픈 프라이머리 주장은 어떤가. 미국의 공직후보의 예비선거는 미국 정치의 특수성에 기인한 정치적 산물이다. 미국은 대표적으로 허약한 정당구조와 조직을 지닌 국가이며, 공식적인 정당조직이나 당원 개념이 빈약하다는 사실이다. 정당의 기율이 약하기 때문에 이른바 당원이라고 부를 수 있는 기간당원의 수도 부족하고, 개별 의원이나 당원들에 대한 정당의 통제도 매우 제한적이다. 또한 미국의 정당정치는 정당의 실질적 권한을 행사하는 정당지도자나 상설화된 중앙당 조직도 존재하지 않는다. 이러한 가운데 미국의 정당들은 승자독식의 대통령제 하에서 정치지도자나 정치적 파벌들에 의한 권력 독점과 부패 문제 등을 해소하기 위한 방편으로, 대통령 후보에 대한 예비 선거제도를 발전시켰다.

이와 같은 예비선거제도는 정당의 공직후보 선출과정에서 일반 당원 및 유권자들이 중심이 되어 정당의 공직후보를 상향식으로 결정함으로써 당내 민주화를 촉발시킨다. 그러나 정당의 공직후보 선출과정에서 예비선거제도의 도입은 정당정치의 약화와 쇠퇴를 초래할 수 있다. 예비선거제도는 경선에 출마한 예비후보자들이 정당 지도부보다 일반 당원과 유권자들에게 더욱 의존하여 자신의 지지 세력을 직접적으로 동원하게 됨으로써 선거 자체를 정당 중심에서 후보 중심으로 전환시키는 효과를 초래한다.

우리나라에서는 정치권에 몸담고 있는 인물들에 대해 유독 비판적이고 부정적인 시각이 많다. 정치권 밖에 있는 '새로운' 인물에 대한 선호가 높게 나타난다. 고건, 강금실, 문국현, 안철수 등 비정치권 인사들에게 열광한다. 정치 활동 대신 미디어에 적극적으로 노출시키고 각종 언론기관의 여론조사를 통해 높은 지지도를 계속해서 대중들에게 과시하면 '새로운' 인물로 떠오르게 된다. 결국 여론조사는 정당을 통해서가 아니라 정당을 우회하여 정치지도자로 나설 수 있는 매력적인 통로로 인식될 여지가 충분하다.

게다가 더 심각한 문제점은 대통령 임기 후반에 이를 때마다 정당이 대통령 후보자 군을 찾아내고 이를 배양하는 인큐베이터 기능을 수행하려 한다는 점이다. 정당일체감 등에 대한 자격검증 과정 없이 원하는 후보라면 모든 후보가 참여하여 오로지 가장 강력한 본선 선거경쟁력을 지닌 후보를 뽑기 위해 경선을 치른다. 이런 경선방식은 이러한 대통령을 선출하는 것이 주 목적이 되는 성격의 정당으로 퇴화시킬 수도 있다.

여기서 문제는 이러한 새로운 인물들에 대해 정작 유권자들이 아는 것은 별로 없다는 점이다. 새로운 인물에게 호감을 나타냈지만 그의 정책이나 정치적 입장, 가치에 대해서는 거의 아는 것이 없었다. '월드컵 성공의 주역, 성공한 CEO, 거대한 검찰과 맞서는 여성장관, 성공한 컴퓨터 전문가' 등에 열광하지만 정작 그가 대통령이 된다면 어떤 정책을 펼치고 어디로 국가를 이끌어갈지에 대해서는 잘 알지도 못하면서 여론조사에서 그를 지지한다고 응답하는 것이다.

정당은 같은 이념과 사상을 공유하는 집단으로 권력을 추구하며, 정책이나 공약을 통해 유권자로부터 정치적 평가를 받는다. 이념적, 정책적 정체성을 밝히고 정치적 책임을 지는 주체이기도 하다. 그러나 대중적 인기 때문에 정당의 정체성과 일치하지 않는 인물을 영입하는 것은 정치적 책임성과 안정성을 위태롭게 하는 일일 수 있다. 특히 여론조사로 후보를 선출하는 과정이 정당정치에서 문제가 되는 것은 정당을 대표하는 후보자 선출에서 당과 무관한 일반 유권자의 뜻이 너무 많이 반영되는 반면에 정작 당원들은 정치적으로 소외되는 데 있다. 이것은 정당존립에 부정적인 현상으로 작용할 수 있다.

2007년 한나라당 경선에서 여론조사에 응답한 응답자의 1표는 실제 경선에서 5표로 계산되었다. 당원은 1표, 여론조사에 응한 일반유권자의 1표는 5표로 계산되는 모순은 일반당원들의 소외감을 증폭시켰다. 이러한 당원들의 정치적 소외감은 정당 내부 조직의 약화, 정당의 정치적 정체성의 약화라는 정당정치에 심각한 문제로 이어질 수 있다. 수년간 당비를 내고 당을 지켜온 당원은 1표의 가치를 지니는데 일반유권자는 1인이 5표의 가치를 지니는 모순을 어떻게 받아들여야 할까?

끝으로 여론조사 공천은 단기적으로는 일반 유권자의 정치참여 기회를 확대시킬지는 몰라도 장기적으로는 거꾸로 정치참여 동기를 약화시키는 효과를 가져 올 수 있다. 여론조사 공천이 정당을 약화시키고 인물 중심의 투표를 촉진시키기 때문이다. 인기투표에 의해 공천을 획득한 공직선거 후보는 정당에 책임을 지는 입장이기 보다는 자신 개개인 또는 지역구, 또는 포퓰리즘적인 이익을 추구할 수 있다. 선출된 자의 자율성을 강화시켜 정당을 약화시킬 수 있다는 점이다. 결론적으로 여론조사를 통해 공직선거 후보를 결정하는 공천 방법은 '대표성을 증가'시켰을지는 몰라도 '책임성과 효율성을 감소'시키는 결과를 초래하였다.

(3) 정치문화를 개혁하고 언론보도 행태가 변해야 한다

정치문화 개혁

한국은 선거를 통한 절차적 민주화를 성공적으로 진행하고 있으나 정치인과 정당들이 유권자들의 이해(요구)를 정책으로 반영하는 위임문제를 성공적으로 해결했다고 보기 어렵다. 따라서 한국정치가 당면한 가장 중요한 문제는 정책대결이 부재한 비 정책적인 지역주의, 인물중심주의, 파벌주의 중심의 선거경쟁을 해소하는 일이다.

지역주의를 토대로 정당을 사실상 사당(私黨)화 했던 '3김 시대'가 마감되자 당내 민주주의의 활성화와 참여형 정치에 대한 국민적 요구가 높아졌다. 그러나 2002년 이후 공직선거 후보 결정에 사용되어온 여론조사를 통한 공천은 이를 충족시키지 못하고 있다. 이러한 현실에서 정당이 유권자 대리인의 역할을 충실히 수행할 수 있도록 도와주는 제도 마련이 시급하다.

무조건 될 만한 후보를 뽑는 것이 공직 후보 선출의 목적이 아니라면 인기투표 식의 여론조사 공천은 심각하게 그 활용을 검토해야 할 시점이다. 절차적 민주주의가 아닌 실질적 민주주의의 발전을 위해서는 정당이 국회의원이나 정당 엘리트의 권력 참여를 위한 도구적 수단에 머물러서는 안 된다. 정당은 다양한 유권자들의 목소리를 반영시키는 여론의 도수관(파이프 라인) 역할이라는 정당 본래의 목적에 더욱 충실해야 한다.

언론 보도 행태가 바뀌어야 한다

선거 과정에서 여론조사는 정치인과 유권자를 연결하는 중요한 커뮤니케이션 도구이다. 여론조사를 통해 언론은 공공의 사안 또는 공중의 여론을 객관적으로 전달함으로써 정책결정 과정에 민의를 반영시킨다. 그러나 이와 같은 언론의 선거보도는 어떤 형태로든 정치적 효과를 불러온다. 선거보도는 정치행위에 해당하기 때문에 신중을 기해야 한다.

어떤 시점에서 특정 후보자가 유권자의 지지를 많이 받고 있다면 당연히 그 후보자에 관한 보도 건수도 늘 수밖에 없다고 주장할 수도 있다. 그렇지만 이런 현상을 "드러난 사실을 보도하는 시실 보도에 지나지 않다"고 주장하는 것은 너무 단순한 얘기다. 이러한 보도는 현재의 선거 구도를 기정사실로 굳히는 정치적 효과를 불러온다. 사실을 있는 그대로 보도하면 그만이라는 형식적 객관주의 보도를 경계해야 하는 이유가 바로 여기에 있다.

대부분의 유권자에게 후보자 지지율과 관련한 여론조사 결과는 현실적으로 매우 중요한 정보다. 선거여론조사 결과의 매체 보도를 중립적이고 객관적인 판세보도로 받아들이는 유권자들에게 후보자의 지지율 정보는 후보 판단에 영향을 미친다. 여론조사 결과보도는 후보들의 당선 가능성 정보로 작용할 것이며, 지지 후보의 선호도와 함께 당선 가능성도 중요한 후보 결정 기준으로 고려하게 될 것이다.

정책 보도를 배제한 경마식 보도는 문제가 있겠지만, 선거 과정에서 후보자의 지지율 정보를 정확하게 전달해 주는 경마식 보도는 선거보도의 중요한 양식이기도 하다. 그렇지만 이러한 경마보도를 잘 하기 위해서는 언론사 내부에서 전문 교육이 필요하고, 이런 보도 행태에 대해 사회과학자들이 지적하는 부분을 언론이 수용할 필요가 있다. 여론조사와 관련한 불공정 보도, 왜곡보도, 선정적 보도, 경마식 보도를 지양하라는 비판 속에서 과학적인 해석의 가치를 중요시하는 풍토를 만들어 가야 할 것이다. 여기서 한 걸음 더 나아가 언론이 정치 권력화 하는 부작용을 언론 스스로가 극복해나가야 한다. 언론 보도 행태가 이제는 변해야 한다.

제3부

여론조사 정치를 극복하고 대통령 만들기

1. 2017년 대선 환경 예측

일반적으로 대통령 선거의 정치 환경은 제도적 환경, 선거적 환경, 이념적 환경, 사회경제적 환경으로 구성된다. 정치체제의 변화는 이러한 정치 환경의 변화 요인에 영향을 받으며 정치체제의 변화는 정치 행위자가 이러한 변화에 적응하도록 만든다〈그림 20〉.

(그림 20) 정치체제의 변화와 정치행위자

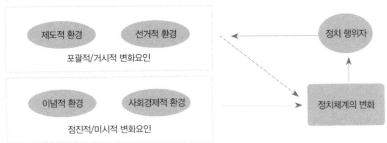

그렇다면 2017년 우리의 대선 환경을 어떻게 예측할 수 있을까? 이념적 환경, 제도적 환경, 선거적 환경, 그리고 사회경제적 환경을 구성하는 요인을 중심으로 다음과 같이 정리할 수 있을 것이다.

(1) 세대효과는 여전할 것이다

1997, 2002, 2007, 2012년 네 차례 대통령선거에서 나타난 세

대별 정치적 선택의 추이는 다음과 같다. 노환희 등은 정치사회화 시점(10대 후반~20대 중반)의 정치적 경험을 기준으로 '촛불세대', '월드컵 세대', 'IMF 세대', '386세대', '유신세대', '전후 산업화 세대', '한국전쟁 세대' 등 7개의 세대로 구분 세대 간 정치적 성향의 차이를 분석하여 연령 효과와 세대 효과에 대해 분석하였다.[12]

분석 결과 한국 선거 정치에서 연령 효과, 세대 효과는 모두 확인되었다. 다만 연령 집단별로 상이한 효과가 발견되었다. '전후 산업화 세대(1942~1951년 출생)'와 '한국 전쟁 세대(1942년 이전 출생)'에서는 지지, 이념 성향, 무당파적 성향이라는 세 가지 차원에서 모두 연령의 증가에 따라 보수화되는 연령 효과가 유사한 패턴으로 확인 되었다.

'유신 세대(1952~1959년 출생)' 또한 '전후 산업화 세대'와 '한국 전쟁 세대'와 유사한 모습을 보일 것으로 추정되었다. 이에 비해 '386세대(1960~1969)'는 시간의 흐름과 무관하게 그 세대의 특수한 정치적 성향을 유지하는 세대 효과가 존재하는 것으로 나타났다.

386세대 이후의 IMF 세대, 월드컵 세대의 경우 이념 성향에 있어서는 진보적인 성향에서의 지속성을 보였으나, 후보자 선택과 정당 일체감에 있어서는 선거에 따라 상승과 하락을 반복하는 모습을 보였다.

이러한 결과에 의하면 향후 한국 유권자들이 고령화되는 인구

---

12) 노환희·송정민·강원택, "한국 선거에서의 세대 효과 – 1997년부터 2012년까지의 대선을 중심으로,"「한국정당학회보」제12권 제1호 2013년 (통권 23호).

구성의 변화에 따라 '중도 보수화될 것이다'라고 단순하게 결론짓기는 어려울 것 같다. 무엇보다 386 세대의 세대 효과는 여전히 유지되고 있으며, 젊은 유권자들 역시 시간의 흐름에 따라 자연스럽게 보수화되는 모습을 보이고 있지는 않기 때문이다. 이런 이유로 인해 19대 대통령 선거에서도 세대효과는 여전할 것으로 전망된다.

(2) 북한요인은 여전할 것이다

대통령 선거 영향을 미치는 북한요인에 관한 김준철의 연구에 의하면, 북한의 직접적인 개입이 없었던 18대 대통령선거에서도 여전히 북한요인이 후보 선택의 중요한 요인으로 작용하였다.[13] 18대 대통령 선거 여론조사 자료 분석 결과 인구 사회변수 및 경제과제, 정당 지지별 특성과 대북정책 선호 사이에는 밀접한 상호관계가 있는 것으로 나타났다. 이 연구에 의하면 '후보선택'에 영향을 미치는 요인은 '지지정당, 대북정책'이었다. 즉 어떤 대북정책을 선호하는가에 따라 서로 다른 후보를 선택하였다. 이러한 현상은 무당파층에서 더욱 뚜렷하게 나타났다. 2017년 있을 19대 대통령 선거에서도, 특별한 사건 사고와 같은 외부적 요인이 발생하지 않더라도 후보선택에 미치는 북한요인은 여전할 것으로 전망된다.

---

13) 김준철, "제18대 대통령 선거의 북한 요인 분석," 「의정논총」제8권 제1호, 2013. 6.

(3) 여론조사는 여전히 위력을 발휘할 것이다

5년 단임제 대통령은 성공적인 대통령이 되려면 영웅적 리더십이 필요하다. 대통령에 당선되려면 영웅이 아니어도 영웅적 이미지를 만들어야 한다. 영웅적 이미지를 만들기 위해서는 언론과 여론조사의 역할이 큰 힘을 발휘할 수밖에 없다. 2017년 19대 대선은 지금까지 거론되는 예상 후보들의 면면을 살펴보면 또 다시 보통사람들의 싸움이 될 것으로 보인다. 보통사람들의 게임에서 이기기 위해서는 여론조사로 영웅을 만드는 것이 가장 경제적이고 효율성이 높은 수단이 될 수 있다는 것을 우리는 앞에서 보았다.

여론조사를 원래의 기능대로 단순히 참고하는 자료로 활용하기 위해서는 먼저 정치문화와 제도가 변화되어야 한다. 그러나 2017년 대선을 앞두고 이러한 변화를 기대하기는 어려울 것 같다. 헌법을 바꿀 것인가, 아닌가를 결정하는 중요한 일에 대해서도 여론조사로 국민에게 묻고 있는 것이 오늘의 현실이다. 현재의 정치 환경으로 19대 대선을 치를 가능성이 높다. 민심에 의해 대통령을 뽑으려면 여론조사 방법의 보완을 통한 객관성 확보와 언론의 여론조작의 유혹을 차단해야 한다.

여론조작의 유혹을 막으려면 국민이 여론조사에 대해 정확히 이해할 수 있도록 교육해야 한다. 그리고 언론에 대한 감시의 눈길을 놓지 말아야 한다. 또한 여론조사 회사 설립 및 운영, 그리고 여론조사의 질적 향상을 위해 제도적 통제 장치도 마련되어야 할 것이다.

(4) 언론의 영향력 행사도 여전할 것이다

여론조사 결과 보도를 중심으로 언론사의 보도 행태를 중심으로 분석한 결과, 2007년에 이어 2012년 대선에서도 언론사 간 특정 후보에 대한 선호 현상은 뚜렷하게 나타났다. 언론사별로 서로 다른 정파성은 다른 연구 결과에서도 입증되었다. 2017년 19대 대통령 선거에서도 이와 같은 언론보도가 계속될지 궁금하다. 지금으로 보면 여전히 언론은 그 영향력을 정치권에 행사하고자 할 것이다. 여론조사가 언론의 킹메이커 역할에 유용한 수단으로 이용될 가능성이 크다.

언론이 여론조사 결과 보도를 통해 영웅의 이미지를 만들 수 있음을 사례 분석을 통해서 알 수 있었다. 국민에게는 정치인(후보)에 대해 정보를 얻을 수 있는 가장 강력하고 신뢰할 수 있는 정보원이 언론이다. 그러나 언론사는 그들의 성향에 따라 특정 후보를 부각시키고 있다. 정치인들은 같은 성향의 언론과 가급적 우호적 관계를 유지하고자 한다. 정치인으로 살아남기 위해서는 꼭 필요한 일이라고 생각하고 있다.

이러한 과정을 통하여 언론은 '갑'의 위치를 획득하였다. 언론이 정치과정에서 획득한 이러한 권력을 스스로 포기할 수 있을지 의문이다. 대통령과 같은 공직에 취임할 후보를 선택하는 것은 국민들의 몫이라고 헌법에 규정되어 있다. 그러나 현실은 다르다. 공직 선출권을 국민에게 돌려주어야 하는데 과연 어떻게 하면 그것이 가능할 것인가. 2017년 대선을 준비하는 이들과 민주정치를 걱정하는 이들, 그리고 모든 국민이 풀어야 할 숙제다. 언론도 언론을 권력화 하는 태도에서 벗어나야 한다.

(5) 유권자 지형은 크게 변한다

선거에 영향을 미치는 유권자 변수 중 먼저 연령 요인을 살펴보면 다음과 같다. 2017년 대통령 선거는 저출산·고령화 시대를 맞아 50대 이상 연령층이 계속 증가하는 현상을 보일 것으로 예상된다(그림 21).

(그림 21) 역대 대통령 선거 연령별 유권자수 (%)

	2002	2007	2012	2017추계
60대	16.4	18.1	20.8	24.6
50대	12.9	15.4	19.2	19.8
40대	22.4	22.5	21.8	19.9
30대	25.1	22.9	20.1	17.7
20대	23.2	21.1	18.1	17.9

18대 대통령 선거에서 처음으로 50대 이상의 연령층이 40%를 넘어섰다. 19대 대통령 선거에서는 50대 이상의 연령층 비율이 전체 유권자의 44.0%에 이를 것으로 예상된다. 그런데 역대 대통령 선거 연령별 투표율을 보면(그림 22) 18대 대선의 경우 20대

68.5%, 30대 70.0%에 비해 50대 82%, 60대 이상 80.9%로 연령
층이 높은 유권자의 투표율이 크게 높은 것을 알 수 있다.

(그림 22) 역대 대통령선거 연령별 투표율(%)

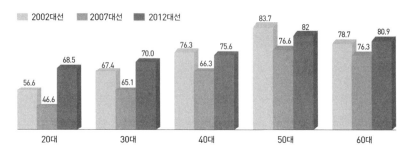

다음으로 학력 변수를 중심으로 유권자 변화를 살펴보자〈표 31〉.
2012년 50대와 60대 이상 연령층 중 대학재학 이상 학력자는 각
각 40.6%와 20.4%였다. 그러나 2017년 같은 연령층의 대학재학
이상 학력자는 각각 47.7%와 25.1%로 무려 11.8% 고학력층이 증
가할 것으로 예상된다.

〈표 31〉 연령별 학력 구성 변동 추이 (자료: 여의도연구소 조사자료 재구성)

구분	2012년		2017년		변화(2017-2012) - 대재이상 기준
	고졸	대재이상	고졸	대재이상	
19~29세	18.7	81.3	18	82	+0.7
30~39세	20.1	79.9	17.1	82.9	+3
40~49세	38.6	61.4	27.8	72.2	+10.8
50~59세	59.4	40.6	52.3	47.7	+7.1
60세이상	79.6	20.4	74.9	25.1	+4.7

이상 두 가지 변수만으로 '유권자 요인의 변화'를 예측했을 때,
2017년 19대 대통령 선거의 유권자 환경은 50대 이상 고연령층 유

권자의 증가, 그리고 50대 이상 연령층에서 대학재학 이상 고학력층의 증가 현상이 두드러짐을 볼 수 있다. 19대 대통령 선거의 유권자 지형은 그 이전과는 크게 달라질 것이다. 이에 대해 충분한 대비가 필요하다.

2. 지난 경험 속에서 얻는 교훈

우리는 2002년 이후 대통령 선거 사례를 통해 다음과 같은 교훈을 얻을 수 있었다. 앞으로 대통령이 되기 위해서는 이 교훈을 잊지 말아야 할 것이다.

첫째, 자기 지지 세력을 우선적으로 굳혀 나가야 한다는 점이다.

역대 대통령 선거에서 서울지역의 득표 특징 분석, 그리고 2002년 이회창 후보 실패 사례의 교훈은 대선 승리를 위해서는 집토끼를 먼저 단속하고 확보한 후에 산토끼 사냥에 나가야 한다는 것을 분명하게 보여준다.

둘째, 여론조사에 철저하게 대비해야 한다.

2002년 대선 이후 대통령 선거에서는 여론조사가 승패를 좌우했다. 그리고 여론조사에서 이기기 위해서는 조사 대상자 선정이 중요하다. 정몽준의 실패 사례와 2007년 박근혜의 실패 사례가 조사 대상자 선정의 중요성을 잘 말해주고 있다.

셋째, 반드시 정당 내의 경선을 통과해야 한다.

대통령이 되려면 반드시 정당의 경선과정을 통과해야 한다. 더 이상 정당 후보 간의 단일화는 불가능할 것이다. 여론조사를 통한 경선과정에서 승리하려면, '시대정신과 대세론' 선점이 중요하다. '경제회복'과 '대세론'으로 초반부터 기선을 제압한 2007년 이명박의 한나라당 경선 사례에서 이러한 교훈을 얻을 수 있다.

넷째, 언론의 과도한 정치 개입을 막아야 한다.

선거과정을 통해 여론조사 결과 보도에 영향력을 발휘할 수 있는 언론권력을 제어할 수 있어야 한다. 제어방법은 첫째, 온전한 중립적 태도를 견지하도록 하는 것, 둘째, 우호적인 세력으로 끌어들이거나, 셋째, 전면전을 벌여서라도 편파성을 격파해 나가는 방법이 있을 것이다.

(1) 87년 이후의 대선에서 얻는 교훈

87년 민주화 이후 치러진 대통령선거를 분석하면 14대, 15대까지는 인물과 지역주의를 중심으로 뭉친 지지 세력 간의 합종연횡으로 대선 승리를 쟁취하였다. 그러나 16대 이후는 시대정신과 대세론(여론조사)을 바탕으로 대선에서 승리하였다(그림 23).

(그림 23) 대통령 선거 승리 결정요인

구분	13대	3당 합당	14대	15대	16대	17대	18대	19대
후보	노태우 김영삼 김대중 김종필	노태우 김영삼 김종필 김대중	김영삼 김대중 정주영	김대중 (김종필) 이회창 이인제	노무현 (정몽준) 이회창 권영길	이명박 (박근혜) 정동영 이회창	박근혜 문재인 (안철수)	?
구도	김영삼-김대중 분열	노태우 김영삼 김종필 3당 합당 (지역주의)	반 DJ연합 (인물+지역 주의)	DJP 연합 (인물+지역 주의)	노무현 정몽준 단일화	이명박 박근혜 경선 후 단일화	문재인 안철수 (미완의 단일화) 문·안 단일화 예상으로 보수층 결집	?
결정요인	민주화 세력의 분열로 노태우 집권	영남,충청 기득권 세력의 연합	反호남 vs 호남	호남 충청 연합	여론조사	여론조사	박정희 유산 여론조사	?
시대정신					정치개혁 새로운 인물	경제 살리기	경제민주화	

16대 노무현은 '시대개혁과 후보 단일화'로, 17대 이명박은 '경제살리기와 경선 후보 단일화'로 대선에서 승리하였다. 18대 대선에서 박근혜는 '박정희의 상속자라는 인물중심 지지 세력과 경제민주화 이슈 선점, 그리고 야권의 후보 단일화에 대한 반발'로 대선에서 승리하였다.

16대 대통령선거 이전에는 인물과 지역주의에 기반 한 후보 간의 합종연횡으로 지지 세력과 중원(충청·수도권)을 얻은 후보가 대선에서 승리하였다. 그러나 16대·17대 대통령선거에서는 소속 정당이라는 지지 세력에 기반 하여 시대정신과 대세론(여론조사)을 선점하여 승리할 수 있었다. 18대 대선에서는 박근혜 후보가 시대정신과 대세론에다 박정희 대통령의 후광을 더하여 승리하였다. 18대 대통령 선거에서 후보 선택에 결정적인 영향을 미친 요인은 '정당일체감, 당선가능성, 정권교체론, 연령'으로 나타났다. 지역균열,[14] 세대균열, 이념균열 요인은 양당대결구도라는 극심한 대립구도 속에 수렴된 것으로 보인다.

만약 2017년 대통령 선거가 지금과 같은 정치체제와 선거제도로 치러진다면 19대 대통령은 '소속 정당원의 지지+시대정신+대세론(여론조사)'에 의해 결정될 것이다. 대통령 선거에서 승리하려면 일단 여론조사에서 앞서서 대세론을 얻어 당내 경선을 통과하고, 본선에서 정당과 이념에 기반 한 지지 세력의 총 결집을 통해 지지층을 투표장으로 동원해야 한다.

○ 여론조사 승리 조건 = 시대정신+대세론 (감성이미지에 호소)
○ 여론조사 승리 방법 = T (조사대상 선정) 〉 Q (설문내용)
○ 본선 승리 = 경선 통과 + 지지 세력의 통합 (양측 지지층)

(2) 2017년 대선: 박빙의 승부가 될 것

18대 대통령선거는 이전과는 다른 연령 구조의 유권자 환경에서 치러진 선거였다. 역대 선거 사상 처음으로 50~60대 이상 연령층

---

14) 김준철, "18대 대통령 선거 후보 선택 결정 요인 분석," 「의정논총」 제8권 제2호, 2013.12

유권자수가 전체 유권자수의 40%를 넘어 섰다. 20~30대 연령층의 유권자수는 38.2%에 그쳤다. 연령별 투표율에서도 50~60대 이상 연령층 투표율이 20~30대 연령층 투표율보다 10% 이상 높게 나타났다.

이러한 유권자 연령층의 고령화 현상은 보수 성향의 박근혜 후보에게 유리하게 작용하여 대통령으로 승리하는 한 요인이 되었다. 전문가에 따라서는 박근혜 후보 득표율 2~4% 높이는 효과가 있었다고 분석하였다. 18대 선거 막바지에 이르러서는 문재인 후보의 승리가 굳혀졌다는 여론조사 결과들이 넘쳐났지만, 결국 유권자의 고령화 현상과 나이든 유권자들의 투표율이 상대적으로 높은 점이 박근혜 후보가 승리한 요인이 되었다.

19대 대통령 선거에서도 이러한 고령화 현상이 보수 성향의 후보에게 유리하게 작용할 것인지가 선거 전문가들에게 관심사일 수밖에 없다. 그 답을 다음 자료 분석을 통해 알아보자. 다음 자료는 2012년 18대 선거 막바지에 새누리당 여의도연구소에서 한국리서치에 의뢰한 여론조사 결과 자료를 재분석한 것이다.

재분석에는 지난 선거에서 유권자들이 후보를 선택하는데 있어서 통계적으로 유의미한 상관관계를 보였던 변수 중 '연령과 학력' 변수만을 적용하였다. 여의도연구소의 지난 18대 대선 조사결과를 5세 연령 간격으로 구분하여, 통계청의 장래 연령별 추계 인구통계(〈표 34참조〉)로 전환하였다. 그 결과, 2017년 대선에서 연령, 학력 구조가 변화하여 여당 후보에게 다소 불리하게 흐르는 경향을 확인할 수 있었다〈표 32〉. 18대 대선 당시 여론조사 지지율을 2017년 추정통계(연령/학력)를 적용하면 박근혜 후보의 지지율은 49.5%에서 48.1%로 1.4%포인트 낮아지고, 문재인 후보의 지지율은 43.8%에서 45.1%로 1.3%포인트 높아지는 현상을 볼 수 있다. 특히 40대와 50대에서 친야당 성향이 증가하는 것을 볼 수 있다.

〈표 32〉 2012 조사결과를 2017년 추정통계(연령/학력)를 적용한 결과

구분		2012년			2017년(추정)			변화(2017년-2012년)		
		박근혜	문재인	모름/무응답	여당 후보	야당 후보	모름/무응답	여당 후보	야당 후보	모름/무응답
전 체	고졸이하	61.8	32.3	5.9	61.8	32.3	5.9	전체 학력별 성향은 동일하다고 가정		
	대재이상	40	52.7	7.3	40	52.7	7.3			
	소계	49.5	43.8	6.7	48.1	45.1	6.8	−1.4	+1.3	+0.1
19–29세	고졸이하	41.5	52.6	5.9	46.3	48.4	5.3	+4.8	−4.2	−0.6
	대재이상	35.2	56.7	8	37.4	55.1	7.5	+2.2	−1.6	−0.5
	소계	36.4	56	7.7	39	53.9	7.1	+2.6	−2.1	−0.6
30–39세	고졸이하	40.1	45.7	14.2	39.4	51.1	9.5	−0.7	+5.4	−4.7
	대재이상	25.5	66.9	7.6	27.4	65.5	7.1	+1.9	−1.4	−0.5
	소계	28.5	62.6	8.9	29.5	63	7.5	+1	+0.4	−1.4
40–49세	고졸이하	56.4	38.7	4.9	47.2	44.7	8.1	−9.2	+6	+3.2
	대재이상	38.7	51.1	10.2	30.9	59.6	9.4	−7.8	+8.5	−0.8
	소계	45.6	46.3	8.1	35.5	55.5	9	−10.1	+9.2	+0.9
50–59세	고졸이하	65.2	30.1	4.7	60.8	33.2	5.9	−4.4	+3.1	+1.2
	대재이상	61.1	35.3	3.5	53.3	38.8	7.9	−7.8	+3.5	+4.4
	소계	63.6	32.2	4.2	57.2	35.9	6.9	−6.4	+3.7	+2.7
60세 이상	고졸이하	72	22.9	5.1	71	24.2	4.7	−1	+1.3	−0.4
	대재이상	79.1	19.7	1.2	71.2	26.9	1.9	−7.9	+7.2	+0.7
	소계	73.4	22.3	4.3	71.1	24.9	4	−2.3	+2.6	−0.3

여기에다 18대 대통령선거에서는 나이든 유권자 층에서 박정희 향수에 영향을 받아 박근혜 후보를 지지했다. 60세 이상 박근혜 지지층의 10% 가량이 이른바 "박정희 효과"에 의해 투표했다고 가정하고 2012년 자료를 재분석하였다. 그 결과 2017년 대선은 여당 후보와 야당 후보의 지지도가 박빙으로 승패를 예측하기 어려운

양상을 보인다〈표 33〉.

〈표 33〉박근혜 후보 지지율에 '박정희 효과 반영' 시 지지도 변동 추이

구분	2012년			2017년			변화(2017년-2012년)		
	박근혜	문재인	모름/무응답	여당 후보	야당 후보	모름/무응답	여당 후보	야당 후보	모름/무응답
전 체	49.5	43.8	6.7	46.9	46.3	6.8	-2.6	+2.5	+0.1
19-29세	36.4	56	7.7	39	53.9	7.1	2.6	-2.1	-0.6
30-39세	28.5	62.6	8.9	29.5	63	7.5	+1	+0.4	-1.4
40-49세	45.6	46.3	8.1	35.5	55.5	9	-10.1	+9.2	+0.9
50-59세	63.6	32.2	4.2	57.2	35.9	6.9	-6.4	+3.7	+2.7
60세이상	73.4	22.3	4.3	66.1	29.9	4	-7.3	7.6	-0.3

2017년에 40대와 50대가 되는 연령층 중 대재 이상의 학력층이 집중적으로 증가할 것으로 예상된다. 이것이 19대 대선이 박빙으로 예측되는 현상의 원인이다. 이와 같은 2017년 인구학적 특성은 현재보다 보수성향의 후보에게 불리하게 작용할 것으로 예측된다. 물론 이러한 재분석은 2012년과 2017년의 연령/학력 변인에 따른 직접적 비교를 위해 동일 데이터에서 연령, 학력 변수만을 통제하여 분석한 것이므로, 투표율·정치성향 등 다른 요인들은 비교 결과에 영향을 미치지 않았다는 한계가 있다.

결론적으로 이상의 분석 자료에 의하면 2017년 19대 대통령선거에서는 18대 대선과 같은 연령 고령화 현상에 의한 보수 성향의 후보 프리미엄은 더 이상 기대하기 어려울 것으로 보인다. 보수와 진보 후보 간의 박빙의 승부가 예상된다. 2017년 대통령 선거는 후보 간의 진검 승부에서 실력으로 이기는 것만이 대선에서 승리하는 길이 될 것이다.

〈표 34〉 연령별 인구 변동 추이 (통계청 장래 연령별 추계인구통계)

구분	2012년		2017년		변화(2017-2012)
	인구 수(명)	인구 비율(%)	인구 수(명)	인구 비율(%)	인구 비율(%)
19~29세	7,525,938	18.9	7,504,210	17.9	-1
30~39세	8,010,521	20.2	7,424,329	17.7	-2.4
40~49세	8,532,106	21.5	8,321,413	19.9	-1.6
50~59세	7,416,971	18.7	8,292,169	19.8	+1.1
60세이상	8,243,089	20.7	10,298,781	24.6	+3.9
계	39,728,625	100	41,840,902	100	-

(3) 새로운 정치시스템이 요청 된다

1) 후보 선출의 제도화

여론조사 정치를 극복하기 위해서는 정당의 정치적 충원 기능을 담당하는 후보 선출제도의 제도적 안정성을 확보하는 일이 시급하다. 첫째, 정당의 후보 선출제도가 정당의 공식적인 제도적 기제로서 명확한 세부원칙과 기준에 따라 안정적으로 운영될수록 그 정당은 제도화된 정당이라 간주될 수 있다. 그러나 한국 정당의 후보 경선은 그 운영과 시행과정에서 잦은 변동에 따른 다양한 문제점을 유발하였다.

둘째, 후보 선출제도가 후보 경선을 위한 효율적 기제로 정착되기 위해서는 후보 상호 간 과열경쟁과 비방, 극한적 대립과 갈등을 억제하고 보다 건전한 정책 경쟁이 이루어질 수 있도록 하는 제도적 방안이 마련되어야 한다. 수단과 방법을 가리지 않고 이기기만을 위한 싸움은 이제는 지양되어야 할 것이다.

셋째, 각 정당들이 정치적 흥행과 국민적 관심을 유도하기 위해 무분별하게 추진한 국민 선거인단의 운영과 여론조사 결과의 반영에 따른 제반 문제점이 해소되어야 한다. 후보 경선에 왜 여론조사 결과가 반영되어야 하는지를 구체적으로 설명해야 한다. 보다 많은 국민적 의사를 반영하기 위헤서라는 대의명분과 취지를 제시하였지만, 여론조사 결과의 반영 비율을 둘러싼 각 후보 사이의 공방과 갈등 내용은 이러한 대의명분과 취지를 의심하게 하였다.

넷째, 미국식 개방형 예비선거가 한국에서 정당의 선출제도로 정착되기 위해서는 한국 정당의 대중 정당화 또는 제도화 문제가 해결되어야 한다. 현실적으로 대통령 후보의 선출방식은 시대적 흐름에 따라 선거인의 자격과 선거인단 규모가 확대되는 방향으로 가야한다. 그렇지만 동시에 정당의 정체성과 통합성도 함께 지켜나가야 한다. 정기적으로 당비를 납부하고, 모든 당 행사에 적극적으로 참여하여 자기 의사를 표시하는 진성 당원제의 활성화와 대중 정당화가 선행되어야 한다.

2) 현행 선거운동방법의 문제 : 언론의 개입여지를 확대시킨 결과 불러와

현행 공직선거법은 공정한 선거를 통하여 선거운동의 자유를 보장하기 위한 법이라기보다는 선거운동의 자유에 대한 희생만을 강조하는 경향이 강하다. 그렇기 때문에 공정한 선거의 가능성마저 기대하기 어렵게 만들고 있다.

외국의 사례를 살펴보면, 미국은 구체적인 선거운동의 수단이나 방법에 대한 제한은 법에 정해진 바 없다. 선거운동은 방송, 신문이나 잡지 등의 인쇄매체, 옥외광고, 대량우편, 인터넷 등에 의한 선거운동 방법에는 거의 아무런 규제가 없다. 영국의 경우도 선거 홍보물, 신문, 방송, 인터넷, 집회, 호별방문 등 다양한 방식으로 선거운동을 허용하고 있다.

특히 영국의 경우는 선거운동 비용과 관련해서는 선거구당 선거운동 비용 상한액이 우리나라보다 매우 적다. 그리고 제3자에 의한 선거운동비용 제출에 대해서도 보고의무가 부과되는 등 그 비용의 측면에서는 상대적으로 강한 규제가 가해지고 있다. 우리나라와 비교해서 선거운동의 자유는 포괄적으로 인정하고 있으나 선거비용을 엄격히 제한함으로써 공정하고 평등한 선거운동 기회를 부여하고 있는 이상적인 모델로 평가할 수 있다.

이에 비해 일본의 선거법은 규제가 중심이 되는 선거운동제도를 특징으로 한다. 짧은 선거운동기간을 정함과 동시에 선거운동의 방법에 대해서도 매우 세밀한 규제를 가하고 있다. 사실상 선거운동 자유의 원칙이 적용된다고 보기 어렵다. 일본의 선거법은 선거운동의 자유보다는 선거의 공정을 우위에 두고 선거운동에 대해 개별적인 규제를 가하고 있다는 점에서 우리나라와 상당히 유사한 특징을 갖는다. 그러나 우리나라는 일본과 달리 대통령 중심제 국가로서 내각책임제 국가인 일본과는 대통령 선거라는 전국규모의 선거에서는 전혀 다른 선거환경 속에서 선거가 치러지게 된다.

유권자가 선거에서 자신의 정치적 의사를 제대로 반영하기 위해서는 자유롭고 개방적인 의사형성 과정에서 자신의 판단을 형성하고 결정 내릴 수 있어야 한다. 그리고 이를 실현하기 위해서는 유권자는 후보자에 대한 충분하고 정확한 정보를 획득할 수 있어야 한다. 그런데 현재와 같이 규제 위주의 선거운동 방법을 통해서 얻는 정보는 그 객관성이나 투명성에서 한계를 가질 수밖에 없다.

이러한 정보 획득의 제한성은 앞에서 보았듯이 결국 언론의 개입여지를 확대시키는 결과를 초래하였다. 정당의 경선과 같이 예비 선거의 성격을 띠는 선거의 경우에는 특히 이런 정보부족 현상이 극심해진다. 이로 인해 언론의 여론조사 결과 보도와 같은 형식의 정보제공이 유권자들에게 큰 영향을 미칠 수밖에 없는 결과를 가져오게 되었다.

이런 점에서 현행 공직 선거법의 선거운동의 범위를 확대할 필요성이 요구된다. 후보자들의 유권자들과 직접 접촉할 수 있는 길이 줄어들수록 언론과 같은 기타 권력의 개입이 늘어날 수밖에 없다. 유권자들에게 정확하고 객관적인 정보를 제공하기 위한 적극적인 조치가 필요하다. 적어도 호별방문은 아니더라도 우편물을 통한 상시 접촉, 홍보물의 대량 배포, 타운 홀 방식의 소규모 미팅 등의 선거운동 방법은 항시 개방되어야 할 것이다. 선거법 개정이 필요하다.

3. 19대 대선 이렇게 준비하자

(1) 후보는 자신과의 싸움에서 이겨야 한다

후보가 자신과의 싸움에 이기기 위해서는 다음 몇 가지 사항을 유의할 필요가 있다.

– 첫째, 후보는 타인의 표를 얻기 전에 먼저 그 사람의 마음을 얻어야 한다.

마음을 얻으려면 먼저 자신과의 싸움에서 이겨야 한다. 사람을 수단이나 도구로 보지 않고 목적으로 보는 마음을 길러야 한다. 사람이 중심이다. 사람을 사랑하는 마음에서 정치하는 것이 중요하다.

– 둘째, 자기가 보고 싶은 것이 아니라 보이는 것 그 자체를 보는 안목을 길러야 한다.

욕심이 보고 싶은 것을 보게 만든다. 마음을 비우는 것이 필요하다. 아니 선거에서 마음을 비워라? 지라는 말이냐고 반문할 수 있다. 아니다. 비우는 것이 이기는 것을 우리는 많은 경험에서 배웠다. 비우면 보이는 것이 선거다. 보이는 대로 바라보고, 판단하고, 대책을 세워가야 한다.

– 셋째, 자신의 강점을 살리는 선택과 집중이 선거에서 이기는 길이다.

백화점식 분식집은 그냥 먹고 살기에 큰 어려움이 없다. 그러나 식당으로 많은 돈을 벌려면 한 가지 전문음식에 집중해야 한다. 선거도 마찬가지다. 메뉴는 단순하게, 그리고 그 메뉴에서는 세상 누구보다도 맛있게 만들 수 있는 자신을 길러야 한다. 선택하라, 그리고 집중하라. 선택은 신중해야 한다. 정확하게 자신의 강점을 파악하고, 이를 살리는 방향의 선택이 중요하다. 그러나 선택한 후에는 좌고우면 사방을 둘러보지 말고 오직 한 곳에 집중해야 한다. 책략가를 멀리하고 초심을 잃지 말아야 한다.

- 넷째, 내가 가진 것을 소중하게 알아야 한다.

남의 떡이 커 보인다. 내 수중에 있는 것을 귀하게 여기는 자세를 늘 지켜가야 한다. 찾아온 손님에게는 물건을 팔지 못하고, 새로운 손님을 불러들여봐야 매출이 오를 수 없다. 토끼장은 뚫렸는데 산토끼를 계속 잡아다 넣어봐야 무슨 소용이 있겠는가. 집토끼는 나갔다가도 곧 돌아온다. 내 집이니까.

- 다섯째, 선거에 임할 때는 반드시 필요한 계획(선거전략, 예산 등)을 세우고 그리고 이에 따라 움직여야 한다.

잘 짜여진 계획대로 움직이는 것이 중요하다. 즉흥적인 계획 변경은 절대 피해야 한다. 그리고 예산계획이 없는 선거계획은 무용지물이다. 정해진 테두리 안에서 선거 예산을 집행하는 것은 반드시 지켜야 할 기본 원칙이다. 그렇지만 집행하기 전에 반드시 실행계획을 세우고 그 계획에 따라 집행해야 한다. 그리고 예산을 벗어난 일은 절대로 계획하지 말아야 한다. 선거에 이기고 선거법에 지게 된다. 필요한 돈을 아끼는 것이 예산계획의 기본이 아니라 꼭 쓸 돈을 쓰는 그런 예산이 중요하다.

〈TIPS〉

히틀러가 남긴 교훈: 아라스 전투와 됭케르크 탈출[15]

– 상황

2차대전 초기인 1940년 5월, 독일군은 서부전선 전역에서 공격을 개시하였다. 독일군은 상식을 뛰어 넘는 전격전으로 아르덴 삼림지대의 험한 지형을 돌파하였다. 중앙루트(루트2) A방면군 소속의 기갑사단이 5월 20일 솜강 남쪽에 교두보를 확보하였다. 문제는 후속 보병부대의 진격이 너무 느렸다는 데 있었다. 히틀러와 수뇌부는 독일군 기갑부대의 지나치게 빠른 진격 속도와 넓어진 전선 확장을 우려했다.

– 사건

바로 이때 '아라스 전투(Arras Battle)'가 벌어졌다. 아라스 전투는 독일군 수뇌부의 의지를 결정적으로 약화시킨 계기가 되었다. 롬멜의 제7갑사단 등이 벨기에의 아라스로 전진하던 중 영국군 2개 보병대대, 2개 전차대대 규모와 접전을 벌인 전투로 그 규모는 크지 않았다. 독일군 기갑부대가 곧 영국군 마틸다 전차를 무력화하고 영국군을 아라스 방향으로 퇴진시킴으로 전투는 종료되었다. 이 전투에서 독일군은 89명 전사, 116명 부상, 173명 실종 등 그때까지 서부전선에서 벌어진 전투 이래 가장 큰 피해를 보았다.

– 정보부족

후일 사막의 여우라고 불리게 된 롬멜 조차도 이 당시 영국군이 4개 대대에 불과하다는 것을 알지 못했다. 사단급 부대의 맹반격을 받았다고 착각할 정도였

---

15) 김정형, 『20세기 이야기-1940년대』(서울:답다출판, 2014).

다. 영국 프랑스 연합군이 강력한 전차를 앞세워 사단급으로 반격을 할 수 있다는 사실에 크게 놀란 독일군 수뇌부는 연합군 전투력이 상당한 수준이라는 착각을 하게 되었다. 소규모 전투에 불과했던 아라스 전투는 히틀러의 판단력을 흐리게 해 불안감을 심어주었다. 이 당시 포위된 영국군은 영불해협의 주요 항구인 뎅케르크에서 해상 탈출계획을 세우고 있었다.

– 내부의 갈등

예하 기갑사단의 늘어나는 피해에 불안을 느낀 폰 클라이스트는 A방면군 총사령관 폰 룬트슈테트에게 진격 중단을 요청하였고, 이에 폰 룬트슈테트 사령관은 히틀러에게 진격 중단을 건의하였다. 그러나 프랑스 전역의 승리가 거의 확실해졌다고 판단한 공군의 괴링은 이런 식으로 전쟁이 끝나면 전공이 모두 육군에게 돌아갈 것을 우려하였다. '기갑부대의 피해를 줄이기 위해 공군에게 맡겨달라'고 히틀러를 설득하였다.

당시 히틀러는 육군 총사령부를 완전히 장악하고 있지 못했다. 육군 총사령부의 주장에 마냥 끌려 다닐 수 없다는 판단아래 괴링에게 공군 공격의 기회를 부여했다. 히틀러는 A방면군 총사령관에게 더 이상 진격하지 말고 교두보를 구축하라는 명령을 내렸다. 이 사건을 통해 히틀러는 육군 총사령부가 아닌 A방면군 총사령관에게 직접 명령을 내려 육군 총사령부의 명령에 상관없이 재량권을 발휘하도록 하였다. 이를 계기로 히틀러는 모든 군에 대한 강력한 지휘권을 확보할 수 있었다.

– 결과

이틀 뒤 독일군 수뇌부는 판단이 잘못되었다고 깨닫게 되었고, 히틀러도 뎅케르크(Dunkirk) 철수만은 막아야겠다는 생각을 하게 되었다. 5월 26일 제한적인 진격을 승인했다. 그렇지만 이런 갈등 속에서 행해진 독일군의 공격은 필사적이 아니라 가벼운 공격에 그쳤다. 독일군 수뇌부의 갈등으로 시간을 벌게 된 연합군은 절망적인 상황에서도, 영국군 19만명, 프랑스군 14만명 등 모두 33만 8,226명과 85,000대의 차량이 무사히 영국으로 빠져 나갔다.

오늘날 일부 군사 전문가들은 연합군이 뎅케르크에서 철수하지 못하고 포로가 되었거나 전사했다면 히틀러가 영국 본토를 공격할 때 영국이 제대로 방어할 수 없었을 것이고, 1944년의 노르망디 상륙작전도 성공하지 못했을 것이라는 분석을 내놓고 있다.

- 교훈

이 사례는 정확한 정보의 부족과 내부 갈등으로 인한 지도자의 잘못된 판단을 보여주는 사례다. '보이는 것을 보는 안목'과 '지도자의 균형감,' '정보의 정확성' 등이 전쟁의 승패를 좌우할 수 있다는 교훈을 주고 있다. 서로 전공을 차지하려는 군부의 갈등과 더 큰 권력을 장악하려는 히틀러의 욕심이 전쟁의 대세를 바꿔놓았다.

(2) 필승 팀 구성이 승리의 시작이다

- 공격수와 수비수의 완벽한 분리와 효율적 통제가 필요하다.
- Shadow Cabinet 조기 구성이 성공하는 대통령의 관건이다.

1) 선거팀 구성(공격수)

2002년부터 치러진 대통령 선거 사례를 보면 각 후보가 캠프를 구성하고 운영하는데 서로 다른 모습을 보이는 것을 알 수 있다. 2002년 이회창 후보는 집권 후 국정을 운영할 것을 염두에 두고 선거캠프를 구성하였다. 전직 장차관급의 인사들로 각 분야의 선거책임자를 선임하였다. 특보단도 이런 기준에서 선정하여 선거에 임했다. 이에 반해 노무현 후보 측은 실무에 정통한 30~40대의 선거전문가 그룹을 영입하여 선거실무를 맡겼다.

선거결과는 후보 단일화 과정과 본선 선거과정을 통하여 맹활약을 펼친 젊은 선거전문가 그룹 중심의 한 노무현이 승리하였다. 그렇지만 이들이 청와대를 점령하고 국정을 좌지우지 하면서 노무현 정권은 그리 성공하지 못한 정권으로 평가받게 되었고, 결국 노무현 대통령은 불행하게 생을 마감하였다.

17대 이명박 후보의 경우는 '실패한 노무현 대통령에 대한 평가'라는 압도적으로 유리한 선거구도 때문에 선거캠프의 별다른 노력 없이도 이명박 후보의 개인기로 정권을 획득한 경우이다. 그러다 보니 집권 후 국정운영 계획도 준비하지 못한 채 여론에 끌려 다니다 이 또한 성공하지 못한 정권으로 마무리되었다.

18대 박근혜 후보의 경우는 어떠했는가. 박근혜 후보의 경우는 정권 획득을 위해 필요한 모든 요소를 다 받아들였다. 북한을 사라져야 할 집단으로 공격하는 보수주의자로부터 경제민주화를 부르짖는 진보주의자까지 모두를 포괄하는 백화점식 캠프였다. 표를 모아 집권하는데 성공했다. 그러나 집권 이후를 철저히 준비한 흔적은 아직까지는 별로 보이지 않고 있다. 남은 시간 지켜볼 일이다.

미식 축구 팀을 만들자

그렇다면 이러한 지난 교훈에서 우리는 무엇을 배울 것인가? 대통령 선거를 유럽식 축구(soccer)와 미식축구(football)라는 관점에서 한번 생각해보자. 유럽식 축구는 스타플레이어에 의존하고, 공수가 동시에 한번에 이뤄지는 게임이다. 반면에 미식축구는 스타 플레이어에 대한 의존도 보다는 치밀한 작전계획에 입각한 팀 플레이어 중심의 게임이다. 그리고 미식축구는 공격과 수비가 철저하게 분리되어, 공격 시간에는 공격수가, 수비 시간에는 수비수가 교체되어 투입된다.

대한민국의 대통령 선거는 어떤가. 대한민국 대통령 선거는 유럽식 축구형태를 벗어나 미식축구 형태로 변화해야 한다. 대통령 선거 기간 중에는 선거전문가가 투입되고, 선거 후에는 국정운영을 이끌어갈 새로운 팀으로 교체 투입되어야 한다는 것이 지난 역사의 교훈이다. 이렇게 해야 선거에 대한 공로의 대가로 이루어지는 정실인사와 공기업의 낙하산 인사 등 오랜 기간 문제가 되어왔던 폐단으로부터도 자유로워질 수 있다. 그리고 진정한 국정운영 전문가들이 나라를 이끌어 갈 수 있는 계기가 될 것이다.

앞으로 대통령 선거에서 이기고 지는 것은 선거 전문가의 활용 여부에 달려있다. 선거만을 준비하고 선거만을 위한 전문가가 아니라 각 분야에서 활약을 해 오던 전문가들을 한시적으로 투입하는 것이 바람직하다. 그리고 선거 전문가들은 선거 후에는 본래의 자기 자리로 돌아가야 한다. 진짜 전문가 정신을 지닌 사람들로 팀을 조성해야 이것이 가능할 것이다.

이렇게 구성한 팀에게 후보자와 매일 일정한 시간에 소통할 기회가 주어져야 한다. 여론조사 전문가, 홍보전문가, 언론전문가, 조직전문가, 일정담당, 정책전문가 등 실무자 중심의 최소 인원으로 참석자를 제한하여 만들어진 '드림 팀'과 후보는 일과 후 늦은 시간이라도 매일 소통해야 한다. 이것이 승리를 위해 무엇에도 우선하는 스케줄이 되어야 한다. 후보자는 최소 하루에 한번은 이들을 통해 유권자와 소통해야 한다.

중재자의 필요성

한국인의 정서와 이전의 사례를 고려한다면 원활한 소통을 위해서는 후보자와 혈연관계에 있는 인물이 중간에서 중재의 역할을 하는 것도 바람직하다. 이전 선거에서 DJ의 김홍업, 이영작, YS의 김현철, 이회창의 이정연·한인옥, 이명박의 이상득 등이 이런 경우였다. 여기서 중간 역할이란 온전한 중재자의 역할을 말한다. 선거팀을 신뢰하더라도 사안에 따라서는 그들의 지적이나 요구가 후보의 입장에서는 오해를 불러올 수 있다. 이러한 갈등은 혈연관계를 가진 사람의 중재가 아니면 풀기 어렵다.

그렇지만 중간자의 역할이 지나치면 또 다른 갈등의 원인이 됨을 우리는 이전의 사례를 통해 보았다. 중재자의 역할에서 주인공의 역할로 바뀌는 순간 비극적인 결과로 이어졌다. 이 경우에도 지나침은 모자람만 못하다.

2) 새도우 캐비넷(수비팀) 구성

성공한 대통령이 되기 위해서는 선거 진행에 맞춰 집권 후 청사

진을 준비해야 한다. 이기는 것에만 힘을 쏟고 집권 후에는 무엇을 할지 모르고 헤매는 정권을 우리는 여러 번 경험했다. 선거에 이기기 위해 모든 수단 방법과 백화점식 공약을 남발하고, 집권 후에는 나 몰라라 해서는 성공한 대통령이 될 수 없다.

후보는 집권 후 구상을 동시에 투 트랙으로 추진해야 나가야 한다. 집권을 위한 승리 선거운동과 집권 후 펼칠 정책이 동시에 준비되어야 5년 동안 알찬 국정을 끌어갈 수 있다. 선거에 이긴 다음 정권 인수팀을 운영하는 것은 너무 늦다. 적어도 본격적인 선거전에 돌입하기 전에는 정권 인수팀의 윤곽을 갖추고 활용을 시작해야 한다.

후보의 철학과 국정 마스터 플랜, 중단기적 로드맵에 의해 대선 공약을 만들고 집권 후 이 플랜을 성공적으로 펼쳐가야 한다. 그러기 위해서 국정운영에 결정적인 임명직에 적합한 최소한 10배수 정도의 인재풀을 갖추는 것이 중요하다. '인사는 만사'라는 교훈을 잘 새겨야 한다. 인재풀은 집권 이전에 철저하게 준비되어야 한다.

그러나 현실적으로 선거운동과 집권 후 계획을 동시에 행해나가는 것은 쉽지 않은 과제다. 그렇지만 후보는 꼭 이를 관철시켜 가야 한다. 두 팀을 조화롭게 이끌어 나가야 성공한 대통령이 될 수 있다.

3) 전문가를 중심으로 한 여론조사팀을 만들어야

2017년 대통령 선거에서도 당내 경선과정에서 어떤 형태로든 여론조사 방법을 도입해 후보를 결정하는 것이 완전히 배제되기는 어려울 것이다. 그리고 현행 선거운동 방법이 대폭 수정되어 후보가 유권자들을 직접적으로 접촉하는 기회의 확대를 기대하기는 쉽지 않아 보인다. 그렇다면 커다란 영향력을 가지게 될 선거 여론조사에 대해 적극적인 대책을 마련할 수밖에 없다.

여기서 적극적 대책이란 앞에서 본 것과 같은 여론조작을 의미하는 것은 아니다. 소극적으로는 여론조작을 사전에 방지하자는 뜻이고, 적극적인 의미에서는 우호적인 여론 환경을 조성하여 여론조사에서 이기는 방법을 찾자는 것이다.

어떻게 전문가 팀을 구성할 것인가

전문가 팀은 우선 여론조사 결과 보도가 어떻게 유권자의 투표 행태에 영향을 미치는가에 대해 전문성을 가진 사람이 포함되어야 한다. 다음으로 언론의 보도 생태에 대해 잘 아는 인물이 꼭 필요하다. 그리고 여론조사에 대해 경험이 있는 사람과 홍보 전문가가 포함되어야 한다. 여론조사 전문가 팀을 구성하는 일은 출마를 결정한 순간부터 시작되어야 한다.

○ 전문가팀 구성
• 여론조사 보도와 유권자 투표행태 전문가
• 언론 보도 행태에 밝은 인사(전직 언론인 등)
• 여론조사 전문가(경험이 많은 인사)

• 홍보 전문가

어떻게 활동할 것인가

여론조사 전문가 팀은 출마 초기에 일찍 구성할수록 효과를 높일 수 있다. 정당 소속 후보일 경우 정해진 당내 경선 계획에 따라 시간별, 단계별 계획을 수립하고 이를 실행해 나가야 한다. 계획을 수립하기 위해서는 반드시 사전에 정밀 여론조사를 통해 후보의 장점, 단점, 위기요인, 기회요인(SWOT분석) 등을 분석하고, 후보 이미지 메이킹을 위한 컨셉 등을 설정하여야 한다.

그리고 모든 활동은 사전 계획과 사후 점검을 동시에 진행시켜 가며, 필요에 따라 수시로 계획을 수정, 재구성하여야 한다. 그러나 캠페인의 중심 내용은 반드시 일관성을 지녀야 한다.

구체적인 활동으로는 후보관련 자체 여론조사를 계획하고 실시하기, 유력 언론사 여론조사 보도 상황 모니터링, 수시로 여론조사 회사 관련자와 언론사 담당자 접촉 및 정보교환 등이다. 특히 언론에 보도된 여론조사에 대해 '누가, 왜, 어떻게, 무엇'을 조사하였고, '왜 그 언론에 보도되게 되었는지'를 파악하는 것은 필수 업무 영역에 속해야 한다. 여론조사 전문가 팀은 특별히 미디어 프레이밍 효과에 관심을 가지고 여론조사 보도 행태를 분석해야 하며, 후보 측에 유리한 자료들을 적절히 활용하여 효과를 높여야 한다.

여론조사 전문가의 자세

그리고 여론조사팀은 가급적 내부 조직으로부터 격리되는 것이 필요하다. 경험으로 보면 선거전이 급박하게 돌아가면 내부에 포함된 여론조사팀이 이 분위기로 인해 객관성이 흔들리게 된다. 보이는 것을 보는 것이 아니라 보고 싶은 것을 보는 시작이 될 수 있다. 조사전문가도 내부자들과의 대화에 너무 많은 시간을 보내면 내부의 논리에서 자유로울 수 없다. 그리고 잘못하면 '내부 권력다툼'에 개입될 우려도 높다. 자신이 알고 있는 정보로 내부의 특정 세력에 힘을 실어줄 위험성이 항상 있다.

조사전문가는 항상 소수자에 속할 수밖에 없다. 내부의 분위기가 낙관적으로 흐를 때는 만에 하나 있을 수 있는 최악의 상황을 지적해야 한다. 반대로 비관적으로 흐를 때는 희미한 불빛이라도 희망의 빛으로 강조해서 이길 수 있는 가능성을 주장해야 한다. 내부에 너무 깊숙이 개입되면 이러한 필요한 역할을 제대로 해 나갈 수 없게 된다. 불가근, 불가원. 적당한 거리를 두어야 한다.

(3) 빅 데이터를 적극 활용하자

1) 빅 데이터 활용의 필요성

언제부터인가 우리사회에는 정치를 우리의 일상과는 상관없는 '그들만의 리그'로 생각하는 경향이 생겨났다. 그것은 정치가 다양한 유권자 개개인의 구체적인 관심사에 대해서 듣고자 노력하지 않는다는 반발에서 생겨났다. 사실 정치인들은 현실적 조건의 제약으로 유권자 개개인의 소리를 들을 수도 없었다.

그러나 2012년 미국 대통령 선거에서 오바마 캠프는 최첨단의 테크놀로지와 지식을 동원하여 유권자들이 제각기 무엇을 궁금해 하고 어디에 관심을 가지는지 듣는 노력을 기울이고, 그것에 대해 답하고자 노력하였다. 그 결과 유권자들은 그 노력에 화답하였고, 오바마는 승리하였다.[16]

오바마는 자신을 지지할 가능성이 있지만 투표장까지는 가지 않을 숨어있는 사람들과 상대방 진영에 속해 있지만 지지 정도가 약해 특정 이슈를 통해 자기편으로 만들 수 있는 사람들을 찾아내어 이들을 투표장으로 이끌어내는 작업을 시도하였다. 이를 위해 유권자 한 사람 한 사람에 대해 맞춤형 선거 전략을 세우기 위해 방대한 규모의 데이터베이스를 분석하였다. 그리고 '세분화+타깃팅' 기법을 도입하였다.

이러한 작업을 진행하기 위해서는 다음과 같은 사전 준비가 필요하였다.

- 전문가를 적극 영입하여 활용하기
- 입수가능한 모든 자료를 데이터화하기(빅 데이터 구축)
- 군집분석, 다변량 회귀분석, 연관성분석, 의사결정나무분석 등 데이터 분석

---

16) 고한석, 『빅데이터, 승리의 과학』(서울: 이지스퍼블리싱(주), 2013).

– 선거운동 방법에 따라 빅 데이터 활용 계획을 수립해야

　선거에서 승리하려면 입수 가능한 모든 자료를 통합하여 빅 데이터를 구축하고 유권자와 소통하는 채널을 만들어야 한다. 빅 데이터를 정밀하게 분석하여 세분화하고 타깃팅을 선정하여 유권자들을 지지자로 끌어들이는 선거운동을 전개해 나가야 한다.

〈TIPS〉

빅 데이터를 활용한 사례: 언론사의 조사결과를 통한 예측

　우리 주변에서 쉽게 접할 수 있는 데이터를 활용하여 대선 결과를 예측하여 보자. 다음은 2012년 12월 11~12일 사이에 각 언론기관의 여론조사 결과 발표 자료다〈표 34〉. 이 자료는 여론조사 공표가 금지된 12월 13일 이전에 발표된 것으로, 18대 대선 여론조사 공표 자료로는 최종 자료다.

〈표 35〉18대 대선 언론 여론조사 결과 발표 자료 (2012. 12. 11~12)

조사시기	12/11	12/11	12/11	12/11	12/11	12/11	12/10~11	12/10~12	12/10~12	12/11~12
의뢰처	–	문화일보	MBN/매일경제	동아일보	한국지방신문협회	오마이뉴스	JTBC/중앙일보	–	SBS	KBS
조사회사	모노리서치	코리아리서치	한길리서치	리서치앤리서치	한국갤럽	리서치뷰	리얼미터	한국갤럽	TNS	미디어리서치
표본프레임	집전화RDD	휴대전화RDD+집전화RDD	휴대전화RDD+집전화RDD	휴대전화RDD+집전화RDD	휴대전화RDD+집전화RDD	휴대전화RDD	집전화RDD80+휴대RDD20	휴대전화RDD	휴대전화RDD+집전화RDD	휴대전화RDD+집전화RDD
응답방식	ARS	조사원인터뷰	조사원인터뷰	조사원인터뷰	조사원인터뷰	ARS	ARS	조사원인터뷰	조사원인터뷰	조사원인터뷰
응답률		20.00%			30.20%	11.50%	13.20%	30%	19.30%	17.80%
표본수	1,077	1,000	1,000	1,000	3,022	3,000	2,000	1,531	3,000	2,500
표본오차	±3.0%	±3.1%	±3.1%	±3.1%	±1.8%	±1.8%	±2.2%	±2.5%	±1.8%	±2.0%
박근혜	47.4	42.8	45.4	45.3	46.3	48.1	47.8	47	48.9	44.9
문재인	45.1	41.9	42	41.4	40.3	46.1	45.6	42	42.1	41.4
기타	3.3	1.4	1	2.4	0.3	2	2.8	1	1.6	1.6
모름	4.2	13.9	11.6	10.9	11.8	3.8	3.8	10	7.4	12.1

조사시기	12/11~12	12/12	12/12	12/12	12/12	12/12	12/12	12/12	12/12	12/12
의뢰처	중앙일보	헤럴드경제	서울신문	조선일보	한국일보	한겨레	MBN/매일경제	세계일보	오마이뉴스	JTBC/중앙일보
조사회사	자체조사팀	리얼미터	엠브레인	미디어리서치	한국리서치	KSOI	한길리서치	월드리서치	리서치뷰	리얼미터
표본프레임	휴대전화RDD+집전화RDD	집전화RDD70+휴대RDD30	휴대전화+집전화	휴대전화RDD+집전화RDD	휴대전화RDD+집전화RDD	휴대전화RDD+집전화RDD	휴대전화RDD+집전화RDD	휴대전화RDD+집전화RDD	휴대전화RDD	집전화RDD80+휴대RDD20
응답방식	조사원인터뷰	ARS	조사원인터뷰	조사원인터뷰	조사원인터뷰	조사원인터뷰	조사원인터뷰	조사원인터뷰	ARS	ARS
응답률	30.40%	–	31.20%	–	–	19.90%	–	19.40%	11.40%	12.80%
표본수	2,000	1,000	1,200	1,000	1,000	1,000	1,000	1,000	3,000	2,000
표본오차	±2.2%	±3.1%	±2.8%	±3.1%	±3.1%	±3.1%	±3.1%	±3.1%	±1.8%	±2.2%
박근혜	48	47.8	45.6	47.1	44.9	45.4	46.1	43.4	48.5	48
문재인	41.2	47.7	43.3	43.4	45.3	43.4	42.9	40.7	46.9	47.5
기타	1.9	–	1.2	1	2.5	2.4	1.3	2.2	2.3	1.3
모름	8.9	–	9.9	8.5	7.3	8.8	9.7	13.7	2.3	3.2

　이 자료를 각 언론사가 발표한 여론조사 자료를 통합하여 재분석하였다. 각 언론사의 발표 자료를 대상으로 "표본수×후보지지율"의 총합을 구한 결과 전체 유효 응답 수는 33,285명이었다〈표 35〉. (실제 응답자수는 33,330명)

〈표 36〉 언론사 여론조사 결과 재분석

후보	응답수	지지율	지지율 1
박근혜	15,622	46.90%	51.80%
문재인	14,527	43.60%	48.20%
기타	593	1.80%	
모름/없음	2,543	7.60%	
계	33,285		30,149

(※ '지지율 1'은 기타, 모름/없음을 제외한 지지율)

　이 자료에서 박근혜 후보와 문재인 후보를 지지한다고 밝힌 30,149명 중 박근혜 후보 지지 51.8%, 문재인 후보 48.2%로 두 후보 간의 지지율 차이는 3.6%포인트로 나타났다. 이 조사 결과는 양 후보의 실제 득표율과 아주 흡사하다. (박근혜 51.6%, 문재인 48.0%) 빅 데이터 분석의 힘과 유용성을 엿볼 수 있는 사례라 하겠다.

2) 〈유권자 예측 모델링〉 기법을 개발하자

일반적으로 유권자 예측 모델링은 '데이터 확보, 연관성 분석, 회귀분석, 영향을 미치는 이슈 확인, 그리고 예측 모델에 근거한 캠페인 전개' 등으로 이루어진다.

① 데이터를 확보하고 빅 데이터를 구축한다

각종 입수 가능한 정보를 조립하여 완벽한 유권자 프로파일을 만드는데 목적이 있다. 입수 가능한 정보는 소비자 데이터베이스 업체로부터 소비자들의 라이프스타일 정보를 최대한 확보(개인정보 보호법에 저촉되지 않는) 하는 방법, 온라인 텍스트 마이닝을 활용한 웹 자료 수집(트위터 등), 기존에 확보하고 있는 유권자 DB 등이 있다.

입수 가능한 정보는 보통 개인 식별 정보를 제외하고 연령, 성별, 우편번호 등의 정보들인데, 이 정보를 선거캠프에서 보유하고 있는 유권자 DB의 우편번호, 성별, 연령과 대조하여 정보를 구별하여 데이터를 작성한다.

② 군집분석을 실시하여 유권자를 특성화한다

이러한 자료를 군집분석에 의해 유사한 특성을 가진 여러 개의 집단으로 나누어 특성화 한다.

분석에 주로 사용되는 자료는, ①개인 식별정보(이름, 전화, 주소 등), ②인구사회학적 변수(성별, 연령, 결혼, 소득, 학력, 직업, 출신지, 거주지역 등), ③라이프스타일 변수(종교, 주택유형, 구독 신문 잡지, 보유 자동차, 즐겨보는 TV채널 및 프로그램, 취미활동 클럽회원 등), ④정치활동 변수(정당가입여부, 투표참여, 후원금 기부, 자원봉사, 시민사회단체 활동 등), ⑤정책입장 변수(여러 가지 이슈들에 대한 관심 및 찬성/반대 등) 등이다.

데이터 분석팀은 컴퓨터프로그램을 이용하여 이중에서 인구사회학적 변수와 라이프스타일 변수를 기준으로 전체 유권자들을 수십 개의 그룹으로 분류한다. 이렇게 군집분석으로 분류해 낸 각 집단마다 일정한 수의 샘플 유권자를 임의로 뽑아서 전화여론조사를 진행 할 수 있을 것이다.

이때 주로 던지는 질문은 어느 정당이나 후보를 지지하는지 등을 묻는 정책입장 변수와 관련된 질문들이다. 이 답변을 바탕으로 해당 군집의 여러 특성과 정치적 경향을 연결 짓는 연관성 분석과 회귀분석을 진행할 수 있을 것이다.

③ 연관성 분석을 통해 관계성을 파악한다

유권자 타깃팅에 필요한 연관성 분석에는 세 가지 기준(지지도, 신뢰도, 향상도)을 적용할 수 있다. 여기에서 사용하는 지지도(support)는 상품 마케팅을 예로 들어 설명하면 이해가 쉽다. 상품 전체 거래 횟수에서 특정한 두 항목 'A'와 'B'가 같이 거래된 횟수가 차지할 확률이다. 운동 관련 상품 거래 중에서 '러닝머신'과 '운동화'가 함께 거래되는 비율이라고 생각하면 된다.

다음으로 신뢰도(confidence)는 '러닝머신'을 산 사람들 중에서

'러닝머신(A)'과 '운동화(B)'를 동시에 산 사람의 비율이다. 즉 항목 A가 거래된 횟수들 중에서 항목 B와 함께 거래된 횟수가 차지할 확률이다. 마지막으로 향상도(lift)는 ①항목 A가 거래된 횟수들 중에서 항목 B가 함께 거래된 횟수가 차지하는 비율 즉 신뢰도와 ② 전체 거래 횟수들 중에서 항목 B가 거래된 횟수가 차지하는 비율 간의 관계이다.

예를 들면 전체 거래에서 운동화 구매자의 사례가 10%밖에 안 되는데 반해서 러닝머신을 산 사람들 사이에서는 유독 운동화를 구매한 사례가 30% 정도 높을 경우에 이 둘 사이의 구매행위 간에는 관련이 높다고 판단할 수 있다. "러닝머신을 사면 운동화도 같이 구매할 확률이 높다"는 가설이 성립된다.

정치행태와 관련된 연관성 분석 사례의 예로는 '케이블 TV 채널 선호도와 정치행태 연관성 분석', '맥주 선호도와 정치행태 연관성 분석', '소유 차량과 정치행태 연관성 분석' 등을 들 수 있다. 이러한 연관성을 파악하여 이 자료를 근거로 경제적이고 효율적인 선거운동을 펴 나갈 수 있다.

④ 회귀분석을 실시하여 유권자를 분석한다

최종 결과인 변수(종속변수)의 변화에 대해서 다른 변수(독립변수)가 얼마나 영향을 미치는지 알아보는 통계분석 기법이다. 회귀분석을 통해서 '대통령에 대한 지지도'를 종속변수로 놓고 각 그룹별로 어떤 요인들이 해당 그룹에 속하는 사람들로 하여금 그 후보를 지지하는 정도에 영향을 미치는지를 알 수 있다. 주로 여러 개의 독립변수가 하나의 종속변수에 어떤 영향을 주는지 알아보는 다중 회귀분석을 사용한다. 이렇게 분석된 자료는 유권자 관리와 선거 운동에 소중한 정보로 이용된다.

⑤ 영향을 미치는 이슈를 숫자화 한다

타깃팅을 위해 라이프스타일별로 영향을 미치는 이슈를 숫자화 하고 이슈별 영향력을 다시 조사 후 절차가 필요하다. 군집분석을 통해 라이프스타일별로 묶어낸 그룹들을 상대로 일일이 회귀분석 을 진행하고, 그 그룹의 구성원들에게 영향을 미칠 만한 이슈를 찾 아내는 것이 중요하다. 그룹별로 가장 잘 영향을 미칠 이슈를 뽑아 내야 한다.

그리고 이러한 분석이 실제로 정확한지 검증하기 위해 전화로 면접조사를 실시하는 절차가 필요하다. 예를 들어 특정 라이프스 타일 그룹에 속한 사람들이 의료보험 정책에 관심이 많다는 결과 가 나왔다고 가정하자.

데이터 분석팀이 후보의 의료정책에 대해서 이 그룹에 속한 사 람들에게 자세히 설명하면 후보에 대한 지지 정도가 증가할 것이 라고 판단하였다면 곧바로 이들을 대상으로 전화면접조사를 실시 해 이 판단이 옳은지 검증하는 것이 필요하다.

먼저 특정 이슈에 대해서 비록 지지하는 정당은 다르더라도 우 리 후보의 의료정책에 대해 지지할 가능성이 높은 사람들을 따로 분류한 후 이들을 대상으로 조사를 실시한다. 조사 시작 시점에 후보 지지도를 먼저 물어 본다. (지지도 조사 1~10점 척도) 그리고 우리 후보의 의료정책을 설명 후 지지도를 재 조사해본다.

만약에 회귀분석 결과 의료정책의 결정력이 0.25라면 이러한 정보를 제공한 후 정보를 제공하기 이전보다 0.25점이 증가해야 하지만 만일 0.17점만이 증가하였다면 회귀식을 다시 수정하는 방법으로 회귀식을 정교화 할 필요가 있다.

⑥ 캠페인을 전개한다

이런 유권자 타겟 모델링을 통해 마지막으로 어떤 이슈가 특정 그룹의 사람들에게 통계적으로 유의미한 태도 변화를 가져온다는 것을 찾아내어야 한다. 이러한 이슈와 특정 그룹 간의 상관성을 찾아냈다면 정교화를 위해 검증절차를 꼭 거쳐야 한다.

그 유효성이 검증될 경우 그들만을 대상으로 해당 이슈를 앞세워 설득하는 이메일이나 우편홍보물을 발송 등 유권자 설득에 필요한 캠페인을 적극적으로 전개해 나간다.

3) 누구를 대상으로 캠페인을 전개하는 것이 효과적인가

선거 캠페인에 활용할 수 있는 자원과 시간은 극히 제한되어 있다. 그러므로 선거 캠페인을 효율적으로 전개하는 것이 필요하다. 따라서 유권자 중에서 공략 대상층을 투입 대비 산출의 관점에서

효율적으로 선정하는 것이 중요하다.

공략 대상을 우선순위에 따라 결정하고, 이에 따라 후보 지지 설득 캠페인을 전개해 나가야 한다. 공략 대상 중 제1순위는 지지자 중에서 투표에 적극 참여하지 않는 사람들과 투표에는 적극 참여하지만 지지가 약한 사람들이다. 제2순위는 내면에 충돌하는 두 가지 가치관 때문에 조사에 대한 두 가지 방향의 응답이 상쇄되어 버려 중도층으로 분류된 사람들이다. 그리고 제3순위는 상대 후보를 지지하지만 약하게 지지하는 사람들이다. 특정한 정치지향성이 있지만 그들에 대한 정보 부족으로 중도층으로 분류된 사람들이나 정치에 무관심하며 광고나 설득에도 반응하지 않는 중도층은 대상에서 제외하는 것이 경제적 선거운동을 위해서 바람직하다.

미국 대통령 선거에서 오바마 선거캠프는 다음의 3가지를 기준으로 점수를 매겼다. 데이터 분석결과 '오바마 지지 예상 점수(10점 만점)', '투표 예상 점수(10점 만점)', 그리고 '설득 가능성 점수(지지예상점수 × 투표 예상점수)' 3가지였다. 오바마 캠프는 이렇게 작성한 유권자 데이터 중 설득 가능성 점수 20~50점 사이에 있는 사람들을 설득 대상으로 선정하고 캠페인을 전개하였다. 그리고 승리를 얻었다.

〈TIPS〉

회귀분석 예

회귀분석에 대한 이해를 돕기 위해 다음 회귀식을 살펴보자. 미국 대통령선거에서 오바마 후보 캠프에서 다음과 같은 회귀식을 산출했다고 가정하고 그 식을 간단히 해석해보자.

▲오바마 지지 가능성 = 8×인종+4×성별+0.4×(40−연령)+5×거주 지역+4×주택유형+0.0002×(60,000−연간소득)+3×(환경이슈관심도)+2×(의료보험개혁 지지도)

(적용수치)

• 인종(백인=1, 유색인종=2), 성별(남성=1, 여성=2), 연령(숫자), 거주지역(농촌=1, 교외=2, 도심=3), 주택유형(대저택=1, 자가 타운하우스=2, 자가 아파트=3, 월세 주택=4, 월세 아파트=5), 연간소득(금액), 환경이슈 관심도(무관심=1, 적은 관심=2, 보통 관심=3, 많은 관심=4, 매우 강한 관심=5), 의료보험 개혁정책(강한 반대=1, 약한 반대=2, 중립=3, 약한 찬성=4, 강한 찬성=5)

이 회귀식을 간단히 해석하면 다음과 같다. 오바마 지지가능성에 인종이 미치는 영향이 크며, 여성이 남성보다 더 오바마를 지지하며, 40세를 기준으로 나이가 많을수록 오바마 지지 가능성이 낮아진다.

그리고 농촌보다 도심지역 거주자가 오바마를 더 지지하고, 타운하우스보다 아파트에 사는 사람이, 자가 보다는 월세 아파트에 사는 사람이 오바마를 지지할 가능성이 높다.

또한 연간 소득 6만 달러를 기준으로 소득이 높을수록 오바마 지지 가능성이 낮으며, 환경이슈에 관심이 있을수록, 의료보험 개혁을 지지할수록 오바마에 대한 지지가 높다는 것을 의미한다.

⟨TIPS⟩

마이크로 타깃팅(마이크로 리스닝) : 오바마의 사례

전략수립→시스템 구축→데이터 수집→타깃 설정→테스트→반복과 공유

1단계−전략수립

① 2008년 오바마에게 투표한 사람들이 다시 투표에 참여하도록 한다.

② 새로운 유권자층을 발굴한다.

③ 경합 주(州)에 초점을 맞춘다.

• 목표를 숫자화(득표수) 한다

• 후원금 모금/ 자원봉사자 모집/ 유권자 등록/ 유권자 설득/ 투표참여 독려 등 5개 프로그램에 집중한다.

2단계–시스템 구축

• 조직체계, 기능적 기술적으로 어떤 것이 필요한가, 어떻게 서로 연결되고 도움을 주고 받아야 하는가에 대한 설계 필요하다.

지역선거운동 사무소→현장 조직 활동 →동네 팀 리더→핵심 팀 멤버→자원봉사자로 이어지는 체계 구축

• 메인 시스템에 개별 자원봉사자들의 스마트폰까지 체계화해야 한다.

3단계–데이터 수집 및 통합

• 데이터 정제 과정을 거쳐 수정한다.

• 자원봉사자들이 전화와 방문을 거쳐 정보를 실시간으로 데이터베이스화한다.

• 여러 종류의 DB를 통합하여 유권자 한사람에 대한 종합적인 이해를 가능케 한다.

4단계–타깃설정

• 고급 분석 기법을 활용하여 유권자를 수십 개의 그룹으로 분류 한다.

• '지지 확률, 투표참여 확률, 설득가능 확률' 등 세 가지 핵심지표를 기준으로 타깃을 설정한다.

• 투표에 적극적이지 않은 지지자, 투표에 적극적이지만 상대방을 약하게 지지하는 사람들을 타깃으로 삼아 이들을 설득하는데 중점을 둔다.

5단계–테스트 및 측정

• 활동과 메시지를 테스트를 통해 검증 한다.

• 일대일 접촉에 사용 한다.

(4) 객관적이고 과학적인 전략을 수립하자

선거에서 이기고 지는 것은 잘 작성된 기본 전략에 달려 있다. 물론 후보가 기본 전략을 수용하고 잘 실행해 나갈 의지가 있다는 전제하에서 말이다.

잘 작성된 기본 전략을 만들기 위해서는 객관적인 자료와 선거에 대한 전문성, 그리고 무엇이 시대정신인지를 파악해내는 직관력을 지닌 전문가가 필요하다. 객관적이고 과학적인 자료는 지난 선거에 대한 정밀분석, 각종 조사(여론조사, FGI, 심층면접 등)를 통해 수집된 자료, 그리고 이러한 자료에 대한 정밀 분석을 통해 가능하다. 이러한 자료 분석을 통해 후보 이미지, 선거 기본 컨셉, 선거 주제 설정, 후보에 걸 맞는 시대정신 창출, 선거운동 기본 계획 등을 작성할 수 있다.

성공하는 기본 계획 수립을 위해 다음 성공 사례들을 살펴보자. 소개하는 대선 기본 전략 자료는 클린턴이라는 한 후보의 서로 다른 두 선거의 승리사례이다. 같은 후보의 두 가지 사례를 소개한 이유는 두 사례가 서로 성격이 크게 다르기 때문이다. 첫 번째 사례는 선거 초반 어떻게 전략을 짜야 할지에 대해 참고할 수 있는 사례다. 반면에 두 번째 사례는 선거운동 진행 동안 상대의 전략을 고려하여 이에 대응하는 사례다.

1) 1992년 클린턴 성공사례

1992년 미국 대통령 선거에서 클린턴의 승리는 뛰어난 선거 전략에 힘입은 바 크다는 것이 일반적인 분석이다. 클린턴은 아칸소 주지사에서 물러난 뒤 워싱턴 정계로 향했다. 대통령 출마를 선언한 뒤에도 각종 여론조사에서 현직 부시 대통령에 훨씬 못 미치는 지지도를 보였다. 클린턴 후보 참모들은 이러한 지지율 침체를 극복하고 승리하는 전략이 시급하다는 것을 깨닫게 되었다.

클린턴이 참모들은 내부에서 '맨하탄 프로젝트'라고 명명한 선거 전략을 기획하고 이를 실시하였다. 이들은 필라델피아에 거주하는 무당파층과 민주당 지지자 중 지지성향이 비교적 약한 유권자들을 대상으로 FGI를 실시하였다.[17] 그 결과 다음과 같은 점을 발견하였다.

첫째, 클린턴의 성격(인간성)에 관한 의문이 가장 문제다. 진실성과 정직성에 관한 문제들을 밝혀 주어야 한다. 클린턴의 진정한 문제는 여자 스캔들이나 징집기피 등의 문제가 아니라 그가 전형적인 정치인(정치꾼)으로 보인다는 것이었다. 조사에서 참석자들이

---

17) 1992년 미국 대통령선거에서 클린턴 후보 진영에서 실시하였던 FGI 자료 (Newsweek, November 02, 1992)

지적한 클린턴의 부정적 이미지는 "그는 상대방의 눈을 똑바로 보고 얘기하지 않는다", "부모덕으로 출세한 부잣집 아들이다", "(딸이 하나 있는데도 불구하고) 자식이 없다" 등으로 나타났다.

둘째, 대통령으로서의 자질과 비전에 관한 의문이 문제였다. 가장 치명적인 이미지는 "클린턴은 변화를 이룩해 나갈 수 있는 후보가 아니다"라는 지적과 "왜 대통령이 되려는지 모르겠다"는 것이었다. 유권자들은 전형적인 정치인(정치꾼)이 아닌 변화를 가져다줄 새로운 인물을 갈망하고 있는데 클린턴이 여기에 부합하지 않는다는 것이었다.

참모들은 클린턴이 지금까지 사용해온 메시지들은 너무 복잡하고, 이를 단순화시킬 필요가 있다는 데 뜻을 모았다. 그들은 다음과 같은 내용을 클린턴에게 건의하였다.

첫째, 클린턴의 자수성가한 스토리를 적절히 활용할 필요가 있다. 둘째, 타운홀 미팅(town hall meeting)이나 토크쇼(talk-show) 같은 비정치적인 미디어를 최대한 활용하여 유권자들에게 부시와는 달리 어려운 환경 속에서 성공한 입지전적인 인물로 인식시킬 필요가 있다. 셋째, 클린턴은 '정부를 급격하게 개혁' 하는 그런 급진적인 계획이 아닌 중산층을 겨냥한 세제 및 의료보장제도 개혁, 대학등록금융자와 같이 진정한 계획(plan)을 가지고 있다는 점을 적극적으로 홍보하자. 넷째, 인간중시의 정책으로 교육기회의 확대, 직업훈련 등 인간에 투자하는 계획을 펼쳐나가겠다는 것을 국민에게 널리 홍보해야 한다. 서민적이고 따뜻한 이미지와 그가 왜 대통령이 되어야 하는지에 대한 당위성 홍보가 중요하다고 건의하였다.

이러한 전략의 결과로 만들어진 작품이 지금까지도 선거 전략가들에게 회자되는 "Stupid! It's Economy!"라는 선거 슬로건이었다.

2) 1996년 클린턴 성공사례

이어서 4년 후 1996년 선거에서 공화당의 밥 돌과 대결하게 된다. 클린턴은 여론조사에 입각하여, 국민의 마음을 제대로 읽고 득표하기 위해서는 그동안 주장해오던 것도 하루아침에 바꾸는 기민성과 결단력을 발휘, 유권자의 마음을 자기편으로 끌어나갔다.

클린턴은 미국이 '탈냉전(post-ideological), 저성장 시대'에 돌입하였다는 것을 인지하고, 미국 유권자들이 무엇을 바라고 그들이 느끼는 두려움과 욕구들이 무엇인지를 제대로 파악하였다. 유권자들에게 가장 효과적으로 접근할 수 있는 아이디어와 언어, 이미지를 적절히 구사하여 만들어낸 메시지에 의해 재선에 성공하였다.

선거전이 시작되기 전 1995년 2월 당시 현역 대통령이던 클린턴의 선거진영은 클린턴에 의해 주도 되어 움직이는 것이 아니라 백악관의 측근 참모들에 의해 주도 되고 있었다. 그러나 이를 깨달은 클린턴은 곧 바로 여론전문가, 광고전문가, 비디오제작전문가, 카피라이터, 정치전문가 등으로 선거 전략팀(일명 'November 5')을 구성하고, 이들 선거참모들과 백악관 측근 참모들 간의 세력균형과 서로 다른 의견을 적절히 조정, 활용하여 최선의 선거운동 결과를 도출해내는 지도력을 발휘했다. 그리고 결국은 대통령으로 두 번째 당선 되었다.

반면에 밥 돌은 대통령 출마의사를 측근과 상의도 하지 않았다. 측근들은 AP통신을 통해 돌의 대선 출마선언을 알 정도였다. 돌은 예비선거에서 많은 에너지를 소모하고 클린턴보다 훨씬 늦게 대선전에 뛰어든 불리함을 결국은 극복하지 못했다. 돌은 혼란한 가운데 선거운동을 전개해 나갔다.

자신의 스타일을 너무 고집하는 돌의 성격과 참모들 간의 알력 및 의견 차이를 조정하는 지도력이 부족했다. 돌은 선거초기부터 끝까지 일관된 목소리를 내지 못하고 자신에게 주어진 기회를 적절히 활용하지 못하고 시종 클린턴에게 끌려 다니는 선거를 치렀다. 돌은 두 번의 만회기회(상원의원 사퇴, 클린턴의 정치헌금 스캔들)를 제대로 활용하지 못하여 결국은 패배하고 말았다. 자세한 두 후보 진영의 선거 전략은 부록에 수록하였다.

87년 체제 이후 한국정치는 영웅시대를 마감하고 보통사람들의 정치시대로 진입했다. 대한민국 건국이후 이승만-박정희의 권위주의적 신화시대(?), 전두환-노태우의 반동기를 거쳐 '3김 영웅시대'로 이어졌다. 여론조사 정치는 3김 시대의 종언의 필연적 귀결이었다. 김대중 시대를 끝으로 마무리된 3김 시대는 노무현-이명박으로 이어졌다. 노무현과 이명박 정권은 그 탄생부터 '3김'과 같은 영웅시대의 시작일 수 없었다. 영웅이 아닌 정치인이 영웅이 되려면 결국 여론조사라는 새로운 수단을 빌려올 수밖에 없었다.

여론조사를 통한 후보 단일화로 대통령이 된 노무현은 그 태생부터 영웅일 수 없었으며, '야망시대'의 주인공 이미지로 역시 여론조사를 통해 대통령이 된 이명박도 영웅일 수 없었다. 노무현은 결국 부엉이바위에서 산화되었고, 이명박은 청계천 시위를 바라보며 아침이슬을 따라 부를 수밖에 없었던 그저 그런 대통령이 되었다.

국민이 그토록 열망했던 권위에 도전하는 '혁명적 대통령, 경제 대통령'의 영웅 신화는 이루어 지지 않았다.

그렇다면 박근혜는 과연 어떤 대통령이 될 것인가? 박근혜는 영웅 박정희의 딸이라는 유산과 또 다른 잃어버린 10년(?)이 올까봐 위기감을 느낀 보수층 유권자들의 총결집의 산물로 대통령이 되었다. 박근혜는 과연 영웅이 될 것인가 아니면 보통 정치인으로 남게 될 것인가. 마지막 영웅의 후예 정치인이라 할 수 있는 박근혜의 사명은 무엇일까. 그의 사명은 영웅시대를 마무리하고 새로운 보통사람들의 시대를 준비하는 징검다리 같은 역할일 것이다.

새로운 보통사람들의 시대는 특정한 인물에 의해 움직이는 사회가 아니라 시스템이 움직이는 그런 사회가 되어야 할 것이다. 보통 인물이 조작된 여론의 힘을 빌려 영웅인양 위장하여 거짓 영웅 노릇을 하는 사회가 되어서는 안 된다. 보통 사람이라도 건전한 상식을 지니고 있기만 하면 이끌어 나갈 수 있는 그런 합리적인 시스템을 갖춘 사회가 되어야 한다. 결국 영웅의 후예가 감당해야 할 시대적 사명은 그런 합리적 사회 시스템을 만드는 것이다.

합리적 시스템 건설은 먼저 87년 체제의 재구성 내지 새로운 변화에서 찾아야 할 것이다. 5년 단임의 대통령제에서 대통령은 우리가 지난 세월 경험했듯이 무한한 권력은 소유하나 책임은 전혀 지지 않았다. 때로는 퇴임 후 책임을 물어 불행한 일을 겪게 되는 그런 구조적 모순을 가지고 있다. 이를 극복하기 위해서는 4년제 중임제 대통령제나 내각책임제 개헌을 심각하게 고민해야 할 시점이다. 지금과 같은 체제는 5년 동안 세상을 변화시키고 이끌어갈 영웅을 필요로 한다. 그러나 현실에서 영웅은 더 이상 존재하지 않는다. 조작된 여론조사로 만들어져 영웅이라고 착각하게 하는 그런 가짜 영웅이 존재할 뿐이다.

앞에서 살펴본 대로 여론조사 정치는 한국정치에 약이 아니라 독이었다. 거짓 영웅을 만드는데 크게 기여하였다. 2017년 대통령 선거가 지금과 같은 정치 환경에서 치러진다면 한국정치는 여론조사 정치에서 크게 벗어날 수 없을 것이다. 새롭게 한국사회의 막강한 정치권력으로 등장한 언론권력이 자기 입맛에 맞는 정치인이 대통령이 되도록 민의를 왜곡하는 일이 또 다시 현실로 다가올지도 모른다.

한국 정치발전을 저해하는 가장 중요한 원인은 정치사회적 갈등이 제대로 정치권에 수용되고 해결되지 못하는데 있다. 이로 인해 많은 불필요한 비용을 치르게 되었다. 정치권이 사회적 균열을 통합해 나갈 정책결정에 영향을 미치지 못하고 있는 현실이 문제다. 한국사회는 민주화로 제도적 차원의 발전을 이루는 데는 성공했다. 그러나 그 제도를 완성시켜갈 가치는 미성숙한 단계에 머물고 있다.

민주주의를 가능하게 하는 것은 적정한 민주적 제도와 절차의 확립, 그리고 이를 운영해 나갈 수 있는 시민의 능력이다. 시민의 능력은 정치적 과정 및 결과에 대한 균형 있는 비판 능력과 공공에 대한 헌신의 의지, 그리고 정치과정에 대한 참여의지와 시민상호

간에 요구되는 시민성이 핵심이다. 민주적 시민성은 시민의 민주주의 역량을 통해 민주주의 이상과 현실 사이의 괴리를 부단하게 극복하는 힘이다.

민주시민 교육은 그 괴리를 해소하여 시민적 역량을 자각시키는 가장 확실한 방법이다. 지금 우리사회에서 가장 시급한 것은 사회 구성원들로 하여금 민주주의 가치와 이념을 내면화시키기 위한 민주시민 교육이다. 민주시민 교육이 시민적 정치문화 구축과 민주주의 공고화에 크게 기여할 수 있기 때문이다. 올바른 시민성을 형성하기 위한 민주시민 교육 정착이 필요하다.

이제는 다시 정당 중심의 정치 환경이 필요하다. 언론이 유일하게 후보자와 유권자 간의 정보제공자와 소통 통로가 되는 현 선거 환경을 극복해야 한다. 그러기 위해서는 선거법상의 선거운동 규제를 시급히 바꿔야 한다. 후보가 유권자와 직접 소통할 수 있는 다양한 수단이 마련되어야 한다. 그래야 민의를 왜곡시키고 자신의 이익을 추구하고자 하는 잘못된 세력으로부터 자유로운 민주주의가 이뤄질 것이다. 대통령 등 공직자를 선출하는 권리를 민주시민에게 돌려주어야 한다.

여론조사 정치로 행해진 한국의 대통령 선거의 실상을 다시 정리해보자. 2002년 16대 대선 후보 단일화과정에서 이회창 지지자들을 여론조사 대상에서 제외시키기를 원했다. 정몽준의 잘못된 여론조사 대상자 선택으로 노무현은 단일화에 성공했고, 단일화에 성공한 노무현이 대통령이 되었다.

2007년 17대 대선 한나라당 후보 경선에서는 선거인단 투표결과 모든 여론조사 회사의 조사가 오차범위를 벗어난 경선 결과 예측으로 엉터리로 판명되었다. 이렇게 정확하지 못한 여론조사 결과가 2006년부터 지속적으로 언론에 보도되었다. 이런 여론조사 결과를 반복하여 보도한 언론보도가 결국 이명박의 경선 승리에 크게 기여했으며, 결국 대통령으로 만들었다.

2006년 서울시장 후보로 강금실이 가장 유력하다는 의도된 여론조사결과가 오세훈을 서울 시장으로 만들었다. 오세훈이 시장직을 물러난 후 언론은 또 다시 의도된 여론조사를 통해 안철수 바람을 일으켰다. 이것은 결국 2012년 18대 대선으로 이어졌고, 이에 위기를 느낀 보수 세력들은 보수대통합을 이루었다. 그 결과 박근혜가 대통령이 되었다.

크고 작은 선거에서 공직선거 후보를 선출하는 여론조사가 제도화 되어 있는 지금과 같은 선거환경에서는 이상과 같은 여론조사 정치를 벗어날 수 없다. 여론조사 전문가와 언론사, 여론조사 회사, 그리고 정치인이 야합하면 영웅이 만들어지는 미디어 세상이다. 이러한 세상을 바꾸고, 여론조사 정치를 극복할 시스템이 필요한 시점이다. 시민이 깨어 있어야 한다. 깨어 있으려면 민주시민교육이 꼭 필요하다. 민주주의를 훔치려하는 도둑은 어둠처럼 몰려온다. 민주시민 교육을 통해 시민의식으로 깨어 있는 유권자가 민주주의를 지켜야 한다.

끝으로 더 이상 우리사회에서 목적이 수단을 정당화시키는 것을 용납해서는 안 된다. 수단이 정당해야 목적을 이룬 그 결과도 정당할 수 있다. 새로운 시대의 영웅은 옳은 수단을 통해 자기 스스로 만들어 가야 한다. 이제 잘못된 여론조사로 대통령을 만드는 일은 이 땅에서 사라져야 한다. 2017년 대통령 선거에서는 올바른 수단을 통해 정정당당하게 승리를 얻는 그런 새로운 시대의 영웅이 탄생하기를 간절히 바라면서 이 책을 마친다.

| 부록 |

1. Manhattan Project 1992
2. 1996년 〈클린턴- 밥 돌〉 선거전략 요약
3. 대통령 선거 관련 FGI 사례 (1)
4. 대통령 선거 관련 FGI 사례 (2)

1. Manhattan Project 1992

선거 기간 중 전략 주요 내용

구분	4월 중순	5월 말	6월 초순
착안점	○신뢰성문제 : 신뢰성에서 부시보다 21% 낮은 여론조사 수치를 기록했다 ○ 왜 출마했는지가 분명치 않다.	○ 메시지의 단순화 ○적절한 전달방법 강구	○국민들은 클린턴에 대하여 무엇을 알고 싶어 하는가?
문제점	○클린턴의 진짜 문제는 각종 스캔들이 아니라 그의 신실성과 정직성에 대한 의혹에 있다. ○전형적인 정치인'으로 인식되고 있다. ○'클린턴은 변화를 주도해 나갈 인물이 아니다'라는 인식이 문제다.	○유권자들은 전형적인 정치인이 아닌 변화를 가져올 새로운 것을 갈망 ○클린턴이 지금까지 사용해 온 메시지들이 너무 복잡하다.	○현 정부는 교육환경, 사회보장제도, 의료보장 제도 등에 많은 문제점을 가지고 있고, 기업가와 부유층을 위한 정책만 펴가고 있다.
결과	○신뢰성 문제와 '왜 출마 하는지 모르겠다'라는 부정적인 견해는 바꿔질 수 있다.	○ 메시지와 커뮤니케이션 방법을 바꿀 필요가 있다.	
해결방안제시	○클린턴의 자수성가 스토리를 적절히 활용 ○비정치적인 언론수단을 최대한 활용 ○실현가능한 계획을 가지고 있다는 것을 홍보 ○중산층을 겨냥- 세제 및 의료보장제도 개혁, 대학등록금융자와 같이 실질적인 메시지 전달 ○인간중시의 정책으로 인간에 투자하는 계획을 홍보	○메시지 : △The people first (미국민의 안정된 경제를 이해 인간에게 투자) △Opportunity with Responsibility (말로만이 아닌 실질적인 것을 국민에게 제공) △The middle class (진보주의가 아닌 중도, 온건, 보수주의) △Reinventing Government (혁명이 아니라 국민을 위하는 제도로 변화)	○클린턴 - 미국민들에게 말뿐이 아니라 실천할 수 있는 적절한 계획을 제공할 수 있는 사람

구분	6월 중순	6월 하순	7월
착안점	○선거인단을 인구학적인 분류에 의해 접근할 필요 제기 ○페로지지자들에 대한 분석 필요성	• 비정치적인 미디어에 출연하여 정치꾼이라는 인상을 지워야 한다 • 출연하여 유권자에게 직접 정책 등을 제시하는 방법을 모색해야	○러닝메이트 결정 – Al Gore ○전력을 총 집중해야 한다
문제점	○페로지지자들은 클린턴 지지자보다 더욱 민주당적인 사람들이고, 많은 수가 근로자이며 캐톨릭 신자도 다수	○보통사람으로서의 이미지 부각 (no silver spoon) ○정치인이라기보다는 친근한 이웃의 이미지 ○전문적인 지식과 정책대안을 가진 인물	○선거를 '세대 간의 대결' '문화인적 대결'로 이끌어 간다.
결과	○ 클린턴은 하층민에게 집중할 필요가 있다. – 특히 근로여성들		
해결방안제시	○"민주당 지지자들을 폭 넓게 이해함으로써 이번 선거를 이길 수 있다. 우익 쪽을 타겟으로 하기보다는 중도와 좌익 연합을 이룰 수 있으면 선거에 이긴다." ○Perot –차갑고, 참을성이 없고, 완고하며, 무정한 사람/ Bush –신념이 없는 사람/ Clinton –따뜻하고 봉사하는 사람으로 이미지를 부각시킨다.	아침: M–TV, Today show, Good Morning America, CBS This Morning 등에 출연 저녁: – Larry King, TV Talk Show 등에 출연 (20여회 집중적으로) – 색소폰연주 등으로 기성 정치인의 부정적인 이미지를 불식시킴 – town hall 미팅에 적극 참석하여 유권자와 토론	○전통적인 선택(대통령후보와 대칭되는 인사를 부통령후보로 지명하는 것이 통례) 에서 크게 벗어났으나 클린턴의 이미지를 중첩시켜서 효과를 극대화시키는 전략 ○참신하고 젊고 역동적인 전문 정치인상 정립

Focus Group Interview 주요 내용

1) 여성 Focus Group

구 분	내 용
대상	○ 펜실바니아 알렌타운 거주자 ○ 여성, 45세 이상 10명 ○ 성향 : 무당파와 민주당지지성향이 약한 편인 사람 ○ 후보별지지 : 클린턴 2명 / 부시 3명 / 페로 5명
문제인식	○ 진실성에 문제가 있다 ○ '클린턴이 왜 출마했는지 모르겠다' 는 부정적인 인식 ○ 여론조사 결과 클린턴이 신뢰성면에서 Bush보다 21%나 뒤지는 것으로 나타났음
인터뷰 이전	○ 클린턴에 대한 인식: – '시류에 따라 사는 사람으로 보인다' – '좋아하는 색깔은 체크무늬 일 것이다' (분명치 않은) ○ 클린턴을 믿을 수 있다고 보느냐? : – '나는 그렇게 생각치는 않으나 다른 사람들은 정직하지 않다고 생각할 것이다' ○ 그가 도덕적이라고 생각하느냐? – '나는 그렇게 생각하지는 않지만 다른 사람들은 그를 비도덕적이라고 생각할 것.'
조사에서 얻은 가정	○ 클린턴 자신의 '삶의 줄거리'와 아칸소수지사로서의 입직을 유권자들에게 제대로만 전달한다면 '진실성'문제와 '왜 출마하려는지'에 대한 의구심은 해결되고 지지율이 증가할 것이라는 가정을 이끌어 냈음
제시내용	○ 포커스 그룹에 클린턴의 '출생지, 알콜 중독자인 의붓아버지와의 갈등, 아칸소지사로서 클린턴' 등의 내용을 35개 항목으로 압축하여 제시 ○ 이것을 읽고 난 포커스그룹 참석자들 견해가 서서히 변화하기 시작 – '클린턴은 언론에서 보도한 것보다는 훨씬 도덕적이고 윤리적인 사람 같다'라는 의견을 보이기 시작
결과	○ 포커스 그룹 인터뷰 후 클린턴 지지 7명 / 부시 지지 2명 /페로 지지 1명으로 지지가 극적으로 바뀜

2) 남성 Focus Group

구 분	내 용
대상	○ 남성 7명 ○ 후보별지지 : 클린턴 1명 / 부시 1명 / 페로 5명
문제인식	○ '진실성에 문제가 있다' ○ '클린턴이 왜 출마했는지 모르겠다' 는 부정적인 인식 ○ 여론조사 결과 클린턴이 신뢰성면에서 Bush보다 21%나 뒤지고 있는 것으로 나타났음
인터뷰 이전	○ 클린턴에 대한 인식 : – '뺀질이, 기회주의자'라는 등의 부정적 견해 보임 ○'클린턴의 도덕성문제가 선거에 어떤 영향을 미칠 것인가' 라는 질문에 대한 응답 – 전원이 '죄없는 사람만이 돌을 던질 수 있을 것이다'라고 대답 ○ '클린턴에 대해 호감을 느낀다면 무엇 때문인가?'라는 질문에 – 예일대 출신의 똑똑한 인물 – 보통사람이라고 스스로를 밝히는 점 – 힘이 있어 보인다, 효율성이 있어 보인다, 창조적인 사람이다 등의 답변이 나옴
제시내용	○ 포커스그룹에 클린턴의 '출생지, 알콜 중독자인 의붓아버지와의 갈등, 아칸소지사로서 클린턴' 등의 내용을 35개 항목으로 압축하여 제시
결과	○ 포커스그룹 인터뷰 후 후보별지지 : 클린턴 6명 / 부시 0명 / 페로 1명으로 나옴

1 + 2 포커스그룹 인터뷰 결과

제대로 된 메시지와 효과적으로 유권자에게 접촉할 수 있는 방법만 개발한다면 클린턴에 대한 부정적인 견해들을 바꿔 놓을 수 있다는 자신감을 얻고, 선거전에서 이길 수 있다는 결론을 도출해 낼 수 있었다.

2. 〈클린턴- 밥 돌〉 선거운동 과정 중 각 진영의 전략 요약

일시	문제점	해결방법
1995.5.	Clinton진영: 클린턴 리더십의 '효율성, 결단력'의 문제점 제기	○ 1996년 승리를 위해서는 1. 클린턴의 낮은 인기와 liberal이라는 이미지를 극복해야한다 2. Bob Dole을 이겨야 한다 * 1994년 중간선거 패배이후 유권자들은 클린턴의 얼굴이나 목소리조차 듣기가 싫다는 분위기였다.
		○ 여론조사: – 유권자태도조사 – 클린턴의 선거쟁점 결정을 위한 조사 – TV 광고에 대한 시험 및 조정 – 클린턴 이미지 변경에 관한 문제 등 ○ 결과 : 가족지향적인 정책에 대한 평가, 정책들에 대한 뉘앙스 등을 평가할 수 있었음
1995 초반	Bob Dole 진영: 당면 과제에 대한 인식	○ '세금감면이나 대외정책이 문제가 아니라 미국인들이 그들 자신과 자식들을 위해서 매일매일 일상생활에서 바라는 희망과 두려움을 이슈로 삼아야 한다' – values 가 중심이 되어야 한다는 주장에 대해 ○ 여론조사 : 유권자들의 가치관에 대한 인식조사 – 자식들이 시청하는 TV 의 적절치 못한 프로그램에 대해 관심과 우려가 많다는 사실을 조사를 통해 발견 – 1995년 5월 예비선거에서 돌이 Gramm에게 이기는 계기를 만들어 냄
1995.5	클린턴진영: Balanced Budget에	○ 여론조사 전문가 Schoen은 '80% 의 미국인들은 Balanced Budget을 지지 한다' 는 결과를 찾아냄 – 측근 참모들의 격렬한 반대 – 결국 클린턴은 Balanced Budget을 정책으로 채택
1995.6.	클린턴진영: 이미지 전환 작업	○ TV 광고: liberal이라는 이미지 전환 작업 (Anti- crime 켐페인) – 사형제도지지, 범죄에 대한 강력한 제재 찬성 등의 입장을 홍보 ○ 결과 : 비록 많은 예산이 투자됐으나 클린턴 이미지 전환 작업 시작을 기록
1995.6.	클린턴진영: 유권자 심리분석조사 필요성	○ 클린턴의 이미지 전환을 위해서 유권자의 심층심리분석의 필요성이 대두됨 ○ 여론조사 결과: 계층/연령 등 전통적인 지표에 의한 조사결과는 클린턴과 돌이 큰 차이를 보이지 않았음 (클린턴: 돌 = 15 : 10) ○ 그러나 '결혼여부' 특히 아이를 길러본 경험이 있는 사람과 없는 사람간에 큰 차이를 보이는 것으로 분석됨
1995.7.	1차 결과 보고	○ 경제에 대한 관심이 유권자들의 20%에 머무름 (1992년 선거에서는 경제를 고려한 투표가 60%) ○ 투표행태를 결정하는 top list 6: –범죄근절 –최저임금 –미성년자에 대한 담배 광고금지 – 학교 내 질서 확립 –노부모 부양 보조 –출산휴가 연장
	결론	○ 젊고 사회적으로 보수적인 가정에 대한 선거운동은 종교적인 가치보다는 그들의 아이들을 보호하고, 그들 부모에 대한 책임감을 강조하는 등 세속적인 가치를 강조하는 편이 효과적이다. – 클린턴은 가치와 경제 중 하나를 택할 것이 아니라 둘 모두가 중요하다는 것을 인식했다.
	2차, 3차 결과보고	○ 클린턴지지자 : mtv시청, rap, classical 음악애청, "Top 40 Music"," Friends" 시청하며, 사회가 불안하다고 느끼며 사실에 입각해 판단하기 보다는 직관적이고 감정적인 사람들 ○ 돌 지지자 : Larry King시청, 총기 소지자, "Home Improvement", 70년대 음악 애청자 ○ 부동층 : 'thinkers not feelers' ○ 부동층 공략법 – 거창하고 실현가능성이 없는 공약제시보다는 성공적인 정책들을 알기 쉬운 실질적인 수치로 작성하여 부동층에게 조금씩 제시하여 클린턴의 이미지를 점진적으로 개선해 가야 한다

일시	문제점	해 결 방 법
	4차 최종결과 보고	○ 부동층 I, 부동층 II 로 나누어지는 것을 발견 – 부동층 I (29%) : 온건, 친 민주적인 무당파, 친 클린턴 – 부동층 II (25%) : 친 공화적인 무당파 – 부동층 I 과 II가 공유하는 부분 : 의료보장제, 범죄에 대한 대응, Medicare 등 – 서로 다른 부분 : 재정/세금 면에서 강경노선 welfare에 2년 뒤 완전식감 지지 ⇒ 클린턴은 이들이 의구심을 버릴 수 있도록 재정에 대한 책임을 지는 입장과, 범죄와 welfare에 대한 강경한 입장을 인식시켜 주어야 한다 – You need a synthesis, Neither tough nor soft
1995.8.	클린턴진영: Medicare 관련 조사	○ Mall-test : ' 공화당은 Medicare 삭감을 통해 부유층의 세금을 2억4천5백만 달러 감면해 주려한다' 고 유권자들 인식하고 있다는 것을 파악
1995.8.	클린턴진영: TV광고	○ Medicare를 고수해나가는 것은 고귀하고 애국적인 책임이고, 이를 삭감하려는 공화당의 움직임은 미국의 공중도덕을 배신하는 행위이다. ○ '돌과 킹 리치'가 범죄자처럼 보이는 흑백 정지된 사진을 삽입하고, 반대로 미국대통령 클린턴을 눈부시게 부각시키는 기법으로 광고제작 ⇒ 1996년 key message : 클린턴을 미화시키는 내용에 '돌'의 부정적인 내용을 숨겨 놓는 기법
1995.8.	돌 진영 : 예산통과 거부관련	○ 깅리치와의 관계 : 깅리치의 예산안 통과거부는'깅리치'에 대한 반감 →공화당에 대한 반감→밥 돌에 대한 반감으로 이어진다는 불안감으로 인식됨 ○ 깅리치와 거리를 두어야 한다는 인식 –2차예산안 통과 거부 때는 깅리치와 대를 분명히 함
1995	클린턴진영: 예산관련	○ 국민들이 깅리치와 대립하는 클린턴을 지지할 것으로 클린턴의 여론전문가들은 예상 ○ 고어부통령과 Stephanopoulous : 깅리치가 주장하는 Medicare삭감을 강력히 저지해야 한다고 주장
1995 12.	클린턴의 절묘한 결정	○ Balanced Budget + Medicare ○ 가치관을 보호하고 Medicare, Medicaid, Education, Environment를 보호하는 선에서의 'Balanced Budget' 정책 (M2 E2) ⇒ 이러한 정책에서 오는 재정 부담은 재선된 뒤에 해결될 문제이므로 이런 점을 교묘하게 이용 ○ 이 시점에서 클린턴은 돌을 큰 차이로 앞서게 되고 이것은 선거운동 끝까지 그대로 유지
1995 10.	클린턴진영: 경제 문제에 대한 인식	○ 부시가 낙선한 이유가 '경제불황'이라는 것을 잘 알고 있는 클린턴 측근들은 경제부진에 대해 서로 언급하길 꺼리는 분위기였음 ○ 여론조사 결과 : 클린턴이 경제운용을 잘하고 있다는 응답이 57% – 선거에서 경제문제가 별 쟁점이 안 될 것으로 예상 ○ 측근들은 경제상황이 악화되고 있고 선거전에서 문제가 될 것으로 클린턴에게 보고 ○ 결론 : 경제가 안정적으로 갈 것이라는 전제하에 전략을 세우도록 결정
1996.1.	클린턴진영: 연두교서 작성	○ 예산전쟁 시 클린턴은 그의 입장을 고양시켰고 유권자들에게 새로운 면모와 인식을 심어주다. ○ '연두교서는 클린턴의 출마를 확실히 해주는 계기로 활용할 절호의 기회'라는 인식에서
		○ 작성을 위한 준비 : 100가지 정책을 선정하여 여론조사를 통하여 타당성 검토 → 각기 다른 비전을 담은 20개의 항목으로 압축, 이를 또다시 여론조사를 통해 검증함 ○ 6개 항목의 이슈 제시 : . 범죄와 폭력 . Balanced Budget . 담배광고 및 TV . 폭력과 마약 퇴치 . 가족유대 강화 . 교육개선 . 환경보호 ○ 6개 항목별 '클린턴/ 부동층I/ 부동층 II/ 돌 지지자'별로 조사
1996.1.	클린턴진영: 돌 공세에 대한 준비	○ 클린턴에 대해서 가장 치명적일 수 있는 광고내용을 '돌의 입장에서' 클린턴 진영에서 제작 ○ 돌의 예상 공격내용에 대항하는 클린턴의 광고내용을 제작하여 유권자들을 상대로 검증을 거쳐 공격에 대응할 내용 준비 (돌이 실제로 광고를 시작하기 훨씬 전에)

일시	문제점	해 결 방 법
1996.4.	돌 진영 : 문제점	○ 예비선거전을 치르는 바람에 본선준비에 미흡 ○ 1996.4 까지 본격적인 대선팀이 가동되지 않았음
		⇒ 유권자들이 자신들의 불만족을 클린턴의 탓으로 돌리지 않는다는 사실을 발견, 이를 적시 – 경제적인 측면을 강조해서는 '유권자들이 대체로 경제현실에 만족하고 있는 한' 클린턴으로부터 분명한 승리를 거둘 수 없다고 진단함
1996.5.	돌 진영 : Benchmark Poll	○ 유권자 의식구조 분석을 위한 조사 실시: " 여성들은 스트레스를 받고 있고, 너무 바쁘며, 부모들은 자식들의 미래에 대해 걱정하고 있고, 유권자들은 정치에 대해 냉소적"이라는 결론 얻음 ○ 그러나 유권자들의 심층의식을 파악하고 이에 어떻게 대처해야 할지에 대한 명확한 대책이 없었음 ○ 경제적인 측면을 강조했으나 구체적인 면을 들어 제시하지 못했음 – 세금감면이 만병통치가 되지 않는다는 사실을 지적
		⇒ 유권자들이 자신들의 불만족을 클린턴의 탓으로 돌리지 않는다는 사실을 발견, 이를 적시 – 경제적인 측면을 강조해서는 '유권자들이 대체로 경제현실에 만족하고 있는 한' 클린턴으로부터 분명한 승리를 거둘 수 없다고 진단함
		○ Sipple : '가치관의 파괴(범죄, 마약, 사회복지와 이민문제 등)가 주요 쟁점이 되어야 한다'고 주장 – 돌은 '도덕을 지키는 경찰'로 이미지 메이킹을 해야 한다
	문제점	○ 그러나 이러한 지적과 제안에도 불구하고 대선 4개월 전까지도 명확한 정책을 결정하지 못했음
1996.여름	돌 진영: 내부혼선	○ 뚜렷한 메시지를 결정하지 못함: Economy(Balanced Budget), Opportunity(welfare), Quality of life (crime)라는 메시지가 아닌 구호의 나열에 그쳤음 ○ 경제문제를 집중 공격해야 한다는 주장과 도덕적 차원에서의 문제점을 공격해야 한다는 주장이 팽팽히 맞섰음 ○ 돌이 세금감면과 경제성장계획을 선거이슈로 강조해야 한다 – 도덕적인 이슈를 들어 미국사회의 부패의 책임을 클린턴에게 돌리고, 긍정적이고 도덕적인 대안으로 세금 감면을 주장해야 한다고 조언
	돌 진영: 경제정책 발표에 관한 문제	○ 경제정책을 전당대회 이전에 발표하면 TV광고에 투자할 충분한 자금이 없어 효과를 거두지 못할 것임 (클린턴은 TV광고를 집중적으로 실시, 이에 대해 반격을 가해 올 것이므로) ○ 전당대회 이후에 발표하자고 주장 – 받아들여지지 않음 (돌의 미온적인 태도)
	클린턴 진영: 돌의 세금감면 정책에 대한 대비	○ 만약 돌이 클린턴을 국민의 세금을 과소비하는 자유주의자로 몰아간다면 어려운 선거전이 될 것이다. – 세금문제는 클린턴을 거짓말 장이로 몰아가 '인격 논쟁'을 불러일으키는 열쇄가 될 것으로 예상
	클린턴진영의 대응 논리	○ 돌의 계획대로 세금을 감면하면 재정에 큰 적자를 불러오고, 수많은 가치 있는 프로그램을 중단시키게 될 것이다. 이것은 클린턴이 추구하는 '온건하고 목표 지향적인 삭감' 보다는 무책임한 것이라는 대응논리 개발 ○ 잘못된 세금감면은 적자를 눈덩이처럼 크게 할 것이고 9백만 근로가족들의 세금을 늘리는 것이 될 것이다. ○ 고소득층의 세금감면으로 저소득층을 위한 정책들을 없애게 될 것이다.
1996.여름	돌 진영 : 전당대회 이후 정책의 혼선	○ 경제정책 → 범죄, 마약, 도덕적인 몰락 → 경제정책으로 계속 바뀜 ○ Sipple : 계속적으로 도덕적인 차원에서 대선 전략을 펴나가도록 제안했으나 '돌'이 받아들이지 않음
1996 8.15.	돌 진영 : 최초의 TV광고	○ 광고 내용에 대한 실험 부족 등으로 별 효과를 거두지 못함. ('돌'의 개인적인 성향이 뚜렷하여 제작에 영향을 미침) – 세금감면 조치로 유권자 1인당 평균 연간 1,600불을 절약할 수 있다는 내용 대신 복잡한 설명을 넣는 등
	클린턴 진영: 21st Century Express	○ 미국민들은 미국이 옳은 방향으로 나가고 있다는 사실을 듣고 싶어 한다 – On the Right Track to the 21st Century, (right track, wrong track) – A Bridge to the 21st Century.
1996.9.	돌 진영 : 공격광고	○ 클린턴의 마리화나 흡연 전력 거론 – 어느 정도 효과를 거둠

일시	문제점	해 결 방 법
	클린턴진영: 대응광고	○ 클린턴의 마약퇴치운동/ 범죄강경정책 담은 광고
		○ '돌'이 지난 30년간 의회활동 중 Medicare, 교육 등과 관련된 잘못된 선택들을 열거한 광고 제작 – 여론조사결과 시청자의 66%가 돌을 반대
	돌 진영 : 공격광고	○ 세금감면을 중점적으로 강조하고 범죄퇴치를 강조 하여 부동층을 공략해야 한다고 참모들은 주장 ○ 한편 다른 참모는 '클린턴의 약점은 정책차원이 아니라 인격/인간성 차원'이라 고 강조
	돌 진영 : 공격의 한계성	○ 클린턴이 1992년 선거당시 '사회보장 및 복지제도를 위해서 중산층의 세금을 올리지 않겠다'라고 했던 약속을 되살리며 클린턴을 거짓말 장이라고 공격하 자고 주장하는 참모의 제안을 '돌'은 거절 – 대통령을 거짓말 장이라고 할 수 없다
1996 10	클린턴 진영: Dick Morris 스캔들	○ 여론조사 : 클린턴지지에 아무런 장애가 되지 않는다. – 37%는 이 사건으로 인해 더욱 클린턴을 지지 하게 됨.
1996 10	클린턴 진영: 인격 공격에 대한 반격	○ 총격을 받았으나 살아난 James Brady와 딸이 유괴된 뒤 살해된 Mark Klass를 동원하여 범죄 퇴치 등을 위한 클린턴의 노력을 강조 – '나는 사람들이 클린턴 대통령의 인간성이나 정직성을 의심하는 얘기들을 하 는 것을 들었다. 그러나 그것들은 정치적인 책략에 의한 것이다'
	돌 진영: 돌의 스캔들	○ Meredith Roberts 사건으로 인해 클린턴의 섹스 스캔들을 거론하지 않게 됨 (자 신의 혼외 정사스캔들과 클린턴의 스캔들을 동시에 불문에 붙임)
1996 10	클린턴진영: 정치자금 스캔들	○ 외국으로부터 80만불의 정치헌금을 클린턴이 받은 의혹이 제기됨 ○ 클린턴진영에서는 이에 대해 즉각적인 응수 계획을 세우는 사람이 없었고, 그 일을 대신 맡아 처리할 사람도 없었음 ○ 여론조사 결과 사람들은 클린턴이 돌보다 많은 돈을 해외로부터 받았을 것(사 실이 아님에도 불구하고)으로 믿고 있었음 ○ '정치자금 개혁안' 발표로 돌의 공세를 피해갔음
1996 11	돌 진영 : 선거직전	○ 선거운동의 마지막 순간까지도 통일된 정책과 일관된 메시지가 없이 쪼개지 고 조각난 정책과 메시지만 무성했다. 결국 출발 때와 다른 점이라고는 시작 당시는 승리의 가능성이라도 있었으나 이제는 없다는 차이밖에 없었다
1996 11	클린턴 연설	○ "Let us build a bridge together, wide enough and strong enough to carry all of us into the bright future that is America in the 21st century."

3. 대통령 선거 FGI 사례(1)

선거캠페인에서 Focus Group Interview(FGI)의 유용성 연구:
한나라당 제17대 대통령후보 경선 사례를 중심으로[18]

김 준 철

〈초록〉

　　본 연구의 목적은 선거캠페인 전략 수립과 메시지 개발에 있어서 포커스 그룹 인터뷰(FGI)의 유용성을 탐구하는 데 있다. 이를 위해 2007년 한나라당 대통령 후보 경선 시 실시되었던 포커스 그룹 인터뷰 실증 자료를 분석하였다. 그 결과 특정후보의 선거캠페인 전략과 메시지에 관련된 문제점이 무엇이며, 이 문제들을 어떻게 풀어갈 것인지 그 방향을 제시해주는 자료들을 찾을 수 있었다. 또한 포커스 그룹 인터뷰 진행 중 참석자 간의 상호토론과 인터뷰 도중에 제시된 새로운 정보를 통해 인터뷰 시작 전에 지지했던 후보를 다른 후보로 바꾸는 현상을 관찰할 수 있었다. 앞으로 각종 선거캠페인에서 FGI 조사 분석 자료는 특정 후보의 선거캠페인의 성공적인 수행을 위해 의미 있는 전략을 제시할 수 있는 조사방법의 기능을 수행할 수 있을 것이다. 결론적으로 본 연구를 통해 포

---

18) 이 논문은 『사회과학논총』 제13집 (2010), pp. 139-171에 실렸던 논문임.

커스 그룹 인터뷰 방법이 인터뷰에 참석한 유권자들의 감춰진 속마음을 읽어 적절한 전략과 효과적인 메시지를 개발하는 데 있어 강력하고 유용한 방법이라는 것을 입증할 수 있었다.

주제어: 선거캠페인, 포커스 그룹 인터뷰, 전략 개발, 메시지 개발, 참석자 상호 간 영향

1. 서 론

포커스 그룹 인터뷰(FGI)는 어떤 현상에 대한 생각이나 감정의 범위를 알아내고자 할 때, 집단 간의 시각 차이를 파악할 때, 의견·행동·동기에 영향을 미치는 요인들을 조사할 때, 아이디어·소재·계획 또는 정책을 미리 시험해 볼 때, 대규모 설문조사를 하기 전 내용을 파악하고자 할 때, 이미 정량적 연구방법으로 얻어진 연구결과를 뒷받침할 때 사용된다(Krueger & Casey, 2000).

특히, 포커스 그룹 인터뷰(FGI)는 집단 역학을 통해서 특정 논점에 대한 사람들의 의견이나 태도가 어떻게 형성되고 변화하는지 그 과정을 관찰하는 방법론이다. 즉, 참여자들의 내면적 태도를 집단적 논의의 상황에서 측정할 수 있다는 것이 FGI의 큰 장점이다. 대상자를 한자리에 모아놓고 주어진 질문에 대한 정보를 단시간에 많이 확보하기 위한 집단 인터뷰나, 전문가 집단의 의견을 개별로 확보하는 델파이 연구와는 달리 FGI는 '참여자 간의 상호작용과 토론과정을 통해서 나타나는 집단 활동(group work)이나 역학

(group dynamics)'의 관찰을 통해 정보를 얻는 조사방법이다 (김성재 외, 1999; Kitzinger, 1994; Saint-Germain 외, 1993).

이런 관점에서 FGI에서는 집단전체의 의견은 개인 의견의 단순한 합계 이상이며, 의견형성 과정에 대한 관찰을 통해 참여자의 의식 수준과 의견의 변화 결정 요인에 대한 풍부한 정보를 수집할 수 있다(Folch-Lyon & Trost, 1981). 이와 같은 FGI 조사방법은 선거나 특정 사회문제에 대한 일반 국민의 의식을 탐색 또는 조사하기 위한 목적으로 사용된다. 특히 선거에 있어서 FGI방법은 "후보자 선택동기의 탐색, 정책에 대한 유권자의 반응파악, 정책에 대한 아이디어를 수집, 후보자의 컨셉에 대한 평가와 개선점의 발견, 후보자 및 정당에 관한 신문·TV 광고평가, 사회적·정치적 이슈에 대한 태도 경향 파악, 문제점 파악 및 대책모색, 복잡한 화제에 대한 정보수집, 지역 차에 대한 정보수집"의 목적으로 사용된다(윤홍열, 2002: 52-53).

미국의 각종 선거에서는 이와 같은 FGI조사방법이 적극적으로 활용되고 있으며, 특히 1992년 미국대통령 선거 당시 클린턴 후보 진영의 FGI 활용사례는 그 대표적인 것이라 할 수 있다(Newsweek, Nov. 02, 1992). 그러나 아직까지 국내에서는 FGI 방법론이 적극적으로 사용되지 않고 있으며 선거캠페인과 관련하여 FGI를 분석한 국내 논문은 윤홍열(2002)의 논문을 제외하고는 찾아 볼 수 없는 실정이다. 본 연구는 선거캠페인에 있어 FGI 방법론이 선거 전략과 후보 컨셉, 공약작성에 도움이 될 것이라는 전제하에 2007년 7

월에 행해진 FGI 조사자료를 통하여 그 가능성과 유용성을 검증하고자 한다.

개인 심층인터뷰에서는 '조사자와 응답자 간의 상호작용'이 주요 작동기제라면, FGI는 '참여자들 사이의 토론'을 통해서 논의 주제에 관한 추가적인 정보를 확보하도록 허용하고 자유로운 논의를 통한 상호작용을 장려한다는 점에 주목한다. 이러한 점에 유의하여 본 연구자는 FGI의 집단 내 상호작용으로 인해서 관찰되는 즉흥적이고 창의적인 반응들을 선거캠페인에 적용하는 것이 가능한지를 중심으로 본 연구를 진행하였다.

II. 연구방법 및 설계

본 연구는 선거캠페인에 있어서 FGI방법과 관련하여 다음과 같은 가설을 설정하고, 실제 조사 자료를 통해 이 가설을 검증하는 방식으로 연구를 진행하였다.

1. 가설설정

① FGI방법을 통해 주요 타겟층의 지지를 이끌어 낼 수 있는 전략수립이 가능할 것이다.

② FGI방법을 통해 선거캠페인에서 후보의 컨셉을 수립하는데 도움이 되는 자료를 수집할 수 있을 것이다.

③ FGI 참가자들에게 새로운 정보를 제공하여 그들의 지지후보

선택행위에 영향(변화 또는 강화)을 줄 수 있을 것이다.

④ 현재 우리나라의 선거캠페인에서 주로 사용되는 조사방법인 전화면접조사와 직접면접조사 방법에서 부족한 부분(질적분석 차원)을 FGI가 채워줄 수 있을 것이다.

2. 가설검증

이러한 가설을 검증하기 위해 본 연구자가 직접 실시하였던 FGI 조사 결과자료를 분석하였다. 첫째, FGI 조사결과 자료가 실제 선거캠페인에 사용될 수 있는지의 여부, 둘째, 다른 조사방법과 비교하였을 때 상대적으로 우수한 점이나 보완성이 있는지, 셋째, 1992년 미국대통령선거 당시 클린턴 후보 진영에서 실시하였던 FGI자료와 비교분석을 통해 한국 선거캠페인에도 적용이 가능한지 등을 중점적으로 살펴보았다.

연구에 사용된 자료는 1992년 미국 대통령선거에서 클린턴 후보진영에서 실시하였던 FGI 자료와(Newsweek, November 02, 1992), 2007년 7월 본 연구자에 의해 행해졌던 한나라당 대통령후보 경선 FGI 자료이다.

III. FGI 조사내용 및 분석결과

1. 상황분석

2007년 12월 있을 제17대 대통령 선거를 앞두고 한나라당 대통령 후보 경쟁은 서울시장 출신의 이명박 후보와 한나라당 대표 출신의 박근혜 후보 양자 간의 대결구도로 펼쳐졌다. 2006년 초부터 시작된 대통령 선거 경쟁은 총리 출신의 고건, 이명박, 박근혜의 3자 구도로 이어지던 중, 2006년 12월부터는 이명박 후보가 두 후보를 단연 앞서는(10% 이상) 구도로 전개되었다.19) 이러한 구도의 변화는 추석을 앞두고 실시된 북한의 핵실험 등이 주요인으로 작용한 것으로 분석되었다.

이와 같은 이명박 후보의 독주는 2007년 초 고건의 후보사퇴로 이어졌으며, 이후 한나라당 대통령후보 경선기간 동안 내내 지속되었다. 박근혜 후보 측과 당시 여당이었던 민주당은 이명박 후보와 관련된 각종 의혹을 집중적으로 제기하며 선거국면을 자기 측에 유리하게 전환시키려고 온 힘을 다했었다. 이러한 과정 속에 2007년 5월에는 박근혜 후보가 불공정성을 이유로 경선을 중단할

---

19) [문화일보](2006/12/23, 19면), "뉴스 인사이드/여론조사로 본 '대선주자들 1년 성적표'," ◆ 우등과 낙제 엇갈린 주자들의 성적표 = 05년과 06년 12월 두 시점의 지지도 조사결과를 보면 ▲이명박 25.6%→38.0% ▲고건 23.8%→14.6% ▲박근혜 16.5%→18.2% 등으로 변화가 생겼다.

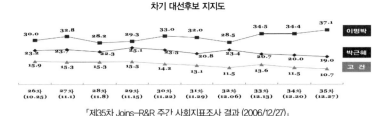

차기 대선후보 지지도

「제35차 Joins-R&R 주간 사회지표조사 결과 (2006/12/27)」

지도 모른다는 우려가 제기되었으며, 이러한 위기상황은 당시 한나라당 당대표 강재섭의 중재로 가까스로 파국까지는 이르지 않게 되었었다.

2007년 초부터 한나라당 경선에서 주요 이슈로 제기되었던 내용들은 이명박 후보의 도덕성(BBK사건, 도곡동 땅 사건 등) 문제와 경선 룰(일반국민 여론조사의 설문 내용 등)과 관련한 입장차의 표출 등이었다. 본 연구에 실증자료로 사용한 FGI 조사내용은 이명박 후보의 도덕성에 관련한 몇 가지 내용들이 검찰조사와 언론보도 등으로 알려지게 되어 이명박 후보의 지지율이 하락하던 시점에 조사된 것이다.

이 시기에 이명박 전 시장의 지지율이 이전보다 크게 낮아진 반면 박근혜 전 대표의 상승폭은 이명박 전 시장의 하락폭 보다 낮게 나타났다. 이명박 전 시장지지 이탈자가 박근혜 전 대표 지지로 곧바로 옮아간 것 같지는 않았다.[20] 이러한 시점에 실시된 이 FGI 조사는 '이명박 후보 지지를 철회한 지지자들이 왜 박근혜 후보를 지지하지 않는지?' 그 이유에 대한 심층 분석과 박근혜 후보 입장에서 이러한 '문제를 해결하기 위한 전략수립에 필요한 정보수집'에 그 목적이 있었다.

---

20) [동아일보](2007/06/16, 4면), (2007/07/16, 1면) "2007 대선 7차, 9차 여론조사," "이 전 시장과 박 전 대표의 선호도 격차는 지난해 12월 말 1차 조사에서 27.6%로 가장 큰 차이를 보인 뒤 이번 7차 조사까지 26.4%→26.0%→25.6%→22.4%→20.7%→13.0%로 점점 줄어들고 있다." [동아일보] (2007/07/16, 1면) 9차 조사에서는 두 후보의 격차가 9.2% 차로 줄어들었다.

2. FGI 설계

이 연구에 사용된 FGI 자료는 이러한 시점에 한나라당 대통령 후보 경선과 관련하여 선거캠페인 전략수립을 위한 정보수집을 목적으로 실시된 것이다. 2007년 7월 실시된 본 조사는 전문적으로 FGI조사를 수행하는 여론조사회사의 FGI 룸에서 본 연구자가 실시하였다.

본 조사는 '참여자들 사이의 토론'을 통해서 논의 주제에 관한 추가적인 정보를 확보하도록 허용하고, 자유로운 논의를 통한 상호작용을 장려하는 FGI 장점을 최대한 활용하였다. 이러한 조사과정을 통해 새로운 메시지와 공약, 정책개발, 후보 컨셉 개발을 위한 자료수집을 시도하였다. 자세한 조사설계 내용은 다음과 같다.

〈그림 1〉 FGI 진행도

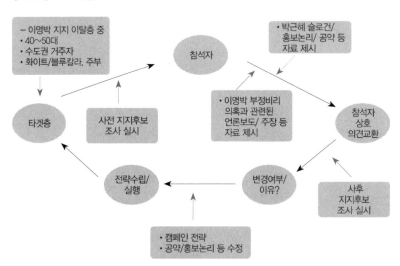

(1) 조사목적

① 이명박 후보와 박근혜 후보의 이미지 및 정책 평가

② 이명박 후보의 지지도 이탈 원인과 박근혜 후보로 지지표 유입 가능성 탐색

③ 박근혜 후보의 주요 정책 및 주장에 대한 반응도 평가 (기존 메시지 전략 점검 및 보완

④ 박근혜 후보 지지율을 높이기 위한 메시지개발, 정책, 전략 수립에 필요한 자료 수집

(2) 조사일시 및 장소

① 2007년 7월 16일 ~ 17일 (2일간)

② 서울 시내 소재 FGI 전문 조사회사 'FGI ROOM'

(3) FGI 그룹 설계(조사대상)

① 자세한 내용은 부록 1) 참조

(4) 준비자료

① 박근혜 후보 공약집, 홍보책자 등 입수 가능한 자료

② 이명박 후보 관련 언론보도 자료 등

(5) FGI 가이드라인

① 부록 2) 자료 참조

3. FGI 조사내용

(1) 이명박 후보와 박근혜 후보의 이미지 및 정책 평가

① 박근혜/이명박 이미지 및 정책/업적 인지 내용

박근혜 후보에게는 뚜렷하게 연상되는 정책/업적이 없다는 참석자들의 반응이었다. 그러나 이명박 후보는 직접 눈으로 볼 수 있는 성과로 인해, "정책 수행 능력에 대한 검증이 끝났다"고 확대되어 인식되고 있음을 알 수 있었다.

"박근혜가 떠오른 계기가 천막 당사 때부터였는데, 그 때 정치적 행동뿐만 아니라 경제적 행동, 성공 스토리가 있었으면 현재 인식이 바뀌었을거에요. 하지만 줄곧 깨끗한 정치적인 이미지만 갖고서는 대통령이 되기 어려워요." (참석자 1그룹- 이○○)

(2) 이명박 후보의 지지도 이탈 원인과 박근혜 후보로 지지표 유입 가능성 탐색

① 이명박 지지층 이탈 요인 및 향후 지지도 전망

이명박 후보의 지지도는 더 이상 내려가지 않을 것이라는 견해가 높았으며, 제시된 의혹이 사실로 판명되더라도 별 문제가 되지 않을 것이라는 견해가 다수였다. 그러나 "비열하다"라는 인간적 실망감이 생겨날 경우는 치명적 약점으로 작용할 것이라는 견해도 있었다.

"이명박의 이러한 문제점은 예전부터 있어왔던 얘기이다. 단점이 한번 노출되고 재 노출되면 효과가 많이 떨어진다. 게다가 김대업 사건으로 인한 학습효과도 작용할 것으로 보여지고, 특히 이명박의 치

적이 많은 사람들에게 알려져 있기 때문에 이러한 단점이 장점으로 많이 커버가 되는 것 같다."(참석자 2그룹- 조○○)

② 이명박 지지 이탈자가 박근혜 지지로 유입되지 않는 이유

이명박 지지층이 박근혜 지지로 유입되지 않는 데는, 성과가 없다는 점이 가장 큰 이유로 꼽혔다. 그리고 박근혜 후보의 구체적인 행적에 대한 인지도가 약한 것으로 나타났다. 이로 인해 박정희 전 대통령의 딸, 여성이라는 이미지로 국한되었다. 정책에 대한 불신은 정책 자체에 대하여 잘 알지 못해 언급조차 되지 못하였다.

"박근혜의 네거티브 공세가 이명박의 지지층 이탈을 가져오기는 했으나, 동시에 박근혜에 대해서도 부정적인 인식을 확산시켰다." (참석자 2그룹 – 전○○)

③ 향후 한나라당 경선 및 본선 경쟁력 평가

한나라당 경선에서 이명박 후보가 우세할 것이라는 전망이 높았으며, 본선에서도 이명박 후보가 승리할 것으로 확신하는 참석자가 많았다. 게다가 박근혜에 대한 높은 신뢰감이 이명박 지지라는 전략적 판단("박근혜는 지더라도 탈당하지 않을 것")으로 역효과를 불러올 수 있다는 지적도 있었다.

"그런데 이명박은 경선에서 패배할 경우 어떠한 형태로든 한나라

당을 떠날 것 같지만 박근혜는 약속을 지키고 한나라당을 떠나지 않을 것 같다. 이러한 면이 본선 승리를 위해 전략적으로 이명박을 지지할 수 있는 역효과를 낳을 수 있다." (참석자 2그룹 - 김OO)

(3) 박근혜 후보의 주요 정책 및 주장에 대한 반응도 평가
① 전반적인 평가

박근혜 후보의 주요 정책에 대해서는 전반적으로 부정적인 견해가 많았으며, 특히 전문가 집단에서는 부정적인 평가가 아주 높았다. 그러나 여성의 경우에는 박근혜에 대한 인물평가가 긍정적이었다. 참석자들은 경제, 교육, 노후, 육아를 종합한 슬로건 마련이 필요하다는 의견을 제시하였다.

"감성적 접근방법이 효과 높을 듯하며, 여성의 감성을 자극할 수 있는 Story-Telling 기법을 활용하는 것이 필요해 보인다." (참석자 3그룹 - 윤OO)

② 박근혜 후보의 강점 5가지(대통령이 되어야 하는 이유)[21]

박근혜 후보가 대통령이 되어야 하는 이유에 대해서는 공감이 가는 내용이 별로 없다는 반응을 보였다. 이미지를 선점 당했을 때 가장 좋은 방법은 무엇인가를 대비시키는 것이 가장 좋은 방법이

---

21) 정권 교체 보증수표 - 박근혜, 한나라당 구한 박근혜 대한민국 구할 박근혜, '제 3의 도약' 박근혜, 국민 근심 해결사 - 박근혜, 언제나 국민의 편- 박근혜

될 수 있을 것이라고 참석자들은 말했다. 참석자들은 '청계천 vs. 무엇,' '대운하 vs. 무엇'의 형태로 같이 붙여서 가는 것이 바람직할 것 이라는 의견을 보였다.

③ 국가경영 구상 6가지[22]

박근혜 후보의 정책에 대해서는 전반적으로 어렵고, 잘 와 닿지 않는다는 의견이 많았다. 그러나 교육과 보육관련 정책에 대해서는 우호적인 반응이 높았다.

④ 정치인으로서 박근혜 후보 인물 평가

정치인 박근혜 후보에 대한 인물평가에서는 '지도자로서 준비되고 훈련 되었습니다'에 대한 공감도가 높게 나타났다. 일반인, 부동층(Target), 고정 지지층을 확고히 하는 차별된 3가지 버전의 정책을 명확히 구분하여 제시하는 것이 필요할 것으로 분석되었다.

(4) FGI 참석 이후 지지 후보 변화 분석

① FGI 참석 이후 지지 후보 변화

---

22) "경제도약과 민생회복을 위한 줄푸세", "대한민국 살리는337 경제박수", "새로운 100년의 준비 교육대혁명", "이제 국가가 보살핀다! 國母 프로젝트, "세계가 모여드는 경제 중심국", "국민 뜻을 받드는 통일 외교"

FGI 참석 이후 4명의 참석자들이 지지 후보를 바꾸게 되었다고 응답하였다. 지지 후보를 바꾸겠다고 한 4명의 응답자는 모두 여성이었다. 이들 4명 중 3명은 '박근혜 후보'로 지지 후보를 바꾸었으며, 친여권 성향의 1명의 참석자는 손학규 후보로 지지 후보를 바꿨다. 이러한 결과는 여성층의 감성을 자극하는 메시지개발의 필요성을 보여주는 것으로 판단되었다.

〈표 1〉 FGI 참석 이후 지지후보 변화

구 분	여성(9명)		남성(9명)		전문가(8명)	
FGI 이전 지지후보	▲ 이명박 ▲ 없음	6명 3명	▲ 이명박 ▲ 박근혜 ▲ 손학규	7명 1명 1명	▲ 이명박 ▲ 없음	4명 4명
FGI 이후 지지후보	▲ 이명박 ▲ 박근혜 ▲ 손학규 ▲ 없음	4명 3명 1명 1명	▲ 이명박 ▲ 박근혜 ▲ 손학규	7명 1명 1명	▲ 이명박 ▲ 없음	4명 4명

② FGI 참석 이후 '박근혜 후보' 지지 강도 변화 (7점 척도 5점 이상)

FGI 참석 이후 박근혜 후보에 대한 지지 강도는 여성 참석자들의 경우 '지지'쪽으로 변화한 것으로 나타났다. 반면에 남성들은 참석 전과 별다른 차이를 보이지 않았다.

여성들이 FGI 참석 전에 비해 박근혜 후보에 대한 지지 강도가 강해진 이유로는 인터뷰 진행 중 제시된 새로운 정보 접촉을 통해 '부모님의 죽음에 대한 동정심', '기존의 선입견 해소' 등 감성적 차원에서 영향을 받은 면이 크게 나타났다.

이러한 감성적 공감은 참석자들 간의 상호 의견교환을 통해 확산되었다. 이와 같은 입장의 변화는 '참여자 간의 상호작용과 토론과정을 통해서 나타나는 집단 활동(group work)이나 역학(group dynamics)'의 관찰을 통해 정보를 얻는 FGI 조사방법의 유용성이 입증된 것이라 하겠다.

또한, 향후 다른 후보들과의 정책을 비교해서 박근혜 후보가 비교 우위에 서게 되면 지지 강도가 더욱 강해질 것 같다는 의견이 제시되었다. 감성적 포인트로 여성 유권자들을 공략할 필요성이 제기되었다.

〈표 2〉 FGI 참석 이후 '박근혜 후보' 지지 강도 변화

구 분	여성(9명)	남성(9명)	전문가(8명)
FGI 이전 박근혜 후보 지지 강도	▲ 여성 1명	▲ 남성 3명	▲ 없음
FGI 이후 박근혜 후보 지지 강도	▲ 여성 6명	▲ 남성 3명	▲ 없음

4. 분석결과

(1) 박근혜 후보의 Target 층

이명박 후보 지지층의 지지 이유는 이명박 후보가 보여준 성과와 추진력, 경제 이슈 선점 등의 요인에 근거하고 있었다. 참석자들은 이명박 후보 지지 강도 감소층과 지지 이탈층 중 친여권 성향층이 박근혜 후보 지지로 유입될 가능성이 적은 것으로 나타났고, 이로 인해 이명박 후보의 지지도가 더 이상 큰 폭으로 하락하지 않을 것으로 전망하고 있었다.

따라서 박근혜 후보는 이명박 후보 지지 이탈 후 지지 후보를 찾

지 못한 유동층과 계속하여 지지후보가 없는 계층을 Main Target 으로 삼아, 긍정적 이미지 확산과 선택적 전략 마련 등을 통해 이들을 적극적으로 공략해야 할 것으로 분석되었다.

(2) 이명박 지지 이탈층이 박근혜 지지로 유입되지 않는 이유

이명박 후보 지지 이탈층이 박근혜 후보 지지로 유입되지 않는데는 박근혜 후보의 구체적인 성과가 미흡하다는 점과 인지 부족 등이 주요인으로 나타났다.

박근혜 후보는 박정희 전 대통령의 딸, 여성이라는 이미지에 한정되었다. 반면에 이명박 후보는 보여준 성과가 있고, CEO 출신이라는 점에서 경제 능력에 대해 검증이 되었다는 확대 해석이 이루어지고 있었다. 그리고 네거티브 논쟁이 이명박 후보의 지지도 하락에 영향을 미쳤으나, 동시에 박근혜 후보에 대해서도 부정적인 이미지를 형성시켰다.

(3) 향후 지지도 관련 전략 방향

참석자들은 현재 이명박 이외에 대안이 없고, 이명박의 부정비리에 대한 내성 등으로 인해 이명박의 지지도가 더 이상 큰 폭으로 하락하지 않을 것으로 전망하고 있었다. 반면 여권 지지층의 이명박 후보로의 회귀, 대통령으로서 박근혜에 대한 확신 부족으로 이명박 지지 이탈층의 박근혜로의 유입효과가 적은 것으로 나타났다.

따라서 두 후보 간의 현재 구도를 역전시키기 위해서는 이명박의 지지도 하락보다는 박근혜 후보의 지지도 상승에 초점을 맞추어 전략을 운용해 나가야 할 것으로 분석되었다.

(4) 지지도 상승을 위한 세부 전략

박근혜 후보는 현재 당의 후보라는 위치상 눈에 보이는 성과를 제시할 수는 없을 것이다. 따라서 국민들의 머리 속에 명확히 그려지는, 생활과 밀접한 구체적인 핵심정책을 제시하여 인식 속에 존재하는 미래의 성과를 만들어낼 필요가 있다고 판단되었다.

5. 분석결과를 활용한 캠페인 전략

(1) Main Contents
① 경제 이슈의 차별화

이 당시 국민들의 최대 관심사는 역시 '경제'였다. 참석자들은 이명박 후보가 경제 이슈를 선점하고 있지만 '경제'와 관련해서 박근혜 후보의 경쟁력이 떨어진다면 이명박 후보와의 경쟁에서 승리할 가능성이 희박하다고 인식하고 있었다.

국민들의 '경제'에 대한 기대감의 핵심은 국가경제 부흥보다는 가계경제 회복이다. 이를 위해 국가 경제가 성장하면 가계 경제도 좋아지지 않을까라는 막연한 기대감을 이명박 후보에게 가지고 있었다. 이명박 후보의 '국가경제 성장론'에 대응하는 '가계경제 회복론'을 통해 '경제' 이슈 경쟁에서 승리하는 것이 본 경선에서의 승리를 이끌어 낼 수 있는 최선의 방법이라 여겨졌다.

② 사교육비 정책

참석자 대다수가 '사교육비'가 전체 가계 지출의 50% 내외를 차지하고 있다고 응답하면서 사교육 문제가 심각하다는 인식을 보였다. 따라서 사교육만 바로 잡아도 경제를 살릴 수 있다는 논리 개발이 가능하며, 사교육 문제 해결 능력에 대해서는 박근혜 후보가 비교 우위에 서 있다.

이러한 사교육 문제는 가계 경제뿐만 아니라 자녀의 미래와도 관련된 문제이므로 국민들의 관심이 집중될 수 있는 부문이다. 아직 사교육 문제에 대한 이슈를 선점한 후보가 없고, 박근혜 후보의 부드러운 리더십과도 연계될 수 있는 부문이므로 Main Contents로 가져갈 수 있는 좋은 이슈로 판단되었다.

③ 줄푸세 정책

또한 '줄푸세(세금은 줄이고, 규제는 풀고, 질서는 세우자)'도 가계 경제를 중시한다는 측면에서 Main Contents로 가져갈 수 있을 것이다. 이를 위해 구체적인 세부 내용을 적극적으로 홍보하고, 또는 덜 구체적이더라도 이명박의 대운하와 대치되는 박근혜를 대표하는 상징성을 가질 수 있도록 하는 노력이 필요한 것으로 판단되었다.

〈표 3〉 박근혜 대표의 메인 컨텐츠

주요정책	이슈 차별화	전략
▲사교육비 절감 정책 ▲줄푸세	○ 박근혜의 가계 경제 회복론	경제 이슈 경쟁 승리
	↕ 대립관계 형성	▼
▲한반도 대운하 정책	○ 이명박의 국가 경제 성장론	한나라당 경선 승리

(2) 박근혜 후보의 지지 상승을 위한 Story Telling 개발

이명박의 지지도 우세의 원인은 그의 과거 이야기가 Story Telling을 통해 '신화'로 자리 잡았기 때문이었다. 반면에 박근혜의 과거에 대해서는 박정희 대통령 서거 이후 대다수의 국민들이 알지 못하고 있다. 따라서 박근혜 역시 자신만의 Story Telling을 만들어낼 필요성이 제기되었다.

〈표 4〉 박근혜 후보의 Story-telling에 대한 평가

STORY	인지	평가	평가이유
어려서부터 국정운영 경험을 쌓았다	–	○	▲ 육영수 여사 서거 이후 영부인 역할을 하며 자연스럽게 국정 운영 경험을 쌓았을 것이다.
다국어(5개 국어)를 구사한다는 것	△	△	▲ 박근혜의 능력에 대한 증거라는 긍정적 인식과 외국어 능력과 정치력은 별개라는 유보적 인식 혼재
전자공학과를 나온 것	△	○	▲ 당시 비인기학과였던 전자공학과를 나온 것은 향후 국가의 미래를 감안하고 내린 결정
위기의 한나라당을 구출한 주역이다	○	△	▲ 대통령 후보의 논리로서 맞지 않는다. ▲ 보수층의 충성도를 공고히 하는데 효과가 있을 것
10.26 시 '휴전선은 괜찮아요?'	–	○	▲ 내용 인지 시 효과가 있는 편이지만 인지도가 낮음
지방선거 시 '대전은 어떻게 됐어요?'	○	△	▲ 당의 문제에만 신경 쓰는 것 같다는 부정적 인식과 공적인 일을 우선시한다는 긍정적 인식 혼재

특히 박근혜 후보의 인물적인 특성에 대해 여성들이 큰 호응 보여 적극적인 홍보 활동을 통해 박근혜 후보의 Story Telling을 만들어 나갈 경우, 상당한 효과를 볼 수 있을 것으로 기대되었다.

(3) Target별 전략 마련

백화점식 정책 나열을 지양하고 Main Target층을 공략할 수 있는 전략을 수립해야 할 것으로 분석되었다. 이 중 특히 중요시해야 할 것은 한국의 선거가 지역에 의해 좌우된다는 점에서 충청권과 호남권에 대한 지역 특화 전략의 마련이었다.

〈표 5〉 타겟별 전략

Targets	주요 정책내용
충청권	▲ 행정수도 이전 문제
호남권	▲ DJ와의 관계 개선 및 박정희 대통령의 공과 인정, 지역 현안문제 해결 약속
여성	▲ 교육(사교육), 육아 문제
20대 청년층	▲ 일자리 창출, 문화적 코드 접촉
40대 이상 장년층	▲ 연속 근로 보상
노년층	▲ 실버 대책

"노 대통령의 경우 충청도는 행정도시 공약을 내세웠어요. 숫자를 보고 놀란 것이 선거를 할 때 가장 지지하는 것은 충청도에요. 아직도 고마워서 여전히 표를 주는 거에요." "제가 충청도에 사는데 택시를 탔는데, 기사 분이 누구 찍을 것인지 물어보더니 이명박씨가 들어오면 거의 완성이 되어가는 행정도시가 뒤집어질까봐 불안한 마음에 네거티브한 이야기를 해요. 박근혜씨를 찍으라는 이야기를 해요." (참석자 2그룹 – 안○○)

"박근혜 후보에게 바라는 점이 있다면 양면성을 가지고 있는 아버지에 대한 부분이 있는데 아버지의 과를 인정하고 가야하는데 왜 못하고 가는지, 고생한 분에게 사죄하면 되는 거죠. 왜 못하는지, 아버지를 존경하는 것과 과를 인정하는 건 달라요. 자꾸 그걸 변명하니까 좋지 않아요." (참석자 1그룹 – 윤○○)

(4) 기타 주요 제언

박근혜 후보가 서민층을 대변하는 후보의 이미지를 선점하고, 유력 경제인 staff를 보강하여 경제 능력을 높이며, 세대 간의 연결자 역할을 담당할 적임자임을 강조할 필요성이 제기되었다. 그리고 나약한 여성적 이미지를 지양하는 것이 필요하다는 지적이 있었다.

IV. 유용성 검증

1. 가설검증

(1) 〈가설 1〉, 〈가설 2〉에 대한 검증

먼저 가설 1('FGI방법을 통해 주요 타겟층의 지지를 이끌 수 있는 전략수립이 가능할 것이다')과 가설 2 ('FGI방법을 통해 선거캠페인에서 후보의 컨셉을 수립하는데 도움이 되는 자료를 수집할 수 있을 것이다')에 대해서는 자료 분석결과 FGI를 통해 분석된 자료가 향후 특정후보의 전략수립과 후보컨셉을 수립하는데 유용한 방법임이 입증되었다.

〈가설 1〉을 살펴보면 '차별화된 경제 이슈'를 제시할 것을 요구하고 있음을 알 수 있다. 국민들의 '경제'에 대한 기대감의 핵심은 국가경제 부흥보다는 가계경제 회복이다. 이를 위해 국가 경제가 성장하면 가계 경제도 좋아지지 않을까라는 막연한 기대감을 이명박 후보에게 가지고 있었다. 이명박 후보의 '국가경제 성장론'에 대응하는 '가계경제 회복론'을 통해 '경제' 이슈 경쟁에서 승리하는 것이 본 경선에서의 승리를 이끌어 낼 수 있는 최선의 방법이라 여겨졌다.

다음으로 '사교육비에 대한 정책'이다. 참석자 대다수가 '사교육비'가 전체 가계 지출의 50% 내외를 차지하고 있다고 응답하면서 사교육 문제가 심각하다는 인식을 보였다. 따라서 사교육만 바로잡아도 경제를 살릴 수 있다는 논리 개발이 가능하며, 사교육 문제 해결 능력에 대해서는 박근혜 후보가 비교 우위에 서 있다.

이러한 사교육 문제는 가계 경제뿐만 아니라 자녀의 미래와도 관련된 문제이므로 국민들의 관심이 집중될 수 있는 부문이다. 아직 사교육 문제에 대한 이슈를 선점한 후보가 없고, 박근혜 후보의 부드러운 리더십과도 연계될 수 있는 부분이므로 Main Contents로 가져갈 수 있는 좋은 이슈로 판단되었다.

마지막으로 '세금은 줄이고, 규제는 풀고, 질서는 세우자'는 박근혜 후보의 '줄푸세 정책'을 가계 경제를 중시한다는 측면에서 Main Contents로 가져갈 수 있을 것이며, 이를 위해 구체적인 세부 내용을 적극적으로 홍보하고, 또는 덜 구체적이더라도 이명박의 대운하와 대치되는 박근혜를 대표하는 상징성을 가질 수 있도록 하는 노력이 필요한 것으로 판단되었다.

〈가설2〉와 관련해서는 스토리 텔링을 통한 후보의 컨셉 설정에 대한 자료들을 얻을 수 있었다. 이명박의 지지도 우세의 원인은 그의 과거 이야기가 Story Telling을 통해 '신화'로 자리 잡았기 때문이었다. 반면에 박근혜의 과거에 대해서는 박정희 대통령 서거 이후 대다수의 국민들이 알지 못하고 있다. 따라서 박근혜 역시 자신만의 Story Telling을 만들어낼 필요성이 제기되었다.

특히 박근혜 후보의 인물적인 특성에 대해 여성들이 큰 호응 보여 적극적인 홍보 활동을 통해 박근혜 후보의 Story Telling을 만들어 나갈 경우, 상당한 효과를 볼 수 있을 것으로 기대되었다.

(2) 〈가설 3〉에 대한 검증

가설 3('FGI 참가자들에게 새로운 정보를 제공하여 그들의 지지후보 선택행위에 영향을 줄 수 있을 것이다')은 인터뷰 전과 인터뷰 후 지지후보가 변화된 사실을 관찰할 수 있었으므로 입증되었다 할 수 있다.

인터뷰 이전 참가자들(26명)의 지지후보는 이명박 후보지지 17명, 박근혜 후보지지 1명, 없다/ 기타 8명이었으나, 인터뷰 참가 이후 조사결과에서는 이명박 후보지지 15명(-2), 박근혜 후보지지 4명(+3), 없다/기타 6명(-2)으로 변화되었음을 알 수 있었다. 특히 여성 참가자들의 변화현상이 뚜렷이 관찰되었다.

(3) 〈가설 4〉에 대한 검증

본 연구에서 사용한 FGI 조사는 전화면접조사로는 '이명박 후보의 지지율 하락이 왜 박근혜 후보의 지지로 이어지지 않는지'에 대한 대답을 얻기 어렵다는 점에서, 이러한 문제를 극복하기 위해 실시된 조사 자료였다. 앞에서 분석한 결과를 보면 FGI 방법으로 이러한 문제에 대한 답을 찾을 수 있었음을 알 수 있다.

박근혜 후보의 지지율이 상승하지 않고 있었던 이유는 '이명박 후보의 지지율하락' 여부와 상관없이 '박근혜 후보 본인의 지지율을 높이는 데' 근본적인 한계(가설 1, 가설 2 검증내용 참조)가 있음을 알 수 있었다. 이명박 후보 지지 이탈층이 박근혜 후보 지지로 유입되지 않는 데는 박근혜 후보의 구체적인 성과가 미흡하다는 점과 인지 부족 등이 주요인으로 나타났다.

박근혜 후보는 박정희 전 대통령의 딸, 여성이라는 이미지에 한정되었다. 반면에 이명박 후보는 보여준 성과가 있고, CEO 출신이라는 점에서 경제 능력에 대해 검증이 되었다는 확대 해석이 이루어지고 있었다. 그리고 네거티브 논쟁이 이명박 후보의 지지도 하락에 영향을 미쳤으나, 동시에 박근혜 후보에 대해서도 부정적인 이미지를 형성시켰다.

또한 참가자들이 인터뷰 과정에서 제시한 정보와 상호토론을 통해 지지후보를 바꾸는 현상은 전화면접조사나 직접면접조사에서는 관찰하기 어려운 것이다. 이런 점에서 가설 4('선거에 주로 이용되는 다른 조사 방법에서 부족한 부분(질적분석 차원)을 FGI가 채워줄 수 있을 것이다')에 대한 검증도 이루어졌다 할 수 있을 것이다.

2. 미국대선 조사(1992, 클린턴 후보)와 본 연구자료 비교분석

1992년 미국 대통령 선거당시 클린턴 후보 진영에서 실시했던

FGI자료와 본 연구에서 분석자료로 사용한 한나라당 경선 FGI 결과를 비교분석한 자료(〈표 6〉)를 보면 상당히 유사한 면을 찾을 수 있다.

첫째, 문제인식이나 FGI를 진행한 면에서 상당히 유사하다. 클린턴의 경우 부시와 지지율 격차를 줄일 수 없고, 캠페인이 유권자층에 파고들지 못해 지지율이 장기간 고착되어 있다는 점이 었으며, 박근혜 후보의 경우는 이명박 후보의 지지율 하락이 박근혜 후보의 지지율 상승으로 이어지지 않고 있다는 점이었다.

둘째, 진행 중 새로운 정보를 참가자들에게 제시하고 이 정보가 참석자들의 지지결정에 어떤 영향을 미치는 지를 관찰한 것도 유사하다 할 수 있다. 클린턴의 경우는 '출생지, 주지사 시절의 업적, 의붓아버지와의 갈등 등 35개 항목의 내용을 제시하였고, 본 연구의 사례에서는 박근혜 후보의 홍보논리(왜 대통령이 되어야 하는지, 국가경영 구상, 슬로건 등)를 제시하였다.

셋째, 참가자들이 인터뷰를 마치면서 지지후보에 대한 선택이 변화하는 것도 비슷하다. 클린턴의 경우 포커스 그룹 인터뷰 이전의 지지후보 분포는 클린턴 3명, 부시 4명, 페로 10명이었으나, 인터뷰 후에는 클린턴 13명(+10), 부시 2명(-2), 페로 2명(-8)으로 바뀌었다.

이상과 같은 양 자료의 비교분석을 본 다면, 미국 대선 뿐 아니라 한국의 선거에서도 선거캠페인에 FGI 방법은 유용하게 사용될 수 있음을 알 수 있다.

문제 인식	○ '클린턴이 왜 출마했는지 모르겠다.' ○ 여론조사 결과 클린턴이 신뢰성면에서Bush보다 21%나 뒤짐	○ 이명박 후보 지지율이 크게 하락하고 있으나 이러한 하락이 박근혜 지지로 이어지지 않고 있다.
인터뷰 이전	○ 클린턴에 대한 인식: '시류에 따라 사는 사람으로 보인다.' '좋아하는 색깔은 체크무늬 일 것이다.' ○ '나는 그렇게 생각하지는 않으나 다른 사람들은 정직하지 않다고 생각할 것이다' ○ '나는 그렇게 생각하지는 않지만 다른 사람들은 그를 비도덕적이라고 생각할 것'	○ 박근혜 후보에 대해서는 뚜렷한 정책과 업적이 없다는 반응.' 성과가 없다.', '구체적인 행적에 대해 잘 모른다.', '과거 독재정권 이미지,' 네거티브 공세로 부정적 이미지. ○ 이명박 후보에 대해서는 직접 눈으로 볼 수 있는 성과로 인해 정책수행 능력에 대한 검증이 끝났다고 인식.
조사 에서 얻은 가정	○ 클린턴 자신의 '삶의 줄거리'와 아칸소주지사로서의 업적을 유권자들에게 제대로만 전달한다면 '진실성'문제와 '왜 출마하려는지'에 대한 의구심은 해결되고 지지율이 증가할 것이라는 가정을 이끌어 냄.	○ 박근혜 후보에 대해 잘 알게 되면 이러한 인식이 바뀔 가능성이 높다. 박근혜 후보의 지난 세월에 대해 알고 있는 것이 거의 없다. 감성적인 접근이 효과를 볼 수 있을 것이다.
제시 내용	○ 포커스 그룹에 클린턴의 '출생지, 알콜 중독자인 의붓아버지와의 갈등, 아칸소 지사로서 클린턴' 등의 내용을 35개 항목으로 압축하여 제시. ○ 이것을 읽고 난 포커스그룹 참석자들 견해가 서서히 변화하기 시작 - '클린턴은 언론에서 보도한 것 보다는 훨씬 도덕적이고 윤리적인 사람 같다'는 견해를 보임.	○ 박근혜 후보의 홍보논리 제시: 대통령이 되어야 하는 이유 5가지, 국가경영 구상 6가지, 슬로건 3가지 제시 ○ 이러한 홍보논리를 제시한 후 여성참석자들의 적극적인 변화를 관찰할 수 있었음. 특히 '부모의 죽음에 대한 동정심,' '기존의 선입견 해소' 등의 변화를 보임.
결과	○ 포커스 그룹 인터뷰 후 지지후보 클린턴 13(+10), 부시 2(-2), 페로 2(-8)로 바뀜.	○ 포커스 그룹 인터뷰 후 지지후보 박근혜 4(+3), 이명박 15(-2), 없음 5(-2), 기타 2(+1)로 바뀜

V. 결 론

FGI 방법론은 집단역학을 통하여 특정 논점에 대한 사람들의 의견이나 태도가 어떻게 형성되고 변화하는지 그 과정을 관찰할 수 있다는 특성을 가지고 있다. 집단 전체의 의견은 개인 의견의 총합이상이며, 의견 형성에 대한 관찰을 통해 참여자의 의식수준과 결정요인에 대해 한층 풍부한 정보를 수집할 수 있다는 것이 FGI의 장점이다.

본 연구는 이러한 특성을 지닌 FGI 방법론이 과연 선거캠페인에도 유용한지에 대해 실증자료 분석을 통해 알아보는데 그 목적이 있었다. 본 연구에서 실증자료로 사용한 FGI 조사 자료는 철저한 준비(가이드라인 작성 등), 전문 리쿠르트 기관을 활용하여 사전 조사 자료에 근거하여 적절한 참가자를 선택하였으며, 진행 중에 필요한 정보(주요 현안 이슈에 대한 자료 등)를 참석자들에게 제공하였다.

그리고 '참여자들 사이의 토론'을 통해서 논의 주제에 관한 추가적인 정보를 확보하도록 허용하고, 자유로운 논의를 통한 상호작용을 장려하는 FGI 장점을 최대한 활용하였다. 참석자들이 주어진 정보에 대해 어떤 반응을 보이는지, 자유로운 상호 의견교환 과정에서 이러한 정보는 어떻게 영향을 미치게 되는지, 그 결과 FGI가 행해지기 이전에 가지고 있던 의견이 새로운 정보와 상호의견 교환을 통하여 변화를 보이는지, 보였다면 그 이유는 무엇인지 등을 관찰하였다.

인터뷰 결과 여성들이 FGI 참석 전에 비해 박근혜 후보에 대한 지지 강도가 강해진 것으로 나타났다. 그 이유로는 인터뷰 진행 중 제시된 새로운 정보 접촉을 통해 '부모님의 죽음에 대한 동정심', '기존의 선입견 해소' 등 감성적 차원에서 영향을 받은 면이 크다. 이러한 감성적 공감은 참석자들 간의 상호 의견교환을 통해 확산되었다. 이와 같은 입장의 변화는 '참여자 간의 상호작용과 토론과정을 통해서 나타나는 집단 활동(group work)이나 역학(group dynamics)'의 관찰을 통해 정보를 얻는 FGI 조사방법의 유용성이 입증된 것이라 하겠다.

또한 비록 짧은 시간(2일 간), 적은 수의 유권자를(3그룹: 남성 9명, 여성 9명, 전문가 8명) 대상으로 이루어진 조사를 통해 선거캠페인 전략수립에 중요한 자료를 수집하고, 이를 근거로 전략수립에 필요한 자료를 수집할 수 있음을 볼 수 있었다. 전화면접조사와 비교해서도 그 경제성 면이나 또한 질적분석이 가능하다는 면에서 FGI의 상대적 유용성을 입증할 수 있었다.

즉, 본 연구에서 분석 자료로 활용한 FGI 조사처럼 잘 준비되고 디자인된 FGI 조사는 선거캠페인에 필요한 자료를 수집하는 정성 조사방법(qualitative research method)으로 아주 효과적이고 유용하게 활용될 수 있을 것이다. 특히 경쟁이 치열한 선거일수록 FGI방법론은 선거 캠페인 전략을 수립하고 메시지를 개발하는 데 있어 필요한 조사방법이다. 사전에 주요 타겟층을 대상으로 그 효용성과 적실성을 점검하고 문제점을 보완해 나가는데 있어 FGI 방법론을 유용한 방법으로 적극 활용할 수 있을 것이다.

〈참고문헌〉

단행본

김성재·김후자·이경자·이선옥. 1999,『포커스그룹 연구방법』.
　　(서울: 현문사).
윤홍렬. 2002,『선거캠페인에서 F.G.I. 역할과 활용에 관한 연구』.
　　(홍익대학교 광고홍보대학원 석사논문).
Edmunds, Holly. 1999, The Focus Group Research Handbook.
　　(Lincolnwood, Chicago: NTC).
Krueger, Richard A. and Casey, Mary A. 2000, Focus Groups: A
　　Practical Guide for Applied Research. (Thousand Oak, CA:
　　Sage Publication Inc.).
Morgan, David L. 1997, Focus Groups As Qualitative Research.
　　(Thousand Oak, CA: Sage Publication Inc.)

정기간행물

Agar, Michael and MacDonald, James. 1995, "Focus Groups and
　　Ethnography," Human Organization, 54(1): 78-86.
Calder, Bobby J. 1977, "Focus Groups and Nature of Qualitative
　　Marketing," Research Journal of Marketing Research, 14,
　　August: 353-364.
Folch-Lyon, Evelyn and Trost, John F. 1981, "Conducting Focus
　　Group Sessions," Studies in Family Planning, 12(12):
　　443-449.
Kitzinger, Jenny. 1994, 'The Importance of Interaction between
　　Research Participants," Sociology of Health and Illness,
　　16(1): 103-121.
Morgan, David L. 1996, "Focus Groups." Annual Report of Sociology,

22: 129–152.

Saint-Germain, Michelle A. and Bassford, Tamson L. and Montano, Gail. 1993. "Surveys and Focus Groups in Health Research with Older Hispanic Women," Qualitative Health Research, 3(3): 341–367.

신문 기타

"뉴스 인사이드/여론조사로 본 '대선주자들 1년 성적표'," [문화일보] (2006.12.23, 19면).

"2007 대선 7차 여론조사,"[동아일보] (2007.06.16, 4면).

"2007 대선 9차 여론조사,"[동아일보] (2007.07.16, 1면).

「제35차 Joins-R&R 주간 사회지표조사 결과」[Joins] (2006.12.27).

"Manhattan Project, 1992," [Newsweek] (1992.11.02).

FGI 그룹설계 (조사대상)

- 서울 및 수도권 거주 40~50세의 남녀로 이명박 후보를 지지했다가 지지를 철회했거나 지지 강도가 이전에 비해 약해진 계층(전화여론조사 결과를 참조)
- 사전 여론조사 결과를 참조하여 여성 전업주부, 남성 화이트칼라 · 블루칼라, 전문가그룹을 선정하였음
- 1그룹: 만 40~50세 여성 9명, 2그룹: 만 40~50세 남성 9명, 3그룹: 전문가그룹 8명
- FGI 리크루트 전문회사에 대상자 선정 의뢰하였음

① 제1그룹(여성)

번호	참석자	연령	거주지	직업	이명박 후보에 대한 지지도
1	정OO	42	은평구	주부	지지도 하락자
2	윤OO	40	금천구	주부	지지 이탈 후 유동층
3	이OO	44	송파구	주부	지지 이탈 후 유동층
4	김OO	41	일산	주부	지지 이탈 후 유동층
5	길OO	45	광진구	주부	지지도 하락자
6	김OO	41	성동구	주부	지지도 하락자
7	이OO	40	과천시	주부	지지도 하락자
8	김OO	40	성동구	주부	지지도 하락자
9	정OO	41	서대문구	주부	지지 이탈 후 유동층

② 제2그룹(남성)

번호	참석자	연령	거주지	직업	이명박 후보에 대한 지지도
1	신OO	42	송파구	화이트칼라	지지 이탈 후 유동층
2	전OO	50	중구	블루칼라	지지 이탈 후 유동층
3	김OO	45	서대문	화이트칼라	지지도 하락자
4	정OO	40	강남구	블루칼라	지지 이탈 후 유동층
5	안OO	41	강동구	화이트칼라	지지도 하락자
6	김OO	40	도봉구	화이트칼라	지지 이탈 후 유동층
7	조OO	43	구로구	블루칼라	지지도 하락자
8	강OO	43	마포구	화이트칼라	지지도 하락자
9	홍OO	42	영등포	화이트칼라	지지 이탈 후 유동층

③ 제3그룹(전문가그룹)

번호	참석자	연령	거주지	직업	이명박 후보에 대한 지지도
1	나OO	47	용인시	국장	함께여는 교육연구소
2	최OO	52	은평구	상무	교보생명
3	윤OO	41	부천시	팀장	GS 홈쇼핑
4	김OO	43	용인시	부원장	인재개발연구원
5	김OO	52	서초구	전무	경영자 총연합회
6	이OO	50	분당	교수	서울산업대 경영학과
7	허OO	35	천안시	교수	호서대학교 경영학과
8	신OO	51	노원구	상무	LIG 손해보험

여론조사로 대통령 만들기

FGI 가이드라인 (일반인)

0-1. 사전설문지 중 이명박 후보에 대한 개인별 선호정도 및 현지지자 파악(사회자)

1. Introduction (10분)

1-1. 진행방법 소개

 – 중심적 주제에서 벗어나지 않기(너무 옆길로 새지 말 것)

 – 정리정돈, 논리적으로 이야기하지 않기(의견, 느낌을 그때그때 솔직히 표현하기)

 – 본인 자신의 생각을 말하기(남의 의견, 눈치를 의식하지 않기)

 – 적극적으로 참여, 이야기하기(방관자, 제3의 입장 버리기)

 – 골고루 이야기하고 남의 의견을 충분히 듣기(발표는 부담 없이)

 – 맞고 틀리는 식의 평가적 태도를 버리기('나는 이렇다'는 식으로 소박하게 의견 제시)

1-2. 참석자 소개

2. MB & KH 평가 및 후보지지 변화 (55분)

오늘 이 자리에 오신 분들은 이명박 전시장에 대해 호감을 가지셨거나 지지하셨다가 최근에 여러 이유들로 인해 지지를 철회하거나 지지강도가 현저히 약해지신 분들입니다.

1) 대통령 지지도 / 이유

1.1) 현재 대통령 후보로서 누구를 지지하고 계십니까? 그 이유는 무엇입니까?

1.2) (지지후보가 있다면)

앞으로도 그 후보를 끝까지 지지하실 생각이십니까? 아니면 상황에 따라 바뀔 수 있다고 생각하십니까?

1.3) (지지후보가 없다면)

그럼, 앞으로 어떤 후보를 지지하게 될 것 같습니까? 그 후보의 이미지나 정책 무엇이든 좋습니다.

2) 이명박, 박근혜 후보에 대한 이미지/정책 평가

2.1) 한나라당 유력 주자의 지지율에 대한 인지(알고 있는지) 및 평가 (본인 및 주변)

2.2) 이명박 하면 떠오르는 이미지는 무엇입니까? 그럼 박근혜는요? 왜 그렇게 생각하십니까?

2.3) 이명박의 기억에 남는 정책, 메시지 등은 어떤 것이 있습니까? 그 정책에 대해 어떻게 생각하십니까?

2.4) 그럼, 박근혜의 기억에 남는 정책, 메시지 등은 어떤 것이 있습니까? 그 정책에 대해 어떻게 생각하십니까?

3) 이명박 후보 지지 이탈 이유

3.1) 오늘 이 자리에 오신 분들은 이명박 전시장에 대해 호감을 가지셨거나 지지하셨다가 최근에 여러 이유들로 인해 지지를 철회하거나 지지강도가 현저히 약해지신 분들입니다. 구체적으로 이명박 전시장을 지

지하지 않으신 가장 큰 계기는 무엇입니까? 그 이유는요? 또 없습니까?

4) 이명박 후보 의혹관련 언론 보도에 대한 견해

최근 이명박 전시장에 대해 의혹이 언론을 통해 보도되고 있습니다.

4.1) 언론을 통해 보도되고 있는 의혹 중 생각나는 것은요? 또 없습니까?

4.2) 그중 이명박 전시장에게 가장 치명적인 약점으로 보시는 것은 무엇입니까?(예를 들어 이명박 시장은 이것 때문에 대통령 되기 힘들거야라는 것 등)

4.3) 지금 언론에서 보도되는 의혹들이 사실일 것 같습니까? 정치적 음해로 사실이 아닐 것 같습니까?

4.4) 언론에서는 이명박 전시장의 지지도가 계속 하락하다가 최근 잠시 멈춘 상태라고 보도하고 있습니다. 이명박 전시장의 지지도가 앞으로 어떻게 될 거라고 보십니까? 그 이유는요?

4.5) 만일 언론 보도 의혹이 단순 해프닝으로 끝나고 사실이라면 다시 이명박 전시장을 지지하시겠습니까?

5) 이명박 후보 지지 이탈자가 박근혜 후보 지지로 연결 안 되는 이유

오늘 참석하신 분들은 한나라당 지지자들이십니다. 같은 한나라당 유력주자임에도 불구하고 이명박 후보를 지지하지 않으시면 당연히 박근혜 후보를 지지하시는 것이 상식일 것 같은데

5.1) 00님은 왜 박근혜 후보를 지지하지 않으시는 건가요?(참석자 개별적으로 모두 질문)(① 인물에 대한 부정적 요인 ②정책에 대한 불신/임팩

트 없음 ③기타 각각에 대한 proving)

5.2) 그럼, 박근혜 후보가 어떻게 하면 박근혜 후보를 지지하실 것 같습니까? (위 3가지 factor별로 질문)

6) 향후 예상

6.1) 오는 8월 19일에 한나라당 경선이 있습니다. 한나라당 경선이 어떻게 될 것 같다고 예상하십니까?

6.2) 경선이후에 본격적으로 범여권과 본선경쟁을 해야 하는데, 이명박/박근혜 두 후보 중 누가 경쟁력이 더 있다고 생각하십니까? 그 이유는?

3. 박근혜 주장 평가 (40분)

다음은 한나라당 유력주자 중 한명인 박근혜 전대표의 정책과 주장에 대해 평가를 받아보겠습니다.

1) 먼저 박근혜의 국가경영 구상 6가지를 보시겠습니다.

(1번부터 6번까지 각각 하나씩 6개 카드로 차례대로 보여주면서 읽어줄 것. 6번까지 하나씩 다 보여주고 난 후, 1-6번 모두를 하나의 카드로 한꺼번에 보여줄 것)

1. 경제도약과 민생회복을 위한 줄푸세
2. 대한민국 살리는 337 경제박수
3. 새로운 100년의 준비 교육대혁명
4. 이제 국가가 보살핀다. 國母 프로젝트

5. 세계가 모여드는 경제중심국

6. 국민 뜻을 받드는 통일외교

1.1) 6가지 중 들어보셨거나 알고 계신 내용은 무엇입니까?

1.2) 이 중 우리나라 발전을 위해 가장 중요하다고 생각하시는 것은 무엇입니까? 그 이유는요?

1.3) 이 중 가장 인상 깊거나 마음에 와 닿는 것은 무엇입니까? 그 이유는요? 그럼, 그 것을 어떻게 고치면 사람들에게 더 어필할 수 있을까요?

1.4) (어느 것 하나 마음에 와 닿지 않는다면) 하나도 마음에 들지 않은 이유는 무엇입니까?

1.5) 이 중 가장 마음에 와 닿지 않는 것은 무엇입니까? 그 이유는요?

1.6) 위 6가지 외에 국가 경영 측면에서 추가해야 할 내용이 있다면 무엇입니까? 무엇이든 좋으니 자유롭게 말씀해 주십시오.

2) 다음은 대통령으로서 박근혜의 강점(대통령이 되어야 하는 이유) 5가지를 정리해 보았는데 보시겠습니다.

(1번부터 5번까지 각각 하나씩 5개 카드로 차례대로 보여주면서 읽어줄 것. 5번까지 하나씩 다 보여주고 난 후, 1-5 모두를 하나의 카드로 한꺼번에 보여줄 것)

1. 정권교체 보증수표 – 박근혜

2. 한나라 구한 박근혜 / 대한민국 구할 박근혜

3. '제3의 도약' - 박근혜

4. 국민 근심 해결사 - 박근혜

5. 언제나 국민의 편 - 박근혜

2.1) 5가지 중 가장 인상 깊거나 믿음이 가는 표현은 무엇입니까? 그 이유는요?

2.2) 5가지 중 가장 믿음이 가지 않는 표현은 무엇입니까? 그 이유는요?

2.3) 위 5가지 표현 외에 또 다른 표현이 있을까요? 무엇이든 좋으니 자유롭게 이야기 해주십시오.

3) 다음은 정치인으로서 박근혜 인물평가 3가지를 정리해 보았는데 보시겠습니다.

(1번부터 3번까지 각각 하나씩 3개 카드로 차례대로 보여주면서 읽어줄 것. 3번까지 하나씩 다 보여주고 난 후, 1-3 모두를 하나의 카드로 한꺼번에 보여줄 것)

1. 능력이 있습니다.

2. 국가관이 투철 합니다.

3. 지도자로서 준비되고 훈련 되었습니다.

3.1) 3가지 중 가장 인상 깊거나 와닿은 표현은 무엇입니까? 그 이유는요?

3.2) 3가지 중 가장 믿음이 가지 않거나 그렇지 않다고 생각하는 표

현은 무엇입니까? 그 이유는요?

3.3) 위 3가지 표현 외에 또 다른 표현이 있을까요? 무엇이든 좋으니 자유롭게 이야기 해 주십시오.

4. 좌담회 진행 중 지지후보 변경 (15분)

1) 사후 지지도 평가

오늘 오랜 시간 동안 대통령 후보들에 대해 좌담회를 했는데 혹시 대화중에 자신이 지지하는 후보에 대해 생각이 바뀌었을지 모르겠습니다. 지금 나눠드린 설문지에 간단하게 응답해 주시기 바랍니다. (좌담회 시작 시 지지후보와 현재(종료 시) 지지후보 스위칭(변화정도)/이유를 질문을 하여 스스로 적게 하고 바로 회수하여 진행자가 응답지를 보면서 진행)

1.1) (지지후보 변경자인 경우)(응답지 보면서)

00님의 경우 000후보에서 000후보로 지지후보를 바꾸셨는데 (지지강도가 강해짐 또는 약해짐), 그 이유는 무엇이세요?

1.2) (지지후보 변경하지 않은 경우)(응답지 보면서)

000후보를 계속 지지하신다고 했는데 그 이유는 무엇이세요?

5. Wrap Up (5분)

- 추가 질문 및 마무리

- The End -

4. 대통령 선거 관련 FGI 사례(2)

〈기획 특집 FGI 조사〉 박근혜 후보 집중 분석

남성보다 여성이 박근혜 대표에 친근감 갖고 있다
지지하지 않는 이유로는 '경험과 업적 부족' 가장 많아
신뢰와 원칙을 존중하는 정치인에는 대체로 공감

현재 한나라딩 지지지 중 박근혜 전 한나라당 대표를 지지하지 않는 사람 중 남성 보다는 여성이 앞으로 지지입장으로 선회할 가능성이 높은 것으로 나타났다. 박 전대표를 지지하지 않는 이유로는 △경험과 업적이 부족해서 △이명박 대통령을 돕지 않아서 △필요할 때 나서지 않아서 등의 순서로 나타났다.

박 전대표의 △신뢰와 원칙을 존중하는 정치인 △당대표로서 보여준 능력 △공인정신이 투철하다는 주장에는 대체로 긍정적인 반응을 보였으나, △준비된 지도자 △당을 살린 능력으로 국가살림도 △경제마인드를 지닌 정보화 시대의 리더 등에는 부정적이었다.

《미디어이슈엔》은 한나라당을 지지하면서도 박근혜 전 대표를 지지하지 않는 원인을 찾기 위해 포커스그룹 인터뷰(Focus Group Interview: 약칭 FGI)를 실시하였다.

《미디어이슈엔》 조사분석팀이 본사 FGI룸에서 2011년 2월 14~15일 양일간 실시한 이번 조사는 서울에 거주하는 한나라당 지지자 중 다음 번 대통령 후보로 박근혜 전 대표 이외의 한나라당 인사를 지지하는, 30~40대 연령층 남녀 각 8명씩을 대상으로 실시하였다. (〈표 1〉 참가자

명단 참조)

포커스그룹 인터뷰(FGI) 조사란?

포커스그룹 인터뷰는 △어떤 현상에 대한 생각이나 감정의 범위를 알아내고자 할 때 △집단 간의 시각 차이를 파악할 때 △의견, 행동, 동기에 영향을 미치는 요인들을 조사할 때 △아이디어, 소재, 계획 또는 정책을 미리 시험해 볼 때 △대규모 설문조사를 하기 전 내용을 파악하고자 할 때 △이미 정량적 연구방법으로 얻어진 연구결과를 뒷받침할 때 등에 사용된다. 참여자들의 내면적 태도를 집단적 논의의 상황에서 측정할 수 있다는 것이 FGI의 큰 장점이다.

대상자를 한자리에 모아놓고 주어진 질문에 대한 정보를 단시간에 많이 확보하기 위한 집단 인터뷰나, 전문가 집단의 의견을 개별로 확보하는 델파이 연구와는 달리 FGI는 '참여자 간의 상호작용과 토론과정을 통해서 나타나는 집단 활동(group work)이나 역학(group dynamics)'의 관찰을 통해 정보를 얻는 조사방법이다.

이와 같은 FGI 조사방법은 마케팅 분야에서는 활발하게 사용되어 왔으나 한국에서는 선거분야에서 아직 그 활용이 미미한 편이다.

조사 설계

이번 조사는 앞에서 소개한 FGI조사방법의 유용성 중 특히 의견·행동·동기에 영향을 미치는 요인 조사, '참여자 간의 상호작용과 토론과정을 통해서 나타나는 집단 활동이나 역학'의 관찰을 통해 정보를 얻는 데 유용하다는 점에 초점을 맞춰 이뤄졌다.

참가자들은 사전조사를 통해 서울지역 거주자 중 한나라당 지지자를 선별하고, 그중에서 박근혜 전 대표 이외의 예상후보를 지지하는 30대와 40대 남녀 각 8명씩 선정하였고, 조사는 2011년 2월 14일과 15일 양일 간 실시되었다. 수도권 특히 서울 30대와 40대 유권자들의 표심이 다음 번 대선에 캐스팅 보트 역할을 할 것이라는 분석아래 서울 지역을 조사대상으로 선정하였다.

〈표 1〉 참가자 명단

성명	성	연령	지지자	직업	거주지	성명	성	연령	지지자	직업	거주지
박OO	남	30	안상수	특수교사	중랑구	김OO	여	32	이명박	피부관리	중랑구
김OO	남	31	원희룡	서비스	성북구	이OO	여	35	안상수	주부	성북구
고OO	남	35	정몽준	컴퓨터	영등포	김OO	여	38	이재오	사무직	서초구
한OO	남	36	홍준표	사무직	광진구	김OO	여	38	홍준표	주부	강서구
강OO	남	37	원희룡	디자인	은평구	홍OO	여	42	정몽준	주부	서초구
추OO	남	41	정두언	사회복지	노원구	김OO	여	46	나경원	주부	중구
이OO	남	44	김무성	사무직	동대문	신OO	여	48	정몽준	주부	동작구
송OO	남	47	정몽준	기술직	영등포	권OO	여	49	이재오	주부	도봉구

인터뷰에 사용한 자료는 각종 언론에 보도되는 내용 중 본사 조사분석팀이 임의로 수집한 자료와 지난 2007년 한나라당 경선 당시 박근혜 후보 측에서 작성하였던 홍보논리(정책포함) 등을 참고하여 작성되었다. 이와 같은 과정을 거쳐 준비된 자료는 박근혜 전 대표 측에서 작성하였던 홍보논리 중 박근혜 후보의 강점, 왜 대통령이 되어야 하는가, 정책공약, 그리고 자체적으로 작성한 스토리텔링 등으로 구성되었다.

조사내용

1. 한나라당 지지이유와 충성도

남성 참석자들 중 반 이상이 지난번 선거에서 이명박 대통령 후보를 지지하는 것을 계기로 한나라당을 지지하게 되었다고 밝혔다. 이명박 대통령을 지지한 이유는 서울시장 재임 시 경제문제를 해결할 능력이 입증되었기 때문이라는 응답이 많았다.

반면에 여성 참석자들은 부모의 고향 때문에, 이전부터 여당을 지지해왔기에 등의 응답이 높았다.

한나라당에 대한 충성도는 남성 참석자들은 지지이유에서 볼 수 있듯이 당보다는 이명박 대통령에 대한 충성도가 상대적으로 높았으나, 여성 참석자들은 비교적 당에 대한 충성도가 높았다.

〈표 2〉 한나라당 지지이유와 충성도

성명	성별	한나라당 지지계기	한나라당 지지이유	한나라당에 대한 충성도
박 ○○	남	MB이후	민주당에 실망	당보다 MB에 충성
김 ○○	남	MB이후	경제와 사회안정	당보다 MB에 충성
고 ○○	남	MB이후	MB의 서울시 업적	당보다 MB에 충성
한 ○○	남	노무현-MB	MB의 추진력, 경제능력	정책에 따라 변화 가능
강 ○○	남	노무현-MB	MB의 리더십	당보다 MB에 충성
추 ○○	남	계속	MB서울시업적, 경제능력	강함
이 ○○	남	계속	MB-CEO, 추진력	강함
송 ○○	남	계속	경제안정, 전 정권의 무능, MB	강함
김 ○○	여	계속	그냥 좋다(서울)	강함
이 ○○	여	계속	아버지 한나라당 지지(서울)	강함
김 ○○	여	계속	아버지가 MB팬(강원도)	비판적 지지
김 ○○	여	계속	부모가 경상도(경상도)	강한 편
홍 ○○	여	계속	부모영향, 보수적 성향(서울)	강함
김 ○○	여	계속	나경원 팬 (전라도)	강함
신 ○○	여	계속	민정당사 근무 경험 (전라도)	강함
권 ○○	여	계속	구미 고향, 아버지는 박대표 팬	강함

2. 박근혜 전 대표를 지지하지 않는 이유

박근혜 전 대표를 지지하지 않는 이유는 '경험과 업적이 부족해서', '이명박 대통령을 돕지 않아서', '필요할 때 나서지 않아서' 순으로 지적되었다. '여성후보에 대한 반감'은 특히 여성층에서는 많이 줄어든 것으로 보인다. '서민의 마음을 잘 모를 것', '박정희 대통령의 후광으로 지금에 이르러서', '주변인물들이 마음에 들지 않아서' 등이 참석자들이 박 전 대표를 지지하지 않는 이유였다.

〈표 3〉 박근혜 전 대표를 지지하지 않는 이유

지지하지 않는 이유	총 응답자 *	남성그룹	여성그룹
경험과 업적이 부족해서	8명	3	5
이명박 대통령을 돕지 않아서	6명	3	3
추진력/필요할 때 나서지 않아서	6명	4	2
여성이라는 점 때문에	5명	4	1
서민의 마음을 모를 것	5명	2	3
박정희 대통령의 딸(후광만 의지)	4명	2	2
주변인물이 마음에 안 들어서	2명	2	0

(* 복수응답)

〈여성이어서〉

– 여자들이 정치를 한다는 건, 리더가 된다는 건, 조금 리더십에서 뭔가 지금 중심점을 찾기 힘들고, 국민들이 따라가는데도 문제가 있지 않나. (송○○, 남)

– 이명박 대통령처럼, (북한이) 깝칠 때에는 비행기 가가지고 까부셔라. 이건 남자들이 할 수 있는 거지, 여자들이 할 수 있는 건 아니거든요 (송○○, 남)

〈박대통령의 딸이어서〉

– 독재자기 때문에. 그것만으로도 제가 박정희 전 대통령을 싫어하는 이유가 되고요. 그리고 딸이기 때문에. (박○○, 남)

– 그런 말을 해서는 안돼요. 연좌제도 아니고. (김○주, 여)

〈이명박 대통령에 반대만 해서〉

─ 한나라당 정책에 반대하는 것 같은, 그런 모습을 보이는 것 같더라고요. 그래가지고 한나라당 내에서도 박근혜 대표하고 약간 의견적으로 통합이 안되니까, 오히려 야당 쪽에서 그걸 이용하는 것 같기도 하고... (고○○, 남)

─ 뒤에서 힘을 받혀주긴 커녕, 본인이 힘들 때에는 뒤로 빠졌다가, 어느 순간에 본인의 힘이 실릴 것 같으면 한 마디씩 툭툭 내뱉으시는 게. 지금 대통령이 하시는 정책에 대해서 항상 불만족스러운 면이 많은 것 같아요. (홍○○, 여)

〈추진력 리더십의 부재〉

─ 대통령은 좀 내지르는 것도 있고, 진취적이어야 하는데. 중요할 때 뒤에서 뒷짐 지고 가만히 있고. 깨끗한 일만 하려고 그러고 (이○정, 여)

─ 그러니까 자기가 어떤 걸 정책에 있어서 밀어붙일 때에는 밀어붙여야 되는데. 갈대 같은 면이 없잖아 있더라고요 (강○○, 남)

〈경험과 업적 부족〉

─ 박근혜씨 같은 경우는 경제 쪽으로는 전혀 성과나 이런 것도 찾을 수 없는 것 같고. 경제문제 대처는 확실히 부족할 것 같아요. (고○○, 남)

─ 박근혜 대표가 보시다시피 굉장히 높은데. 제가 뭐 박근혜 대표를 볼 때, 특별히 뭐 업적이라든가. 저만큼 인지도를 쌓을만한. 저 사람의 그런 성과나, 그런 건 사실 못 느끼겠거든요. (한○○, 남)

〈서민의 마음을 잘 모를 것 같아〉

- 경험해 보지 못해서. 시민의 어려움, 이런 거 하나하나를 모를 것
같아요 (김O선, 여)
- 국민들의 절반 이상이 보통 사람이잖아요. 근데 박근혜 의원은 보
통 사람의 삶은 전혀 모르잖아요. (권OO, 여)

〈주변인물들이 싫어서〉
- 박근혜를 내세워서 주변 사람들이 어떤 정권을 잡아서, 한 자리를
하겠다, 그런 부분들이 느껴져 (추OO, 남)

**3. 박근혜 전 대표를 홍보하는 자료에 대한 평가: 남성 부정적, 여성
다소 긍정**

박근혜 전 대표가 '신뢰와 원칙을 존중하는 정치인', '박대표의 정체
성', '당대표로서 보여준 능력', '공인정신이 투철하다'는 주장에는 대체
로 긍정적인 반응을 보였다.

그러나 '준비된 지도자', '당을 살린 능력으로 국가살림도', '경제마인
드를 지닌 정보화 시대의 리더' 등에는 부정적이었다.

여성들은 '생활정치의 적임자', '교육대통령'으로서 박근혜 전 대표에
긍정적이었으며, 특히 고난극복의 인간승리 스토리에 대해 적극적인 관
심과 긍정적 반응을 보였다. '현재 최고의 지지율을 보이고 있다는 점',
'고집스럽게 자신의 원칙을 주장하는 점', '5개 국어에 능통한 준비된 모
습' 등은 여성 참석자들에게 큰 반향을 불러일으켰다.

항 목	내 용	평 가	비 고
신뢰와 원칙의 정치인	– 민주적 방식과 절차중시 – 약속은 꼭 지키는 사람 – 깨끗한 리더십	★★ ★★ ★★	– 대체적으로 긍정적 반응
대한민국의 정체성을 지켜낼 통일지도자	– 부모를 나라에 바쳤다 – 사상을 의심받지 않는 애국자 – 건전한 통일관을 가졌다	☆☆ ★★★ ★★	– 사상에 대해서는 긍정적 반응 – 나라에 바쳤다: 부정적
국민근심 해결사	– 생활정치의 적임자 – 당을 살린 힘으로 나라살림도 – 교육, 복지대통령	★ ★ ★★	– 교육대통령: 여성에서는 극히 긍정적 반응 – 생활정치: 경험이 없다
언제나 국민의 편	– 국민을 가족이리 생각 – 늘 국민 편에 서는 지도자	☆ ☆	– 남녀 모두 부정적인 반응보임
능력이 있다	– 당대표 시절 모든 선거 승리 – 현재 최고의 지지율 기록 – 위기의 당을 살린 역량	★★ ★★★ ★	– 남성들은 부정적이나 여성들은 긍정적 반응보임
국가관이 투철 (공인정신)	– 10.26당시 '휴전선은 요?' – 지방선거 당시 '대전은 요?' – 깨끗하게 경선 승복(대를 위해)	★★★ ★★ ★★	– 여성들은 매우 긍정적 – 남성들은 다소 비판적
준비된 지도자	– 5개 국어 자유자재로 사용 – 영부인 역할로 국정경험 – 당대표 역할 훌륭히 수행 – 정보화시대의 경제마인드	★★★ ☆ ★★ ☆	– 5개 국어 사용에 대해서는 여성들이 높이 평가 – 영부인 역할, 경제마인드 부정적 반응
고난극복의 인간승리	– 부모를 잃은 힘든 고난을 극복 – 정치입문 후 홀로 현재에 이름	★★ ★★	– 여성들 극히 긍정적 반응 – 남성들 부정적
복지정책 관련	– 좀 못살더라도 고루 잘사는 사회 – 사회보장법 개정법안	★ ★★	– 원칙에는 찬성하나 재원확보에 대해 부정적 견해 – 여성들은 남성에 비해 긍정적

(★★★: 강한 긍정 ★★: 비교적 긍정 ★: 중립 ☆: 부정적 ☆☆: 극히 부정적)

〈신뢰와 원칙〉

– (박대표의 장점으로) 신뢰와 원칙은 동의합니다. (이○○, 남) (고○○, 남)

– 경선 승복에 대해서는 인정합니다. (여성 참석자 대부분)

〈능력 있는 정치인〉

– 한나라당의 입장에서는 최상의 카드죠. 그리고 지금 여기 모이신 분들만 지금 박근혜씨를 그렇게 지지하지 않는 분들이지, 주변에는 박근혜씨 지지하시는 분들 많아요. 그리고 이번에 여성분들에 대한 지지도가 상당히 높을 거예요. (이○○, 남)

- 능력은 어느 정도 있는데. 능력은 있다고 생각해요, 솔직히. 어느 정도 능력은 있는데, 우리가 워낙 미운 털이 박혀있는 상태기 때문에 인정을 안하고 싶은 거고. (김O주, 여)

〈공인정신〉
- ("휴전선은, 대전은"에 대해) 박근혜란 사람이 진짜 특이한... (공인정신) (고OO, 남)

〈생활정치의 적임자〉- 저 부분은 좀 맞는 것 같아요. 여성적인 부분이 정치활동에 나타나거든요. (생활정치)는 맞는 것 같아요... (교육대통령 관련) 아, 여자가 섬세하구나. 그리고 아무래도 그동안 길게 보셨잖아요. 그러다 보니까. (권OO, 여)

〈능력 있는 인물〉
- 현재 지지율이나 그런게 이유는 어느 정도 있겠다 하는 건 알겠는데요. (고OO, 남)
- 그 아버지가 어떻게 했는데. 경제 살린 거. 옆에서 보고 지금 쭉 하면서, 그 분이 진짜 타고난 똑똑함도 있겠구나, 하는 걸 새삼 느꼈거든요 (권OO, 여)

〈복지정책에 대해〉
- 저런 재원을 만들만한 구체적인 안을 내놓고서 저런 말을 해야, 국민들이나 지지자들한테 호응을 얻는 거지. (이OO, 남)
- 빈곤이 계속 된 사람들에 대해서 어떤 사회적으로 책임을 져주겠

다는 개념인데. 그러면, 그렇게 빈곤이 안 생기게끔 어떤 일자리 창출이 라든지, 뭐 이런 부분에 대해서 더 많이 해줘야지. (추OO, 남)

4. 박근혜 전 대표 스토리텔링에 대한 반응: 여성은 긍정적 반응

〈표 5〉 박근혜 전 대표 스토리텔링

	★★★
○ 10.26당시 측근에게 물었던 "휴전선은 이상 없나요?", '10.26 이후의 인간적인 배신과 경제적인 어려움을 동시에 겪고 그것을 극복한 일'과 '2002년 정치인으로 입문하기 이전까지의 각고의 세월', '정치인으로 입문한 이후의 과정', '한나라당 대표로 각종 선거에서 승리를 거둔 일', 2006년 지방선거에서 "대전은요?" 등. ○ 5개 국어에 능통한 점. 그리고 2007년 한나라당 경선 당시 수능을 앞두고 사찰(도선사)에서 불공을 드리는 학부모를 방문하여 이미지를 높이자는 측근의 제안을 "남의 애절한 심정을 표 획득에 이용할 수 없다"고 단호하게 거절한 일 등을 소개.	- 여성들은 이러한 스토리에 호의적인 반응을 보이고 반감을 누그러뜨리는 반전을 보임 - 공인으로서의 일관성과 능력을 나타내주는 에피소드로 인식하고 다시 한 번 생각하는 계기로 작용함. - 남성들은 별 무반응

〈스토리텔링 내용에 대해〉

– 저 얘기를 처음 봤는데요. 저게 진짜 사실이라면, 박근혜란 사람이 진짜. 여자로서는 특이한. (고OO, 남)

– 저런 말을 했었다는 건 약간 의외라고 생각합니다. 저렇게 했었다면 뭐(좋아할 수도). (고OO, 남)

– 5개 국어는 정말 마음에 와 닿아요. (중략) 왜 마음이 흔들리려고 그러지, 나는? (김O주, 여)

– 박근혜씨 이런 내용들을 너무 모르고 있었어요. (홍OO, 여)

– (마음을) 움직일 수 있는 부분이 많아요. (김O주, 여)

5. 이명박 대통령이 박근혜 전 대표를 지지할 것인지에 대한 예측: 남성은 부정적, 여성은 긍정적

남성그룹은 박근혜 전 대표가 이명박 대통령을 앞으로 도와줄지 그여부에 관계없이 이명박 대통령의 박근혜 전 대표 지지입장은 찬반 반반으로 엇갈렸다. 그러나 여성그룹은 박근혜 전 대표가 이명박 대통령에게 좀 더 진정성을 가지고 도우려고 한다면 반드시 지지할 것이라는 견해가 압도적이었다.

〈표 6〉 박근혜 전 대표를 이명박 대통령이 지지할 것인가?

구 분	총 응답자	지지할 것	반대할 것	반반이다
남성그룹	5	2	2	1
여성그룹	8	8	–	–

6. 박근혜 전 대표가 경선을 통과한다면 본선에서 지지할 지 여부: 여성은 긍정적

남성 참석자들은 박근혜 전 대표가 한나라당 경선을 통과하여 한나라당의 대통령 후보가 되더라도 그를 지지하지 않겠다는 응답이 압도적으로 나타났다. 남성 참석자 한 명만이 박근혜 전 대표를 지지하겠다고 밝혔고, 한 명의 응답자는 그 때 가서 생각해 보겠다고 응답하였다. 반면에 여성 참석자들은 박근혜 전 대표가 경선을 통과한다면 다수의 응답자가 그를 지지하겠다고 응답하여 차이를 보였다.

〈표 7〉 박근혜 전 대표가 경선통과 시 본선 지지여부

구 분	총 응답자 *	남성그룹	여성그룹
지지하겠다	7	1	6
지지하지 않겠다(타 후보 지지)	7	6	1
유보(그때 가봐야)	2	1	1

(* 복수응답)

7. 인터뷰 전과 후의 지지후보 변화: 여성은 변화 보여

인터뷰 진행 후 지지후보를 변경할 의사를 확인한 결과 남성 참석자들은 처음과 변화가 없다고 응답하였다. 반면에 여성 참석자들은 FGI를 거치면서 박근혜 전 대표에 대해 생각이 달라졌다는 반응을 보이고, 박근혜 전 대표를 다시 생각하게 되었으며 지지할 의사까지 생겼다고 밝혔다.

여성 참석자들이 박근혜 전 대표에게 긍정적인 반응을 보이게 된 이유를 분석해 보면, 박근혜 전 대표의 홍보논리 중 일부와 스토리텔링 내용이 그들의 호감을 얻게 되었고, 결과적으로 지지를 이끈 것으로 보인다.

이와 같은 남녀 참석자의 차이는 감성적인 내용에 민감하게 반응하는 여성 특유의 성향에다 한나라당을 지지하는 이유, 그리고 참석자들의 당에 대한 충성도 차이 등에 기인한 것으로 분석되었다.

〈표 8〉 지지후보 변경의사

구 분	박근혜 후보 지지	기타후보 지지	유보
남성그룹	0	8	–
여성그룹	4	1	3

〈인터뷰 참석이후〉

- 그런데 오늘 보니까, 저는 박근혜씨 지지자로 자꾸 돌아설 것 같은 데요. (홍OO, 여)

- 지지자까지는 아니고, 이만큼 좋아졌어요. (김O현, 여)

- 저도 부정적이진 않은데. 이미지가 좋아지긴 했는데. 아직까지는... (김O선, 여)

- 원래 반대는 아니었는데. (중략) 거기에다가 우리가 흔히 막에 가려진 모습만 봤는데.

가려진걸 걷어서 내세운다면 (박 대표가) 충분히 승산이 있다고 봐요. (김O숙, 여)

여론조사로 대통령 만들기
—어떻게 할 것인가

초판 1쇄 인쇄 2015년 1월 15일
초판 1쇄 발행 2015년 1월 20일

지은이 | 김준철

펴낸곳 | 북앤피플
대　표 | 김진술
펴낸이 | 맹한승
디자인 | 박원섭

등　록 | 313-2012-117호
주　소 | 서울시 마포구 신촌로 196-1 이화빌딩 502호
전　화 | 02-2277-0220
팩　스 | 02-2277-0280
이메일 | jujucc@naver.com

ⓒ김준철, 2015

ISBN 978-89-97871-16-5 03320